जीवन
एक उपहार

जीवन
एक उपहार

जिल एडवर्ड्स्

अनुवादक : सुधीर दीक्षित

MANJUL

मंजुल पब्लिशिंग हाउस

First published in India by

MANJUL

Manjul Publishing House Pvt. Ltd.

Corporate Office:
2nd Floor, Usha Preet Complex,
42 Malviya Nagar, Bhopal 462 003 - India
E-mail: manjul@manjulindia.com Website: www.manjulindia.com

Marketing Office:
7/32, Ground Floor, Ansari Road, Daryaganj, New Delhi 110 002
Email: booksupplyco@gmail.com

Hindi language translation of *LIFE IS A GIFT* by *Gill Edwards*

This edition first published in 2012

First published in Great Britain in 2007 by Piatkus Books

ISBN 978-81-8322-287-7

Translation by Dr. Sudhir Dixit

Printed & bound in India by Thomson Press (India) Ltd.

मेरे बेटे कीयरन को।

काश तुम्हें हमेशा याद रहे कि तुम कौन हो –

और तुम अपने सबसे ऊँचे सपनों की ओर बढ़ो

विषय सूची

आभार

अब्राहम (और एस्थर तथा जेरी हिक्स) के प्रति मेरा असीम प्रेम और कृतज्ञता, जिनके ज्ञान से आंतरिक व बाहरी वास्तविकता की मेरी समझ बढ़ी और जिनके बुद्धिमत्तापूर्ण तथा प्रेमपूर्ण शब्द हर दिन मेरी आत्मा व दिल में रहते हैं। सेथ (और जेन रॉबर्ट्स) को भी मेरा धन्यवाद, जिनकी पुस्तकों ने 25 वर्ष पहले मेरे दिमाग़ को हिलाकर रख दिया था और जिनके पदचिन्हों ने मुझे अपनी ख़ुद की राह खोजने में मदद की - साथ ही ओरिन (तथा सानाया रोमन), लैज़ेरिस (और जैक पर्सेल), इमैनुअल (और पैट रोडगैस्ट) तथा कई अन्य लोगों को भी धन्यवाद, जो अधिक ऊँचे आयामों से बुद्धिमत्ता लेकर आए; लुइसे हे और शक्ति गवेन जैसे नव रहस्यवाद के सांसारिक प्रवर्तकों को; एवं कई शमनिक गुरुओं को भी, जिन्होंने मेरी आध्यात्मिकता को धरती माता से जोड़ा तथा ठोस बुनियाद पर टिकाए रखा।

उन सभी रहस्यवादियों, भविष्यद्रष्टाओं तथा स्वप्नदर्शियों के प्रति मैं कृतज्ञ हूँ, जो धर्मविरोधी दिखने से नहीं घबराए, जिन्होंने अपने आंतरिक प्रकाश द्वारा मार्गदर्शन पाया और भीड़ का अनुसरण करने से इंकार किया - इनमें वे वैज्ञानिक, डॉक्टर, उपचारक, माध्यम, मनोचिकित्सक और आध्यात्मिक गुरु शामिल हैं, जो विश्व में एक नए पैरेडाइम को जन्म दे रहे हैं। आपके साहस, जोश, बुद्धिमत्ता - और राह रोशन करने के लिए आपको धन्यवाद।

मेरे उम्दा प्रकाशकों को धन्यवाद, जिन्होंने इतने वर्षों तक अपने निरंतर समर्थन और सकारात्मक नीति से मुझे प्रेरित किया - जिल बेली और हेलेन स्टैंटन को विशेष धन्यवाद। संपादकीय टिप्पणियों के लिए लिज़ डीन को धन्यवाद; और हमेशा की तरह, मेरे माता-पिता को धन्यवाद, जिन्होंने सावधानी से प्रूफ़रीडिंग की और मददगार सुझाव दिए।

उन मित्रों तथा ग्राहकों को हार्दिक धन्यवाद, जिन्होंने मुझे आईना दिखाया और प्रेम तथा विकास करने के लिए प्रेरित किया; जो आप हैं, वह होने के लिए धन्यवाद। मेरी आत्मा के सहचर के प्रति अमर प्रेम तथा कृतज्ञता - वह शख़्स, जिसने मुझे सिखाया कि बिना शर्त का प्रेम दरअसल क्या होता है; तुम्हारी मौजूदगी और ग़ैर-मौजूदगी, तथा सभी बेशक़ीमती मोतियों के लिए धन्यवाद। और हमेशा की तरह, अपने परिवार तथा क़रीबी मित्रों के प्रति मेरा गहरा प्रेम व आभार कि उन्होंने मेरा साथ दिया और समतल तथा असमतल दोनों प्रकार के मार्गों पर मेरे साथ यात्रा की। मेरे जीवन में इतने अद्‌भुत उपहार होने के लिए आपको धन्यवाद।

पूर्वकथन

जीवन का स्वयं में विश्वास ही प्रेम है।

मैनिटोंग्क्वात

यदि आपके पास कोई सपना है, तो आप उसे साकार *कर सकते* हैं। चाहे अतीत में जो भी हुआ हो। चाहे आपकी शुरुआत कहीं से भी हुई हो। चाहे बाक़ी लोग जो भी सोचते हों। पक्की गारंटी है। इसके लिए आपको बस वास्तविकता के सृजन के नियमों को समझना है – फिर अपने रास्ते से हट जाना है, ताकि **सृष्टि** अपने उपहार आप तक पहुँचा सके।

क्या यह सहज और सरल लगता है? देखिए, यह है भी और नहीं भी। हम अपनी वास्तविकता का सृजन या निर्माण *कैसे* करते हैं, इस बारे में 25 वर्षों के अध्ययन और 17 वर्षों के लेखन तथा शिक्षण के बावजूद मैं अब भी सीख ही रही हूँ। आज भी मैं कभी-कभार डगमगा जाती हूँ और गड़बड़ कर देती हूँ। जिस समतल राह पर मैं चलना चाहती हूँ, उससे मैं आज भी इधर-उधर भटक जाती हूँ। लेकिन यह यात्रा का अनिवार्य हिस्सा है। जब भी आपके पैर का अँगूठा कहीं टकराता है, तो आप जाग्रत हो जाते हैं। ऊबड़-खाबड़ राह देखकर ग़ुस्से में न आएँ या फूहड़ होने के लिए ख़ुद को कोसने न लगें। दरअसल हर चुनौती आपको अपने भीतर झाँकने के लिए प्रेरित करती है। यह आपको कुछ ज़्यादा बड़े सवाल पूछने के लिए तैयार करती है। और यह हमेशा बेशक़ीमती मोती प्रदान करती है। हर बार मैं उठ खड़ी होती हूँ, धूल झाड़ती हूँ और दोबारा अपनी राह पर चलने लगती हूँ – शायद थोड़ी ज़्यादा समझदार, ज़्यादा करुणामयी और ज़्यादा प्रेमपूर्ण होकर। इसके बाद मुझमें ज़्यादा गहरी समझ आ जाती है कि मैं किस प्रकार के जीवन का सृजन करना चाहती हूँ। इससे भविष्य के अधिक बड़े स्वप्न

प्रकट होते हैं। हर दिन मुझे अनमोल और अद्भुत महसूस होता है। जीवन में मैं कुछ बेहतरीन सपनों को साकार कर चुकी हूँ – साथ ही हज़ारों लोगों के जीवन में सकारात्मक फ़र्क़ भी ला चुकी हूँ।

मैं एक भुतहा मकान में बड़ी हुई। फलस्वरूप छोटी उम्र से ही मैं अनदेखी वास्तविकताओं के प्रति जाग्रत हो गई। इस वजह से मैं जीवन की प्रकृति के बारे में उत्सुक हो गई। मैं अदृश्य जगतों के साथ हमारे संबंधों को टटोलने लगी। मेरे मन में कभी शांत न होने वाली उत्सुकता बाद में भी बनी रही। किशोरावस्था में मैंने रहस्यवाद तथा असाधारण अनुभवों पर असंख्य पुस्तकें पढ़ीं, फ्रॉयड व युंग जैसे मनोविश्लेषकों का अध्ययन किया और योग एवं ध्यान सीखा। मैं जीवन के बारे में कुछ बड़े सवाल पूछने लगी। इस तरह मेरी आध्यात्मिक यात्रा गंभीरता से शुरू हुई। 1980 के पूरे दशक मैंने बतौर क्लीनिकल साइकॉलाजिस्ट काम किया। उसके बाद मैंने आध्यात्मिक लेखक और कार्यशालाओं के संचालक के रूप में काम किया। बहरहाल, आज भी जीवन के बारे में मेरी जिज्ञासा पहले जितनी ही तीव्र है। लेकिन अब मुझे जीवन संबंधी कुछ बड़े प्रश्नों के कुछ अद्भुत उत्तर मिल चुके हैं – साथ ही कायाकल्प के लिए आवश्यक व्यावहारिक साधनों की जानकारी भी – जो दैनिक जीवन में ख़ुशी, जोश और जादू भर देते हैं; साथ ही, हमारे व्यक्तिगत तथा वैश्विक मसलों के बारे में सकारात्मक व सशक्त नीतियाँ भी प्रदान करते हैं।

मुझे तीन बातें पक्के तौर पर मालूम चल चुकी हैं : पहली, जीवन एक उपहार है। यह कोई सबक़, काम या लक्ष्य नहीं है। हम अच्छे या आदर्श बनने के लिए यहाँ नहीं आए हैं। हमें ख़ुद को योग्य साबित करने की ज़रूरत नहीं है। (हम अच्छे हैं। हम योग्य हैं।) हम ख़ुद को बेहतर बनाने के लिए यहाँ नहीं आए हैं, न ही संसार को बचाने के लिए आए हैं। हम तो पृथ्वी नामक इस सुंदर ग्रह पर चेतना के रोमांच के सुखद अनुभव के लिए आए हैं। दूसरी बात, संसार में जो भी घटित होता है, वह आकर्षण के नियम की बदौलत होता है। कोई भी परिस्थितियों का शिकार या बदक़िस्मत नहीं होता। बाहरी संसार दरअसल विचारों, विश्वासों, इच्छाओं, भय और अपेक्षाओं के हमारे आंतरिक संसार का दर्पण होता है। तीसरी बात, यह **सृष्टि** प्रेमपूर्ण है। पूरे जगत में एक सृजनात्मक और प्रेमपूर्ण उच्चतर शक्ति सक्रिय है – जिसे हम ईश्वर,

सर्वव्यापी, **स्रोत** या परमपिता कह सकते हैं - जो बिना किसी शर्त के हमसे प्रेम करती है, हमारी हर दिली इच्छा पर हाँ कहती है और उन इच्छाओं को पूरा करने की दिशा में निरंतर हमारा मार्गदर्शन करती है।

हम प्रशिक्षु देवी-देवता हैं; हममें सादे पानी को सुरा में बदलने की क्षमता है। अगर हम बस डर, शंका, असुरक्षा, अफ़सोस, कर्तव्य, अपराधबोध, दोष और आलोचना को अपनी राह से हटा दें, तो हम अपने जीवन में चमत्कार कर सकते हैं। अगर हम सिर्फ़ अपनी मनचाही चीज़ पर ध्यान केंद्रित रख सकें। अगर हम सिर्फ़...! मनोचिकित्सक के रूप में मैंने देखा है कि लोग अपनी राह में ख़ुद बाधा बन जाते हैं - वे आम तौर पर सोचने और व्यवहार करने की जानी-पहचानी पारिवारिक आदतों में उलझे रहते हैं, जो बचपन में ही बन गई थीं। ऐसी आदतें, जो अदृश्य होती हैं, लेकिन हम उनमें उलझकर गिर जाते हैं। ऐसी आदतें, जिनकी हम दृढ़ता से रक्षा करते हैं और न्यायसंगत ठहराते हैं, भले ही वही हमारे दुख का कारण हों। जैसा मैं अपने अनुभव से जानती हूँ, ख़ुद के रास्ते से दूर रहना ही हमारी सबसे बड़ी चुनौती है।

प्रेम के प्रति जाग्रत हों

कई अन्य लोगों की तरह, मुझे भी यक़ीन है कि हम जागरण के युग में रह रहे हैं। हमारा पुरातन दृष्टिकोण अब कारगर नज़र नहीं आ रहा है। अराजकता व अव्यवस्था कायाकल्प के लिए आवश्यक हैं। इन दिनों बहुत से लोग तीव्र और अप्रत्याशित परिवर्तनों से गुज़र रहे हैं - ऐसा लगता है, जैसे हमें व्यक्तिगत तथा वैश्विक दोनों स्तरों पर बदलने के लिए *विवश* किया जा रहा हो। विज्ञान और रहस्यवाद से एक नया संपूर्णतावादी विश्व दर्शन प्रकट हो रहा है और समाज के हर कोने में फैलता जा रहा है। एक सांस्कृतिक क्रांति शुरू हो रही है। कभी अमूमन पर्दे के पीछे ही रहने वाला यह दर्शन अब अधिकाधिक सार्वजनिक और स्पष्ट होता जा रहा है। मानव जाति जागरूकता की एक नई अवस्था में पहुँच रही है, जो हमें कई बार दुविधापूर्ण और अनिश्चय में डाल सकता है, मानो हम धँसने वाली रेत पर चल रहे हों। हम अब डर, संघर्ष, अभाव और दुर्भाग्य के शिकार होकर नहीं बैठ जाते हैं, बल्की आगे

बढ़ते रहते हैं – उस व्यावहारिक ज्ञान के संसार में जिसमें हम सदियों से रहते आए हैं; उससे अब हम प्रेम, स्वतंत्रता, प्रसन्नता, रचनात्मकता और जागरूकता के जगमगाते नए संसार में क़दम रख रहे हैं। हम भय से प्रेम की ओर बढ़ रहे हैं। हम इल्लियों से तितलियों में विकास कर रहे हैं। लेकिन कई बार हम अपने 'सुरक्षित' और जाने-पहचाने पुराने संसार को बहुत कसकर जकड़े रहते हैं। अपने खोल से बाहर निकलने से डरते हैं। पुरानी चीज़ों को छोड़ने से डरते हैं। अकेले रहने से डरते हैं। अपनी शक्ति में विश्वास करने से डरते हैं। अपने सपनों में विश्वास करने से डरते हैं। अपने पंख खोलने और उड़ान भरने से डरते हैं।

इस उभरती हुई दुनिया के दृष्टिकोण का सकारात्मक पहलू यह है कि आपकी ख़ुशी के लिए किसी 'बाहरी' व्यक्ति या वस्तु के बदलने की कोई ज़रूरत नहीं है। ख़ुशी हमेशा अंदर से बाहर की ओर उत्पन्न होती है। इसका नकारात्मक पहलू यह है कि अपने दुख के लिए आप किसी दूसरे को दोष नहीं दे सकते। परिस्थिति चाहे जैसी हो, उँगली हमेशा आप ही की ओर संकेत करती है। ऐसे में ख़तरा यह है कि आप रोग, दुर्घटना, छँटनी, चोरी, मुकदमे या दुखद संबंध के 'सृजन' के लिए ख़ुद को कोस सकते हैं – जिससे आप शर्म और आत्म-विनाश के निम्नमार्गी चक्र में जकड़े रह सकते हैं। यह पुस्तक आपको याद दिलाएगी कि चुनौतियाँ और कुछ नहीं, बल्कि प्रेम करने, विकास करने तथा स्वतंत्र होने के अवसर हैं – और चाहे आपको नज़र आए या न आए, ये आपको हमेशा उसी ओर ले जा रही हैं, जहाँ आप पहुँचना चाहते हैं।

एक बार जब आप जीवन को उपहार के रूप में देखने लगते हैं, तो आप चैन से रह सकते हैं और ज़्यादा खुलकर साँस ले सकते हैं। आपको कुछ साबित करने की ज़रूरत नहीं है। आपके साथ कोई गड़बड़ नहीं है। किसी दूसरे के साथ भी कोई गड़बड़ नहीं है। चूकना या कोई ग़लती करना असंभव है। यदि जीवन अस्त-व्यस्त नज़र आता है, तब भी कोई दिक्क़त नहीं है। इल्ली को अंधकारमय कोकून को मरोड़ना-ऐंठना पड़ता है, इसके बाद ही यह कायाकल्प करके तितली बन सकती है। हमारे सामने बहुत सी चुनौतियाँ हैं, लेकिन उनके बावजूद हर चीज़ आदर्श ढंग से प्रकट हो रही है। हम विकास करके जागरूकता की एक नई अवस्था और प्रेम की नई समझ तक पहुँच रहे हैं।

प्रेम ही वह ऊर्जा है, जो जोड़ती है – जो हमें आगे बढ़ने, दूसरों के साथ जुड़ने, अपने पुराने रक्षाकवच से मुक्त होने, विकास तथा विस्तार करने और ज़्यादा बड़ी तस्वीर देखने की अनुमति देती है। हम जो हैं, प्रेम हमें उससे ज़्यादा बनने की अनुमति देता है। जब आप ख़ुद से, दूसरों से और पूरे संसार से बिना शर्त का प्रेम करते हैं – जब आप वर्तमान परिस्थितियों से शांति स्थापित कर लेते हैं और अपनी इच्छा की ओर आगे बढ़ते हैं – तो आप धरती पर अपना ख़ुद का स्वर्ग रच सकते हैं।

अच्छी ख़बर यह है कि आपको संघर्ष और कोशिश करने की कोई ज़रूरत ही नहीं है। इसके बजाय झपकी लेने से अक्सर ज़्यादा मदद मिलती है! यदि आपको लगता है कि आप कड़ी मेहनत कर रहे हैं या कहीं अटके या उलझे हुए हैं, तो इसका अर्थ है कि आप **सृष्टि** की सृजनात्मक शक्तियों के सही तालमेल में नहीं हैं। प्रवाह के साथ होने पर हर कार्य आनंदमय और मुक्तिदायक महसूस होता है। ऊर्जा का प्रवाह ही इस **सृष्टि** की बुनियाद है। अपने प्रतिरोध से मुक्त होकर इस प्रवाह पर सवार होना ही आपके सपनों को साकार करने की कुंजी है। यदि कोई काम बेहतरीन महसूस होता है, यदि उससे आपके चेहरे पर मुस्कान खिल उठती है, यदि उससे खुलकर साँस लेने में मदद मिलती है, तो आप सही दिशा में जा रहे हैं। दूसरी ओर, यदि कोई काम बोझिल, पीड़ादायक या मुश्किल महसूस होता है, तो आप प्रवाह के ख़िलाफ़ जा रहे हैं। (देखिए, जब **सृष्टि** प्रेम से सराबोर है, तो क्या ऐसा सोचना समझदारी नहीं है?)

अपने सपनों को साकार करना

यह पुस्तक धरती पर अपना ख़ुद का स्वर्ग रचने की व्यावहारिक मार्गदर्शिका है। इसमें 'अधिक भौतिक वस्तुएँ हासिल करने' के सतही नुस्ख़े नहीं बताए गए हैं – हालाँकि आप अपनी हर मनचाही चीज़ पा *सकते* हैं। यह तो **सृष्टि** के सामंजस्य में रहने के बारे में है। यह दैवीय सह-निर्माता, व्यावहारिक रहस्यवादी और जोशीले स्वप्नों का बुनकर बनने के बारे में है। यह आपकी आध्यात्मिकता, सृजनात्मकता और

ऐंद्रिकता का मिलन बिंदु है। यह आपकी देहमयी आत्मा – सृजनकर्ता, प्रेमी और भविष्यद्रष्टा – की यात्रा है। यह आध्यात्मिक रूप से बालिग़ बनने और मनुष्य के रूप में अपने जन्मजात अधिकार पर दावा करने के बारे में है। यह अपने उच्चतर स्वरूप के साथ अधिक गहरा बंधन जोड़ने और उस जीवन का सृजन करने के बारे में है, जिसके आप सचमुच हक़दार हैं। और सबसे बढ़कर, यह पुस्तक बिना शर्त के प्रेम के बारे में है।

इस छोटी सी पुस्तक में **सृष्टि** के गूढ़ रहस्य छुपे हैं। आप दो घंटों में ही यह पुस्तक पढ़ सकते हैं, लेकिन इसके रहस्यों पर अमल करने और उनमें माहिर बनने में पूरा जीवन (या इससे अधिक) लग जाएगा। और आपको इस यात्रा में बहुत आनंद आएगा! मेरी सलाह है कि इसे पढ़ते समय एक कॉपी और पेन पास रखें। आगे आत्मा का अन्वेषण, आंतरिक मनन और सृजनात्मक आनंद आने वाला है। और बहुत से चमत्कार भी। एक बार जब आप दिल की गहराई में सचमुच *जान जाते हैं* कि आप हर चीज़ या घटना का सृजन कर सकते हैं, कि **सृष्टि** आपसे बहुत प्रेम करती है और हमेशा आपका साथ देती है, तो ज़िंदगी एक जादुई यात्रा बन जाएगी।

यह पुस्तक पूरी पढ़ने पर आपको पता चल जाएगा कि आप अपनी ख़ुशी, आंतरिक शांति और संतुष्टि का सृजन कैसे कर सकते हैं। आपको पता चल जाएगा कि कौन से क़दम उठाकर आप अपने सपने साकार कर सकते हैं। आपके पास जीवन के लिए व्यावहारिक औज़ारों का बक्सा होगा। आगे आने वाले अध्यायों में आपको बताया जाएगा :

✧ जीवन को कर्तव्य, लक्ष्य या संयोग के बजाय प्रेमपूर्ण उपहार के रूप में क्यों देखना चाहिए

✧ वह रहस्यवादी नियम, जो हमारे साथ होने वाली *हर चीज़* को नियंत्रित करता है

✧ भावनाएँ ही वह बुनियादी माध्यम हैं, जिनसे हमें ऊपर से मार्गदर्शन मिलता है

- ✧ डर के बजाय प्रेम की आंतरिक आवाज़ को कैसे सुनें
- ✧ अपने विचारों को लेज़र बीम की तरह केंद्रित कैसे करें
- ✧ संघर्ष करना समय की बर्बादी क्यों है और अपने आनंद का अनुसरण क्यों किया जाए
- ✧ व्यक्तिगत और वैश्विक स्तर पर हर चीज़ हमेशा आदर्श ढंग से कैसे प्रकट हो रही है
- ✧ संसार में सकारात्मक फ़र्क़ कैसे लाया जाए
- ✧ आज के लिए क्यों जिएँ और कल के सपने क्यों देखें

जीवन एक उपहार है आपको बताती है कि **ब्रह्मांड** के अदृश्य प्रवाह के साथ कैसे जुड़ें और जुड़े रहें - क्योंकि यही धरती पर अपना स्वर्ग बनाने का रहस्य है। आप जल्द ही जान जाएँगे कि हर पल आप अपने सपनों व इच्छाओं की दिशा में बढ़ रहे हैं या फिर उनसे दूर जा रहे हैं; और यदि आप राह भटक गए हैं, तो आपको क्या करने की ज़रूरत है। जब आप इन विधियों पर अमल करेंगे, तो चमत्कार होने लगेंगे।

जिल एडवर्ड्स, अप्रैल 2007

अध्याय एक

जीवन एक उपहार

स्वतंत्रता ही जीवन का आधार है। प्रसन्नता ही जीवन का उद्‌देश्य है। विकास ही जीवन का परिणाम है।
अब्राहम

कल रात मैंने सपने में देखा कि मैं हिरणी बन गई हूँ। मैं जंगल में उन्मुक्तता से विचरण कर रही हूँ, झरनों और बहते पानी के ऊपर से कुलाँचें भर रही हूँ तथा खुली जगह पर घास चर रही हूँ, मेरे कान फड़क रहे हैं व चौकस हैं, मेरी आँखें और नाक अपने माहौल के प्रति चौकन्नी हैं। फिर मैं जाग गई। मैंने पलंग से उतरकर खिड़की के कपाट खोल दिए। सुबह की रोशनी कमरे में दाख़िल हुई और मैं बगीचे में झाँकने लगी। कुछ दूरी पर, बलूत के वृक्ष के नीचे एक हिरणी ने नज़र उठाकर मेरी तरफ़ निहारा। एक पल के लिए तो मुझे अपने कानों में फड़कन महसूस हुई - और मैं समझ नहीं पाई कि मैं हिरणी हूँ या इंसान।

नेटिव अमेरिकन परंपरा में हिरण को कोमलता व शर्तरहित प्रेम का प्रतीक माना जाता है। यह हमें याद दिलाता है कि प्रेम बहुत बड़ा चिकित्सक है, जो पृथक होने के भ्रम को दूर कर देता है। जब प्रेम मौजूद होता है, तो कोई डर नहीं रहता। जब कोई डर नहीं रहता, तो आपका दिल हर चीज़ का स्वागत करता है - और आप सुकून से रहते हैं। प्रेम

हमें आश्वस्त करता है कि सब कुछ ठीक है। यह हमें मुक्त कर देता है। प्रेम आगे बढ़ने, गले लगाने और एक होने के बारे में है। प्रेम हमें एक करता और जोड़ता है, जबकि डर हमें अलग करता व तोड़ता है। अंधकार और कुछ नहीं, सिर्फ़ प्रकाश का अभाव है - और सुबह के प्रकाश की तरह प्रेम अंदर दाख़िल होता है, बशर्ते हम अपने कपाट बंद करके इसे बाहर ही न रखें।

हमारे सृजन मिथक

आप जीवन के इन दो शाश्वत प्रश्नों का क्या जवाब देते हैं : *मैं कौन हूँ? और मैं यहाँ क्यों हूँ?* रोज़मर्रा की ज़िंदगी में ये प्रश्न आपको अप्रासंगिक और आध्यात्मिक लग सकते हैं। आप यह भी सोच रहे होंगे कि हम आपके सपनों को साकार करने की व्यावहारिक विधियों पर कब पहुँचेंगे। (यह काम अगले अध्याय से शुरू होगा।) लेकिन सबसे पहले हमें आपके जीवन-दर्शन की छानबीन करने की ज़रूरत है।

आपका विश्व-दर्शन कैसा है, इसका आपकी रोज़मर्रा की ज़िंदगी पर गहरा असर पड़ता है - चाहे आपने गंभीरता से इस पर विचार किया हो या न किया हो। शाश्वत प्रश्नों के आपके जवाबों से आपका सृजन-मिथक प्रकट होता है, जिसका असर आपके हर चुनाव पर होता है। आपका सृजन-मिथक आपके व्यक्तिगत संबंधों का नींव का पत्थर है। यही आपके मानसिक तथा शारीरिक स्वास्थ्य की बुनियाद भी है। इसी से यह तय होता है कि आप अद्‌भुत और संतुष्टिदायक जीवन का निर्माण करेंगे या फिर आप फँसे हुए या हाँका हुआ महसूस करेंगे या मन ही मन सोचेंगे कि जीवन इससे बेहतर होना चाहिए। अपने विश्व-दर्शन की बदौलत ही आप इस तरह के निर्णय भी लेते हैं कि आप चॉकलेट खाएँगे, लंच ब्रेक के दौरान काम करेंगे या बारिश में नंगे पैर नाचेंगे।

बचपन में चेतन-अचेतन रूप से आपने शाश्वत प्रश्नों के जवाब खोजे होंगे। अधिकांश मामलों में आपने मार्गदर्शन के लिए देखा होगा कि आपके माता-पिता (और बाक़ी लोग) कैसे जीते थे : उनकी प्राथमिकताएँ क्या थीं? वे अपना समय कैसे गुज़ारते थे? वे एक-दूसरे के साथ कैसा व्यवहार करते थे? वे आपके साथ कैसा व्यवहार करते थे? भावनाओं

के प्रति उनका दृष्टिकोण क्या था? वे समस्याओं या विवाद से कैसे निबटते थे? वे निर्णय कैसे लेते थे? वे किस काम को सही और अच्छा मानते थे? और अपने परिवार, मित्रों, स्कूल, धर्म व सांस्कृतिक परिवेश से ईश्वर, जीवन तथा **सृष्टि** के बारे में आपको किस प्रकार के संदेश मिलते थे? हमारा हर वाक्य और कार्य हमारे विश्व-दर्शन के बारे में कुछ न कुछ बताता है। बड़े होने के बाद भी वे पुरानी मान्यताएँ आपके अवचेतन में घुमड़ती रहती हैं - और जब तक कि आप उन पर दोबारा विचार करके नए विकल्प न चुनें, तब तक वे इस बारे में बहुत बड़ा फ़र्क़ डाल सकती हैं कि आप अपने जीवन के बारे में कैसा सोचते हैं। जैसा हम आगे देखेंगे, आप ख़ुद के और अपने जीवन के बारे में कैसा सोचते हैं, यही *सबसे अहम* बात है।

जहाँ प्रेम है, वहाँ कोई डर नहीं होता।

मेरी राय में सृजन के तीन बुनियादी मिथक होते हैं, जिन्हें मोटे तौर पर धर्म, विज्ञान और मूर्त रहस्यवाद की संज्ञा दी जा सकती है। हाल-फ़िलहाल आपको इस बारे में कोई निर्णय नहीं लेना है कि सृजन का कौन सा मिथक चुनें - बहरहाल, आपको वास्तविकता देखने के इन भिन्न-भिन्न तरीक़ों के बारे में जागरूक होने और यह देखने की भी ज़रूरत है कि वे किस प्रकार आपको प्रभावित व नियंत्रित करते हैं। अन्यथा आगामी अध्यायों में दिए गए विचारों से आप असहज हो जाएँगे और आपको उनका बुनियादी कारण भी समझ नहीं आएगा।

पहला मिथक : जीवन एक परीक्षा है

विश्व के अधिकांश धर्म (और न्यू ऐज का अधिकांश दर्शन) इस विचार की पैरवी करता है कि जीवन एक परीक्षा, परीक्षण, चुनौती या कर्तव्य है - कि पृथ्वी भटकी हुई आत्माओं के प्रशिक्षण की पाठशाला है और जीवन का उद्‌देश्य स्वयं को 'आदर्श' बनाना है। आप यहाँ सबक़ सीखने आए हैं। आप यहाँ ख़ुद को अच्छा और योग्य साबित करने आए हैं। इस सब में निहित संदेश यह है कि आपके (या संसार के) साथ कुछ गड़बड़

है, कि आपको मुक्ति की तलाश करनी चाहिए या किसी अज्ञात कर्तव्य या ध्येय को पूरा करना चाहिए। यदि आप इस काम में सफल हो जाते हैं, तो आपको इस जीवन के बाद पुरस्कार मिलेगा (या कम से कम पिछले बुरे कर्म कम हो जाएँगे)। सृजन के इस मिथक में यह विचार निहित है कि पृथ्वी एक पतित जगह है, आँसुओं की घाटी है - और ईश्वर व स्वर्ग किसी दूसरी जगह पर हैं, जो बहुत दूर है। आपको उस सुंदर जगह से निर्वासित कर दिया गया है। इसमें अक्सर ईश्वर को आकाश में बैठा एक कठोर पितारूपी प्रतीक माना जाता है, जो आपकी ओर निर्णय देती उँगली दिखाता है - उसकी नज़रों में जब आप अच्छे काम करते हैं, तो वह हर बार आपको सुनहरे सितारों का पुरस्कार देता है और हर 'पापी' विचार या कार्य के लिए नंबर काट लेता है। या फिर वह कड़ी मेहनत, कष्ट और आत्म-त्याग के लिए आपको नंबर देता है। यह विश्व-दर्शन आपको नसीहत देता है कि आप अपना जीवन अंदरूनी मार्गदर्शन के आधार पर न जिएँ, बल्कि प्राचीन, धूल खाते ग्रंथों, सामाजिक रूढ़ियों या दूसरों की आवश्यकताएँ व अपेक्षाएँ पूरी करने के आधार पर जिएँ।

यह विश्व-दर्शन मूल्यांकन या *सशर्त* प्रेम पर आधारित है। यह मूल्यांकन ही है - विश्व को अच्छे और बुरे, या सही और ग़लत में विभाजित करना - जो हमारी आंतरिक शांति को नष्ट करता है और विश्व के हर युद्ध, कलह तथा संघर्ष का स्रोत है। बहरहाल, धर्म हज़ारों बरसों से इसे बढ़ावा दे रहा है। यही मूल्यांकन हमें 'अच्छा बनने' के लिए प्रेरित करता आ रहा है। इसके पीछे यह मान्यता है कि यदि हमारे आवेगों व इच्छाओं को क़ाबू में न रखा गया, तो हम अनैतिक और विध्वंसक बन जाएँगे। यह विश्व-दर्शन मनुष्य को मूलतः बुरा मानता है। और समस्या यह है कि हमारे (या दूसरों के) *किसी भी* हिस्से को बुरे या ग़लत रूप में परिभाषित करने से हम संघर्ष की स्थिति में पहुँच जाते हैं। जब आप जीवन को अच्छाई और बुराई का युद्ध मानते हैं - एक ऐसा युद्ध जिसमें आप हर दिन जीत या हार सकते हैं - तो आपको लगातार चौकन्ना रहने व यह सुनिश्चित करने की ज़रूरत होती है कि आप बहुत अच्छे हैं। इसके अलावा, आपको यह भी सुनिश्चित करना पड़ता है कि दूसरे भी अच्छे हों। यही नहीं, बुरे लोगों से बचने के लिए आपको

कनखियों से आस-पास देखना भी पड़ता है!

जब किसी बच्चे को बताया जाता है कि अगर वह 'अच्छा' होगा, तभी सांता क्लॉस आएगा या अगर वह 'बुरा' होगा, तो उसे सज़ा मिलेगी, तो वह सृजन के इस निर्दय मिथक को सीख लेता है। *'अच्छे बनो! जो कहा जाए, वह करो! दूसरों को ख़ुश करो! अपनी भावनाओं और आवश्यकताओं को दरकिनार कर दो। तभी तुम्हें पुरस्कार मिलेगा।'* कल में ही फँसे रहो। या अगले दिन में। या अपनी मृत्यु के बाद के जीवन में। इसके पुरस्कार में आपको दूसरों की प्रशंसा, सांसारिक सफलता या सच्चरित्रता की गर्मजोशी भरी चमक मिलती है। बहरहाल, आपको इसकी क़ीमत चुकानी पड़ती है। आपको दूसरे लोग ढालते और नियंत्रित करते हैं। जब आपको अच्छा बनने का प्रशिक्षण दिया जाता है, तो आप अपने प्रति सच्चे नहीं रहते हैं, आप ख़ुद से प्रेम करना नहीं सीखते हैं। यदि कुछ बुरा हो जाता है, तो आप यह सोचने लगते हैं कि आपको सज़ा मिल रही है - या आपकी परीक्षा ली जा रही है। प्रेम अर्जित करने या इसके हक़दार बनने की निरर्थक आशा में आप अपनी भावनाओं और इच्छाओं का दमन करना सीख लेते हैं। दूसरों की नज़रों में अच्छा और आदर्श बनना ही आपकी प्राथमिकता होती है। आप बाहर से मार्गदर्शन लेते हैं और सामाजिक साँचे में ढलना सीखते हैं। आप भूमिकाओं की ओट में छिप जाते हैं और वही करते हैं, जिसकी आपसे अपेक्षा की जाती है। दूसरों को ख़ुश करने के चक्कर में आप आग के छल्लों में से छलाँग तक लगाते हैं। आपके मन के सिंहासन पर एक न्यायाधीश या आलोचक बैठ जाता है, जो आपको (और दूसरों को) नियंत्रण में रखता है। चैन से रहना मुश्किल हो जाता है। आप डर और असुरक्षा में जीते हैं - फूँक-फूँक कर क़दम रखते हैं - क्योंकि आपको यही सिखाया गया है कि प्रेम सशर्त होता है। यह अच्छे और आदर्श बनने की शर्त पर टिका है। दूसरे आपको जो बनाना चाहते हैं, वह बनने की शर्त पर टिका है। लेकिन यह प्रेम नहीं है; यह तो केवल सामाजिक स्वीकृति है।

डर और मूल्यांकन से मुक्त होने के बाद जो बचता है, वही प्रेम है।

दूसरा मिथक : जीवन एक संयोग है।

यह मिथक समय के मान से अधिक नया है। यह सत्रहवीं सदी में विज्ञान से उत्पन्न हुआ, जब विज्ञान धर्म से आधिकारिक रूप से अलग हुआ। इस मिथक के अनुसार पृथ्वी पर जीवन संयोग से अनायास ही शुरू हुआ था। यह संयोग इतना असंभव नज़र आता था कि किसी चमत्कार से कम नहीं था - लेकिन फिर भी था महज़ संयोग ही। पाश्चात्य जगत में इस मिथक को अधिकांश लोग 'कॉमन सेंस' की संज्ञा देते हैं, इसलिए यह मिथक हमारे भीतर मौजूद रहता है। इस मिथक के अनुसार हम एकाकी प्राणी हैं, जो अंतरिक्ष में चट्टान के एक बेजान टुकड़े पर प्रायः अंधकारमय और ख़ाली **ब्रह्मांड** में यात्रा कर रहे हैं। आप जिस ठोस चीज़ को देख और छू सकते हैं, वही वास्तविक है। जीवन जन्म से शुरू होता है और मृत्यु उसका अंत है। यह मिथक ईश्वर, देवदूतों और अदृश्य जगतों के अस्तित्व को अनावश्यक तथा अप्रासंगिक मानता है, यहाँ तक कि इसे बचकानी कल्पना के रूप में नकारता भी है।

सकारात्मक पहलू यह है कि यह वैज्ञानिक मिथक किसी ऐसे ईश्वर में यक़ीन नहीं करता, जो मूल्यांकन करता है और अप्रसन्न होने पर बिजली गिराने लगता है। नकारात्मक पहलू यह है कि यह हमें भाग्य, तक़दीर और संयोग के बदक़िस्मत शिकार के रूप में देखता है। यह जीवन को अप्रत्याशित और अव्यवस्थित मानता है। दुर्घटनाएँ कभी भी हो सकती हैं। विनाश आपको दबोच सकता है। रोग आपको धराशायी कर सकता है। आपको कभी पता नहीं होता कि आगे क्या होने वाला है। इस मिथक का सुझाव यह है कि आप अपनी परिस्थितियों को सक्रियता से नियंत्रित करके और जोखिमों, ख़तरों व संभावित शत्रुओं से अपनी रक्षा करके ही अपने जीवन को नियंत्रित कर सकते हैं।

यदि आप इस मिथक पर विश्वास करते हैं, तो सुरक्षित रहना आपकी प्राथमिकता बन जाती है। आप जोखिम लेने से घबराने लगते हैं। परिवर्तन से डरने लगते हैं। चीज़ों को उनके हाल पर छोड़ने से घबराने लगते हैं। या फिर आप दूसरों को नियंत्रित करने की कोशिश करने लगते हैं। यह मिथक अभाव, कमी और प्रतिस्पर्धा में विश्वास को बढ़ावा देता है। आख़िर, ठोस वास्तविकता में पदार्थ सीमित होते हैं। *यदि*

आपके पास अधिक है, तो मेरे पास कम है। हम पृथ्वी के सीमित संसाधनों को हड़प रहे हैं। यह आपको प्रेरित करता है कि आप सुरक्षा की तलाश 'बाहर' करें - शायद धन, पेंशन, बीमा, ओहदे, भौतिक वस्तुओं या महत्वपूर्ण संबंधों में।

सृजन का यह मिथक डर और पृथकता पर आधारित है। जैसा हम देखेंगे, इसका अर्थ यह है कि हम जीवन को भीतर से बाहर नहीं, बल्कि बाहर से भीतर की ओर बदलने या नियंत्रित करने की कोशिश करते हैं- जो हमें दर्द, संघर्ष और आत्म-विनाश की ओर ले जाता है। इस मिथक की बदौलत मनोवैज्ञानिक रूप से हम ख़ुद को तनावपूर्ण और कमज़ोर, एकाकी व खोखला महसूस करने लगते हैं। इस मिथक में जीवन का कोई अंतर्निहित अर्थ या उद्‌देश्य नहीं होता। यह सांसारिक और साधारण होता है। कोई जादू की चिंगारी नहीं होती। ख़ुशी अक्सर खोखली महसूस होती है और हमें लगता है कि किसी भी समय हमारे पैरों तले कालीन को खींचा जा सकता है। और प्रेम तो कहीं भी नहीं पाया जाता।

तीसरा मिथक : जीवन एक उपहार है

प्राचीन समय से ही संसार में ऐसा पृथ्वी-केंद्रित विश्व-दर्शन मौजूद रहा है, जिस पर कुछ कबीलाई संस्कृतियाँ अब भी विश्वास करती हैं, जो हमें ईश्वर और प्रकृति से अभिन्न मानता है। पाश्चात्य समाज में इस प्राचीन दर्शन पर आक्रमण किया गया, इसे ग़ैर-क़ानूनी घोषित किया गया और कई सदियों तक दमित रखा गया। लेकिन हाल के दशकों में यह विश्व के धर्मों के लगातार लोकप्रिय होते रहस्यवादी पहलू से प्रकट हुआ है और (शायद अधिक आश्चर्यजनक रूप से) आधुनिक विज्ञान से। इस सृजन मिथक के अनुसार जिस भी प्राणी का अस्तित्व है, वह ईश्वर के शरीर से उत्पन्न हुआ है। इंसान को प्रथक प्राणी के रूप में देखने के बजाय यह मिथक पूरी **सृष्टि** को एक संयुक्त संभाग के रूप में देखता है। यह सारे सृजन को अच्छा और दैवीय मानता है - क्योंकि हर चीज़ ईश्वर का हिस्सा है। यह मिथक सुझाता है कि जीवन प्रेमपूर्ण, चेतन और निरंतर विकसित होते ईश्वरीय **स्रोत** की ओर से दिया अद्‌भुत उपहार है।

आप दैवीय ऊर्जा की रचनात्मक चिंगारी हैं।

यह प्राचीन/नवीन विश्व-दर्शन जीवन को कहीं अधिक सकारात्मक लक्ष्य प्रदान करता है। जब आप जीवन को उपहार के रूप में देखते हैं, तो पृथ्वी खेल का मैदान बन जाती है। इस संपूर्णतावादी दृष्टिकोण से देखने पर हम पाते हैं कि हम सभी दैवीय ऊर्जा की रचनात्मक चिंगारियाँ हैं। आप ईश्वर/**स्रोत** से अभिन्न हैं और सृजन की वही ईश्वरीय ऊर्जा आपके माध्यम से भी प्रवाहित हो रही है। ईश्वर आपसे प्रेम करता है। आपको कुछ साबित नहीं करना है। आपकी अच्छाई और योग्यता पर कभी प्रश्नचिन्ह नहीं लगा है। आप प्रकाश की अनंत ज्योति हैं - और आनंद ही जीवन का उद्देश्य है। आप यहाँ पर चेतना-के-रोमांचक-अभियान का आनंद लेने आए हैं, जिसे हम जीवन कहते हैं। सुंदर इंद्रधनुष देखें, झील में सूरज की किरणों की चमक देखें, घाटी में फैली धुंध देखें, फूलों से भरे बाग़ देखें या बच्चे को किसी गड्ढे में छप-छप करते देखें! आड़ू के मीठे गूदे का स्वाद लें। अपने प्रेमी की नर्म मुलायम त्वचा को महसूस करें। अलाव में लकड़ी चटखने की आवाज़ सुनें। अपने पैरों के नीचे सूखी पत्तियों की चरमराहट सुनें। **सृष्टि** आपके आनंद में ख़ुश होती है। यह आपकी ख़ुशी और हँसी में आनंदित होती है। यह आपकी ऐंद्रिकता और कामुकता से प्रसन्न होती है। यह प्रेम देने और पाने में आल्हादित होती है। यह आपकी सृजनात्मकता, वैयक्तिकता तथा इच्छाओं को प्रशंसा भरी नज़रों से देखती है - जिनसे विश्व (और ईश्वर) के विकास में मदद मिलती है। विकास तो अवश्यंभावी है - लेकिन हमारा उद्देश्य आनंद है।

जब आपका विश्व-दर्शन शर्तरहित प्रेम पर आधारित **सृष्टि** पर मनन करता है, तो यह मुक्ति का एक सशक्त औज़ार बन जाता है। यह आपके भीतर के देवत्व के साथ एक जुड़ाव स्थापित करता है। यह डर, अपराधबोध, मूल्यांकन और नियंत्रण के पुराने जाले साफ़ कर देता है। यह आपको धूप से चमकते द्वार से होकर एक नए संसार में आने के लिए आमंत्रित करता है - प्रेम, प्रकाश और आनंद से भरे विस्तृत संसार

में। स्वतंत्रता के संसार में। जब आप जीवन को उपहार के रूप में देखते हैं, तो आप जान जाते हैं कि यह स्वतंत्र इच्छा का संसार है। इसका अर्थ है कि कोई भी चुनाव सही या ग़लत नहीं होता। (जीवन-एक-परीक्षा-है मिथक आपको इसके विपरीत चेतावनी देता है कि आपके पास स्वतंत्र इच्छा की शक्ति तो है, लेकिन आपको हमेशा सही चयन करना चाहिए। वह चयन, जो ईश्वर चाहता है कि आप करें। वरना!) प्रेम पर आधारित **सृष्टि** में हमारी स्वतंत्रता के साथ कोई शर्त नहीं जुड़ी होती। हम चयन करने के लिए स्वतंत्र होते हैं और जैसा कि हम देखेंगे, **सृष्टि** हमारे निर्णयों व इच्छाओं का समर्थन करती है। हर मामले में। बिना किसी शर्त या बंधन के।

जैसा आध्यात्मिक लेखक नील डोनाल्ड वैल्श कहते हैं, ईश्वर क्या चाहता है - कुछ नहीं। कुछ भी नहीं। कोई आवश्यकता नहीं, कोई माँग नहीं, कोई अपेक्षा नहीं। कोई छिपे हुए उद्‌देश्य नहीं। कोई कर्तव्य या ज़िम्मेदारी नहीं। किसी तरह का कोई मूल्यांकन नहीं होता है, इसलिए आप कुछ भी ग़लत नहीं कर सकते। कोई जोखिम नहीं है और ग़लतियाँ असंभव हैं। जीवन हमेशा प्रकट हो रहा है और इस राह पर चलते वक़्त आप हमेशा नए चयन कर सकते हैं। यह शर्तरहित प्रेम का संसार है। एक बार जब आप जीवन को उपहार के रूप में देखने लगते हैं, तो आप सुकून से रह सकते हैं। तब आनंद और ख़ुशी, प्रेम और स्वतंत्रता, रोमांच और सृजनात्मक आत्म-अभिव्यक्ति ही आपकी प्राथमिकताएँ बन जाती हैं। जीवन से पीछे रहने, ख़ुद को बंधन में रखने, अपनी इच्छाओं का दमन करने या अपनी भावनाओं को नकारने के बजाय आप बेधड़क जीवन में छलाँग लगा सकते हैं - घास पर कूदने-फाँदने वाले पिल्ले जितने ही आनंद के साथ।

कोई चुनाव सही या ग़लत नहीं है।

मेरा मानना है कि ईसा मसीह और गौतम बुद्ध जैसे सभी महान आध्यात्मिक गुरुओं ने शर्तरहित प्रेम और एकत्व सिखाया था - यह

दूसरी बात है कि बाद में उनकी नसीहतों को राजनीतिक स्वार्थों, ग़लत अनुवादों और ग़लत समझ ने विकृत कर दिया। यदि आप अच्छाई और बुराई में यक़ीन करते हैं, तो इससे आप दो में पृथक हो जाते हैं। आप द्वैतवाद के संसार में रहते हैं। विलियम ब्लेक ने सही कहा था कि पाप का दोषारोपण ही एकमात्र पाप है। रहस्यवादी कवि रूमी ने कहा था कि जब हम ग़लत और सही काम करने के विचारों से ऊपर उठ जाते हैं, तभी हमारी आत्मा घास में लोट लगा सकती है। हम देहमयी आत्मा बन जाते हैं। हम आत्मज्ञानी बन जाते हैं।

शर्तरहित प्रेम में हमें एक बिलकुल ही नए संसार में पहुँचाने की शक्ति होती है। हमें पूरी तरह जीवंत बनाने की। हमें पूर्ण बनाने की। स्वर्ग और धरती को अलग करने के बजाय शर्तरहित प्रेम का विश्व-दर्शन उन्हें एक सूत्र में पिरो देता है। मूल पाप के बजाय यह मूल वरदान प्रदान करता है। यह सृजन का ऐसा मिथक है, जो हमारी संभावनाओं को मुक्त करता है और चमत्कारों को प्रकट करने की अनुमति देता है।

मूर्त रहस्यवाद उन अधिकांश चीज़ों को सम्मान देता है, जिन्हें सदियों से नकारा या हीन बताया जा रहा था : हमारी भावनाएँ, हमारा सहज ज्ञान, हमारे सपने, हमारा शरीर, हमारी ऐंद्रिकता, हमारी कामुकता, हमारा जोश, हमारी इच्छा, हमारी आंतरिक बुद्धि व शक्ति, रहस्य और आश्चर्य का हमारा अहसास। यह एक सांसारिक और मूर्त आध्यात्मिकता को दोबारा स्थापित करता है। यह उस चीज़ पर दोबारा दावेदारी जताता है, जिसे हमने ख़ुद से पृथक करके छोड़ दिया था। इसे जाग्रत देवत्त्व के रूप में देखा जा सकता है - दैवीय स्वरूप की वापसी - सर्वव्यापी ईश्वर, जो सभी दृश्य और अदृश्य चीज़ों में गुँथा हुआ है। यह सृजन का ऐसा मिथक है, जो शक्तिदायक, सकारात्मक, पुष्टिकारक, आनंददायक तथा उत्सवपूर्ण है - और सबसे बढ़कर, प्रेमपूर्ण है।

आनंद ही जीवन का उद्‌देश्य है।

प्रेम बनाम डर

सृष्टि के निर्माण के ये तीन मिथक हमें जीवन संबंधी तीन अलग-अलग प्रकार के दिशानिर्देश देते हैं :

✧ अच्छे बनो *(जीवन एक परीक्षा है)*

✧ सुरक्षित रहो *(जीवन एक संयोग है)*

✧ ख़ुश रहो *(जीवन एक उपहार है)*

इनमें से कौन से मिथक ख़ुशी तथा मानसिक स्वास्थ्य को बढ़ावा देते हैं और कौन से इन्हें घटाते हैं, यह पता लगाने के लिए आपको मेरी तरह मनोचिकित्सक होने की ज़रूरत नहीं है। जो भी विश्व-दर्शन डर या मूल्यांकन को बढ़ावा देता है, उसके साथ स्वास्थ्य संबंधी एक गंभीर चेतावनी भी दी जानी चाहिए। इस बात की पक्की गारंटी है कि ऐसा विश्व-दर्शन आपको तनावपूर्ण, अपराधबोध से ग्रस्त और मनोरोगी बना देगा - और अक्सर बीमार भी कर देगा। इससे आप युद्ध की मानसिकता में पहुँच जाते हैं।

यह यक़ीन करना कि आपके साथ कुछ ग़लत है - कि आपको प्रेम अर्जित करना होगा या उसका अधिकारी बनना होगा और अपनी योग्यता साबित करनी होगी - अवसाद और निराशा को आमंत्रण देना है। इसका अर्थ है कि आप हमेशा डरते रहते हैं कि कहीं कोई ग़लती न हो जाए। इसका अर्थ है कि आप अपने वास्तविक स्वरूप को अभिव्यक्त नहीं करते हैं, बल्कि हमेशा दूसरों की निगाह में अच्छे और आदर्श बनने की कोशिश करते रहते हैं। आप जीवन का आनंद लेने के बजाय अपने अस्तित्व को सार्थक साबित करने का प्रयास करते रहते हैं। यह आपको काम की लत, व्यायाम या ताबड़तोड़ ख़रीदारी जैसे चस्कों की गिरफ़्त में डाल देता है। आप महसूस करते हैं कि आप अक्षम हैं, कोई आपसे प्रेम नहीं कर सकता और आप हर बुरी या अवांछनीय महसूस होने वाली चीज़ को ढँकने की कोशिश करते हैं। या - इससे भी अधिक ख़तरनाक - आप अपनी काल्पनिक 'बुराई' दूसरे लोगों पर आरोपित कर देते हैं और फिर उन लोगों के ख़िलाफ़ जूझते रहते हैं,

जिन्हें आप बुरा, ग़लत या ख़तरनाक मानते हैं। जीवन न सिर्फ़ आपके लिए, बल्कि आपके आस-पास के हर व्यक्ति के लिए कठोर परीक्षा बन जाता है। (कुछ समय पहले मैंने एक मज़ाक़िया टीवी सीरियल *द सिम्पसन्स* में एक पात्र की यह बात सुनी कि उसने बाइबल कैंप में एक सप्ताह इसलिए गुज़ारा, ताकि वह 'अधिक मूल्यांकन करना सीख सके।' यह सुनकर मेरे होंठों पर मुस्कान थिरकने लगी।) यदि आप जीवन को परीक्षा के रूप में देखते हैं, तो ख़ुश होने के बजाय अच्छा और सदाचारी बनना अधिक महत्त्वपूर्ण हो जाता है। आप इस बारे में कम चिंता करते हैं कि अंदर से कैसा *महसूस होता* है और इस बात की अधिक चिंता करते हैं कि आपका जीवन बाहर से कैसा *नज़र आता* है।

जब आप जीवन को एक परीक्षा के रूप में देखते हैं, तो आंतरिक शांति और ख़ुशी पाना लगभग असंभव हो जाता है। बहरहाल, सांस्कृतिक विरासत की बदौलत यह विश्व-दर्शन हम सभी के भीतर मौजूद होता है। पीढ़ी दर पीढ़ी यह सामाजिक नियंत्रण के उपाय के रूप में हस्तांतरित होता रहा है और हमारी सामूहिक चेतना में रच-बस चुका है। इसी तरह, आधुनिक वैज्ञानिक दृष्टिकोण अपनाना - जीवन को अनायास संयोग के रूप में देखना, जिसका कोई निहित अर्थ या उद्देश्य नहीं है - ज़्यादा ख़ुशी प्रदान नहीं करता है! दोनों ही विश्व-दर्शनों में जोखिम आपके सिर पर तलवार की तरह झूलते रहते हैं। बदक़िस्मती, त्रासदी, तबाही, नापसंदगी, अस्वीकृति, परित्याग - यहाँ तक कि अनंत काल के लिए नरक-दंड का जोखिम हमेशा हावी रहता है।

प्रेम हमेशा अंदर आता है,
बशर्ते आप कपाट बंद करके
इसे बाहर ही न रखें।

वयस्कों के लिए आध्यात्मिकता

हमारी तीन शारीरिक अवस्थाएँ होती हैं - बचपन, किशोरावस्था और वयस्कता। तीनों विश्व-दर्शन हमारी इन तीनों अवस्थाओं की स्वाभाविक

विकासवादी प्रक्रिया का प्रतिबिंब नज़र आते हैं। मुझे लगता है कि पिछली तीन-चार सहस्राब्दियों से मानव जाति बच्चों की तरह जीवन को परीक्षा के रूप में देख रही थी, प्रेम व अनुमोदन की तलाश में औरों पर निर्भर थी। फिर हमने जीवन को संयोग के रूप में देखने - और ईश्वर के अस्तित्व (या प्रासंगिकता) को नकारने - वाली किशोरावस्था का संक्षिप्त दौर देखा। और अब हम एक परिपक्व तथा मुक्तिदायक विश्व-दर्शन की ओर बढ़ रहे हैं, जिसमें हम ख़ुद को उस प्रेमपूर्ण **स्रोत** के साथ काम करने वाले सह-सृजनकार के रूप में देखते हैं, जो हमारे *साथ* मिलकर काम करता है और धरती पर स्वर्ग रचने में हमारी मदद करता है। इसके लिए अपने जीवन की पूरी ज़िम्मेदारी लेने की ज़रूरत होती है। इसके लिए शर्तरहित प्रेम की भी ज़रूरत होती है। यह वयस्कों की आध्यात्मिकता है।

मैं जीवन को उपहार के रूप में देखने की पक्षधर हूँ, क्योंकि मेरे हिसाब से यह हमारे जीवन और संसार का कायाकल्प कर सकता है। डर पर आधारित विश्व-दर्शनों को मैं कैंसर कोशिकाएँ मानती हूँ - वे कमज़ोर और बीमार कोशिकाएँ, जो अपने ही शरीर पर हमला कर सकती हैं। हम सभी के शरीर में कैंसरयुक्त कोशिकाएँ होती हैं, लेकिन अधिकांश समय प्रतिरक्षा तंत्र इन कोशिकाओं को अस्वस्थ मानकर बाहर निकाल देता है। लेकिन यदि आप अपराधबोध और असुरक्षा के भाव में फँस जाते हैं, अशक्त और भयभीत महसूस करते हैं, अपनी क़ीमत पर दूसरों को ख़ुश करते हैं, मन ही मन दूसरों को दोष देते हैं और उनसे द्वेष करते हैं, बुरे, ग़लत या ख़तरनाक पर ध्यान केंद्रित करते हैं या जीवन को खोखला और निरर्थक मानकर लगातार ख़ुद पर हमला करते हैं - यदि आप ख़ुद को कुतरते हैं - तो अपने ही शरीर पर हमला करने वाली कैंसर कोशिकाएँ सशक्त हो जाती हैं और आपका ख़ुद से प्रेम करने वाला प्रतिरक्षक तंत्र कमज़ोर हो जाता है। इसके बाद बीमार कैंसर कोशिकाएँ हावी हो सकती हैं और जीवन की बागडोर थाम सकती हैं। लेकिन यह न भूलें कि आपका विश्व-दर्शन ही आपका वास्तविक कैंसर है - जीवन, ईश्वर और विश्व के बारे में आपके विषैले विश्वास।

आपके जीवन के लिए इससे अधिक महत्वपूर्ण कुछ नहीं है कि आपके सृजन का मिथक प्रेम पर आधारित है या फिर डर पर। इसी से

आपको यह अहसास होता है कि आप प्रेम से जुड़े हुए हैं या उससे जुदा हैं। इसी से यह फ़र्क़ पड़ता है कि आपके सपने, इच्छाएँ या अपेक्षाएँ पूरी होती हैं या नहीं। इसी से यह फ़र्क़ पड़ता है कि आप संसार में सुरक्षित महसूस करते हैं या जोखिम महसूस करते हैं। इसी से यह फ़र्क़ पड़ता है कि आपके संबंध प्रेमपूर्ण और अंतरंग रहेंगे या फिर नियंत्रण और आत्म-त्याग पर आधारित समाजसम्मत संबंध रहेंगे। इसी से यह फ़र्क़ पड़ता है कि आप तनाव, अपराधबोध व अवसाद से ग्रस्त महसूस करेंगे या फिर ख़ुशहाल, बेफ़िक्र और खुले दिल वाले रहेंगे। प्रेम पर आधारित विश्व-दर्शन का अर्थ है कि आप आंतरिक शांति पा सकते हैं, जिसका मतलब है कि आप शांतिपूर्ण और प्रेमपूर्ण संबंध बना सकते हैं। फिर हम सब मिलकर एक शांतिपूर्ण और प्रेमपूर्ण संसार रच सकते हैं।

प्रेम हमें एक करता और जोड़ता है।
यह हमें पूर्ण बनाता है।

पृथकता का घाव

जब आप जीवन को उपहार के रूप में देख लेते हैं, तो आप सुकून भरी साँस ले सकते हैं। आह, मधुर राहत! जीवन का वाक़ई कोई उद्देश्य है। आप यहाँ आनंद लेने आए हैं! आप यहाँ पृथ्वी के सौंदर्य, शारीरिक ख़ुशी और ऐंद्रिकता व सृजनात्मकता की संतुष्टि का आनंद लेने आए हैं। आप यहाँ प्रेम करने, हँसने और दूसरों के साथ गहराई से जुड़ने आए हैं। आपके साथ इस मान्यता के सिवा कुछ भी ग़लत नहीं है कि आपके (या दूसरों या जीवन के) साथ कुछ ग़लत है। आपका एकमात्र घाव - वह घाव जो हम सभी का है - पृथकता में विश्वास है। प्रेमपूर्ण ईश्वर से पृथकता। एक-दूसरे से पृथकता। प्रकृति से पृथकता। हम सचमुच जो हैं, उससे पृथकता। और प्रेम ही हमें दोबारा जोड़ता है। किसी मिथकीय देवता का सशर्त प्रेम नहीं, जो चाहता है कि आप अच्छे या आदर्श बनें, बल्कि शर्तरहित प्रेम। ऐसा प्रेम, जो आपके हर पहलू को प्यार करता है। ऐसा प्रेम, जो आपके वास्तविक स्वरूप का सम्मान करता है, उसकी पुष्टि करता

है। ऐसा प्रेम, जो आपकी ऊर्जा को खुलकर प्रवाहित होने की अनुमति देता है। ऐसा प्रेम, जो आपको सृजनात्मक स्रोत के साथ दोबारा जोड़ता है।

जीवन को उपहार के रूप में देखने से हर चीज़ बदल जाती है। संसार उद्देश्यपूर्ण, बुद्धिमत्तापूर्ण और प्रेमपूर्ण दिखने लगता है। आपके भीतर से जीवन को चूसने वाले दिमाग़ के ठंडे, कठोर, शुष्क और धूसर विश्व-दर्शन के स्थान पर आप हृदय की गर्मजोशी से भरी, रसीली और सरस आध्यात्मिकता खोज लेते हैं, जो आपमें जीवन का संचार करती है। आप संसार में सुरक्षित महसूस करने लगते हैं और आपको प्रेम का अहसास होता है। सृजन के ये मिथक आपके विचारों, भावनाओं और व्यवहार को लगभग विपरीत दिशाओं में ले जा सकते हैं, क्योंकि उनके जीवन संबंधी दृष्टिकोण एक-दूसरे से बहुत जुदा हैं। यदि आप डर और मूल्यांकन पर आधारित सृजन मिथक को मन में रखते हैं, तो जीवन में आपका मार्ग पथरीला होगा। यदि आपका विश्व-दर्शन शर्तरहित प्रेम पर आधारित है, तो आप धरती पर अपने ख़ुद के स्वर्ग की रचना कर सकते हैं और अवश्य करेंगे। दूसरे शब्दों में, आपके द्वारा चुना गया सृजन मिथक ही यह तय करता है कि आप श्वेत-श्याम संसार में जीते हैं या फिर बहुरंगी संसार में।

मैं जो उदीयमान विश्व-दर्शन प्रकट करने वाली हूँ, उस पर अमल करके आप हर मनचाही चीज़ पा सकते हैं, कर सकते हैं या बन सकते हैं। क्या यह बहुत रूमानी या आदर्शवादी लगता है? ऐसा ही लगना चाहिए। मैं मानती हूँ कि इस धरती पर हमारा जीवन स्वर्ग जैसा होना चाहिए। हाँ, मैं जानती हूँ कि संसार में मुश्किलें होती हैं, हमारे ग्रह के पर्यावरण पर ख़तरे मँडरा रहे हैं और विश्व के सामने ढेर सारी चुनौतियाँ मौजूद हैं। मनोचिकित्सक होने के नाते मैं जानती हूँ कि बंद दरवाज़ों के पीछे कितना घरेलू अत्याचार होता है और सार्वजनिक रूप से हँसते-मुस्कुराते चेहरों के पीछे कितने सारे निजी दुख और निराशाएँ छिपाई जाती हैं। बहरहाल, इनमें से अधिकांश दुखों की जड़ हमारे अस्वस्थ सृजन मिथक में छिपी होती है - ख़ुद को प्रेम से जुदा देखने में, संसार को द्वैतवाद के संदर्भ में देखने में। रहस्यवादी विश्व दर्शन आपको आश्वस्त करता है कि संसार में प्रेम है, यहीं है, इसी समय है - और यह हमेशा आपकी ओर बढ़ रहा है।

स्वर्ग चेतना की अवस्था है। यह प्रेम के साथ जुड़ाव महसूस करना है।

अब हम हिरणी के मेरे सपने की ओर लौटते हैं। वास्तविकता की हमारी नई समझ यह सुझाती है कि अंदरूनी और बाहरी जगत - यानी मस्तिष्क और पदार्थ - काफ़ी जादुई तरीक़ों से आपस में गुँथे हुए हैं। हम वास्तविकता संबंधी एक नए दृष्टिकोण में दाख़िल हो रहे हैं, जिसमें हम सिर्फ़ निष्क्रिय दर्शक या माइक्रोस्कोप में झाँकने वाले वैज्ञानिक ही नहीं हैं, बल्कि अपने जगत के सक्रिय सह-सृजनकर्ता हैं। डर और पृथकता पर आधारित द्वैतवादी विश्व दर्शन से सोचा जाए, तो सपने से जागने पर बगीचे में हिरणी का दिखना महज़ एक संयोग था। जीवन-एक-उपहार-है के दृष्टिकोण से यह एक समकालिकता थी - एक अर्थपूर्ण संयोग, जो बाहरी और भीतरी जगत के हर पल मौजूद अंतर्संबंध से उत्पन्न हुआ था। यह हमें याद दिलाता है कि जीवन जितना नज़र आता है, उससे अधिक जादुई है। कि हम एक प्रेमपूर्ण **ब्रह्मांड** में रहते हैं। कि स्वर्ग अभी और यहीं हो सकता है।

जीवन को उपहार के रूप में देखने से न सिर्फ़ आपके अधिक ख़ुश और स्वस्थ रहने की संभावना बढ़ जाती है, बल्कि जैसा हम आगे आने वाले अध्यायों में देखेंगे, यह मानने के अच्छे कारण हैं कि **ब्रह्मांड** को इस तरह बनाया गया है, ताकि यह हमें हर मनचाही चीज़ दे सके - हम पर असीमित उपहारों की बारिश कर सके। कोई शर्त नहीं। कोई बंधन नहीं। दूसरे शब्दों में, बिना शर्त का प्रेम **ब्रह्मांड** के ताने-बाने में रचा-बसा है। सपनों को साकार करना टोपी में से ख़रगोश निकालने जैसा नहीं है। यह कोई चतुराई भरी चाल नहीं है। यह तो बस **ब्रह्मांड** की नैसर्गिक ऊर्जा को अपने माध्यम से प्रवाहित होने की अनुमति देने के बारे में है। यह जागरूकता, प्रेम और विस्तार का चयन करने के बारे में है। फिर आप एक तितली जैसे बन सकते हैं - और अपने सपनों के जीवन का सृजन कर सकते हैं।

सिर्फ़ आपके लिए

सपनों का वृत्त

एक बड़े क़ागज़ पर एक बड़ा गोला बनाएँ। इस गोले के भीतर हर वह चीज़ लिख लें, जो आप पाना, करना या बनना चाहते हैं - शायद अगले दो-तीन वर्षों में। आपकी आदर्श जीवनशैली कैसी है? अपने लिए एक नया जीवन बुनें। ख़ुद को स्वप्नदर्शी और भविष्यद्रष्टा बनने की अनुमति दें। बड़ा सोचें! जब आप अपने सपनों को कोरे सफ़ेद क़ागज़ पर उकेरें, तो अद्‌भुत अहसास होने दें। जान लें कि यह वास्तविकता के सृजन में पहला क़दम है। आप ***ब्रह्मांड*** *से कह रहे हैं कि वह ये उपहार आप तक पहुँचा दे। और* ***ब्रह्मांड*** *हमेशा हाँ कहता है। कोई भी चीज़ और कोई भी व्यक्ति आपके रास्ते में बाधा बनकर नहीं खड़ा है - सिवा आपके। धरती पर अपना स्वर्ग बनाना पूरी तरह से आपके - या फिर आपकी चेतना के - हाथों में है।*

दूसरा विकल्प यह है कि आप उन गुणों को लिख लें, जिन्हें आप अपने जीवन में आमंत्रित करना चाहते हैं - जैसे प्रेम, ख़ुशी, सौंदर्य, ऐंद्रिकता, रोमांस, साहसिकता, कल्पनाशीलता, स्वतंत्रता, अवसर, हँसी, समुदाय, टीमवर्क, अवसर, रचनात्मकता, प्रकृति, आध्यात्मिकता।

(पिछले पंद्रह सालों से मैं हर संक्रांति और इक्विनॉक्स पर अपने सपनों का गोला बना रही हूँ, क्योंकि इन दिनों में प्रकटीकरण की काफ़ी शक्ति होती है। पीछे पलटकर देखने पर बड़ा सुखद अहसास होता है कि मेरे कितने सारे सपने साकार हो गए और वह भी बेहद अप्रत्याशित तरीक़ों से!)

सृष्टि के लिए प्रश्न

जीवन के बारे में आपके बड़े प्रश्न क्या हैं? आप किस चीज़ को अधिक गहराई से समझना चाहते हैं? आप किन आंतरिक दुविधाओं को दूर करने की कोशिश कर रहे हैं? अपने हिसाब से आप जीवन में क्या चूक रहे हैं? आपके सपनों तक पहुँचने में कौन सी चीज़ बाधा है? आपको किस चीज़ के बारे में उच्चतर मार्गदर्शन की ज़रूरत है? एक विशेष

नोटबुक या जर्नल में अपने प्रश्न लिख लें। ये प्रश्न ***ब्रह्मांड, स्रोत****, ईश्वर या असीम प्रज्ञा से हैं। आस्था रखें कि आपको इनका जवाब मिलेगा। आपकी ओर ऐसी पुस्तकें, विचार या संवाद भेजे जा सकते हैं, जिनसे आपको नया ज्ञान मिलेगा। आपकी ओर ऐसे लोगों, घटनाओं या अनुभवों को भी भेजा जा सकता है, जो आपको जवाबों की दिशा में ले जाएँगे। शांत मनन और ख़ामोशी में भी आपको जवाब मिल सकते हैं। आज से एक महीने या एक साल बाद अपने प्रश्नों को दोबारा देखें। आप यह देखकर हैरान हो जाएँगे कि ब्रह्मांड ने कितनी सुंदरता से आपके हर प्रश्न का उत्तर दे दिया है।*

अध्याय दो

आश्चर्यजनक रहस्य

हर व्यक्ति एक अनूठी वास्तविकता का अनुभव करता है, जो किसी भी दूसरे व्यक्ति से अलग होती है। यह वास्तविकता विचारों, भावनाओं, अपेक्षाओं और मान्यताओं के आंतरिक परिदृश्य से बाहर की ओर प्रकट होती है। ***सेथ***

प्राचीन समय से एक आध्यात्मिक रहस्य पीढ़ी दर पीढ़ी हस्तांतरित होता आ रहा है। अधिकांश मामलों में यह रहस्य मौखिक रूप से, प्रायः गोपनीयता और सुरक्षा की कानाफूसियों के साथ, केवल उन्हीं को बताया जाता रहा है, जिन्हें इसे पाने के लिए उपयुक्त समझा गया : अभ्यासी, चुनिंदा लोग या प्रशिक्षु जादूगर। इसका ज्ञान सामान्य जनता के लिए अनुपयुक्त - और ख़तरनाक भी - माना जाता था, इसी कारण इसे अब तक छिपाया और दबाया गया। केवल हाल के दशकों में ही धरती के सुदूर कोनों से इस रहस्य को प्रकट किया गया है, जैसे गाने वाली चिड़ियों को उनके पिंजरे से मुक्त किया जाता है। कबीलाई संस्कृतियों के ओझाओं और रहस्यवादियों ने इसे मुक्त किया है। यह उच्च विकसित विज्ञान, ख़ास तौर पर भौतिकी और जीवविज्ञान, से उभरकर निकला है। बरसों पुरानी गोपनीय और रहस्यमयी परंपराओं में इसे दबे सुर में बताया जाता रहा है। और यह वास्तविकता की सच्ची

प्रकृति के बारे में आधुनिक नसीहतों का एक आम सूत्र बन चुका है। यह एक ऐसा विचार है, जिसका समय आ चुका है।

यह अद्‌भुत रहस्य परंपरा विरोधी है और सामाजिक नियंत्रण तथा अनुपालन के लिए जोखिम है। इसी वजह से इसे इतने लंबे समय तक गोपनीय रखा गया। यह हम सभी को विद्रोही बना सकता है। यह हमारी असीमित शक्ति और संभावना को मुक्त करता है। यह हमें अपने जीवन को हमेशा-हमेशा के लिए बदल देने – और अपने सबसे बड़े सपनों को साकार करने – की योग्यता प्रदान करता है।

शायद आप यह मानकर बड़े हुए होंगे कि जीवन में अधिकांश चीज़ें 'बस होती हैं' – कि हम दुर्घटनाओं, बीमारी, दग़ाबाज़ी, हिंसा, त्रासदी या सीधे कहें, तो बदक़िस्मती के शिकार होते हैं। आपको यह भी लग सकता है कि नियति, भाग्य या पुराने कर्म आपके जीवन को नियंत्रित कर रहे हैं। या शायद आपको यह भी बताया गया हो कि ईश्वर ही सर्वशक्तिमान है – इसलिए जो भी होता है, या तो उसे पसंद करो या फिर चुपचाप सहन करो। संभवतः आपको यह चेतावनी भी दी गई होगी कि आपको भविष्य के सपने नहीं देखने चाहिए या आशाएँ नहीं रखनी चाहिए, ताकि आप निराशा या दिल टूटने के दर्द से बच सकें। लेकिन एक बार जब आप **सृष्टि** के गूढ़ रहस्य को समझ लेते हैं, तो आपको दोबारा कभी पीड़ित जैसा महसूस करने की ज़रूरत नहीं है। अब आपको किसी बाहरी व्यक्ति या वस्तु को शक्तिमान मानने की ज़रूरत नहीं है, क्योंकि आप जान चुके हैं कि आप सृजन की दैवीय चिंगारी हैं – एक प्रशिक्षु देवी या देवता हैं – और आपकी सच्ची शक्ति आपके भीतर ही वास करती है।

तो अद्‌भुत रहस्य क्या है? यह एकमात्र ऐसा नियम है, जो सचमुच सर्वव्यापी है – जिसका कोई अपवाद नहीं है। बचाव का कोई परिच्छेद नहीं। महीन अक्षरों में छपी कोई इबारत नहीं। यह नव भौतिकी द्वारा खोजी एक जागरूकता पर आधारित है : संसार कोई ठोस जगह नहीं है। जिसे हम भौतिक वास्तविकता मानते हैं, वह दरअसल आपस में जुड़ी *ऊर्जा* का वृहद क्षेत्र है। ऊर्जा के इस चेतन, असीमित जाल को **स्रोत**, ईश्वर, परमपिता या **ब्रह्मांड** कहा जा सकता है। दूसरे शब्दों में, हमारी पृथकता एक भ्रम है। हम बाक़ी हर चीज़ से अभिन्न रूप से जुड़े

हैं, क्योंकि हम ईश्वर की ऊर्जावान देह की कोशिकाएँ हैं।

हमारी पृथकता एक भ्रम है। हर चीज़ एक-दूसरे से जुड़ी हुई है।

एक बार जब आप विश्व को ऊर्जा के रूप में देख लेते हैं, तो आपको अहसास हो जाता है कि हम हाड़-मांस के ठोस प्राणी नहीं हैं, बल्कि मनो-ऊर्जावान या कंपनशील जीव हैं। मस्तिष्क और पदार्थ के बीच कोई वास्तविक भेद नहीं है, क्योंकि ऊर्जा ही सर्वव्यापी है - चाहे यह कुर्सी या मोमबत्ती जैसी दिखने वाली ऊर्जा हो अथवा विचार या रेडियो तरंग जैसी अदृश्य ऊर्जा हो। भौतिकी हमें बताती है कि कम से कम ९० प्रतिशत **ब्रह्मांड** अभी अज्ञात है - पदार्थ-ऊर्जा का अदृश्य रूप, जिसे डार्क मैटर या अविज्ञ पदार्थ के नाम से जाना जाता है। यानी ९० प्रतिशत **ब्रह्मांड** आज भी हमारे लिए पूर्ण रहस्य बना हुआ है। क्या यह अदृश्य आयामों का ज़िक्र है, **सृष्टि** के छिपे हुए चित्रपट का, जिसके बारे में रहस्यवादियों ने काफ़ी बातें बताई हैं? यह बहुत अमूर्त लग सकता है, लेकिन इसका हमारे रोज़मर्रा के जीवन पर व्यापक व्यावहारिक असर होता है। इससे हम महान रहस्य की ओर पहुँचते हैं।

संसार एक दर्पण है

इस अद्‌भुत रहस्य को आकर्षण के नियम के रूप में जाना जाता है : यानी, समान चीज़ें समान चीज़ों को आकर्षित करती हैं। जैसा कि आधुनिक भौतिकी बताती है, यह *चेतना* ही है, जो तय करती है कि क्वांटम स्तर पर क्या होता है - और इस तरह यह इसे भी तय करती है कि भौतिक जगत में क्या प्रकट होता है। विचार निश्चित आकार वाली ऊर्जा हैं, जो **ब्रह्मांड** के छिपे हुए चित्रपट की डोर खींचते हैं। ऊर्जा चेतना द्वारा छेड़ी धुन पर नृत्य करती है - और धुन छेड़ने वाले *वादक* आप ही हैं। आप अपने संसार का स्वप्न देखकर उसे अस्तित्व में ला रहे हैं। आपके विचार वास्तविकता बन जाते हैं। ब्रिटिश खगोलविद् जेम्स जीन्स ने कहा है कि **ब्रह्मांड** विशाल मशीन के बजाय व्यापक विचार

जैसा है - जो दृष्टिकोण के लिहाज़ से एक बहुत बड़ा परिवर्तन है, जैसा कि हम अभी कर रहे हैं। हमारे पैरों के नीचे का संसार अब उतना ठोस नहीं रह गया है, जितना कि कभी दिखता था।

आकर्षण का नियम यह उजागर करता है कि मन व पदार्थ हमारे रोज़मर्रा के जीवन में आपस में कैसे गुँथे हुए हैं। इससे हमें एक ऐसी जादुई संसार में दाख़िल होने की अनुमति मिलती है, जिसमें हम अपनी हर मनचाही चीज़ पा सकते हैं, कर सकते हैं या बन सकते हैं। हम अपने सपनों या दुःस्वप्नों या बीच कहीं पर चलते हैं। कहीं कोई सीमाएँ नहीं हैं, सिवा उनके, जिनमें हम यक़ीन करते हैं।

यदि आपने अपनी नज़रें आसमान की ओर उठा ली हों और यह सोच रहे हों कि यह सिरफिरी महिला न जाने किस संसार की बातें कर रही है, तो मैं आपको बताना चाहती हूँ कि इतिहास के कुछ शीर्षस्थ लोगों ने आकर्षण के नियम को समझ लिया था - जैसे प्लेटो, सुकरात, शेक्सपियर, न्यूटन, ब्लेक, लियोनार्डो द विंची, बीथोवन, थोरो, इमर्सन, गेटे, आइंस्टीन आदि। यह ईसाई, हिंदू, इस्लाम, बौद्ध आदि प्रत्येक धर्म के आध्यात्मिक सूत्रों में छिपा हुआ है। यह मिस्र और बैबिलॉन जैसी प्राचीन सभ्यताओं में भी छिपा है। असंख्य आध्यात्मिक गुरु आकर्षण के नियम की पुष्टि करते हैं। और आज अधिकांश शीर्षस्थ वैज्ञानिक सहमत हैं कि मन पदार्थ के मूल आवरण में गुँथा हुआ है - कि चेतना ही भौतिक वास्तविकता को ढालती है, यहाँ तक कि उसका सृजन भी करती है। इसलिए अगर मैं सिरफिरी हूँ, तो कम से कम बड़े ही श्रेष्ठ समूह में हूँ। (वाह!) भले ही यह हाल-फ़िलहाल आपको सिरफिरापन लग रहा हो, लेकिन मेरे साथ आगे की यात्रा पर चलें - और देखें कि क्या इसमें आपको समझदारी नज़र आती है। वैसे मैं मानती हूँ कि मैं आपको सिर्फ़ वही याद दिला रही हूँ, जो आप पहले से ही जानते हैं, हालाँकि अब तक आप उसे भूल चुके होंगे।

तो आकर्षण का नियम कैसे काम करता है? सरल भाषा में, हमारे विचार, इच्छाएँ और इरादे सूचना के कंपन भरे स्वरूप होते हैं, जिन पर हमारे आस-पास का संसार प्रतिक्रिया करता है। आप अपने दिमाग़ में जो भी रखते हैं, वह किसी रेडियो संकेत की तरह **सृष्टि** में संप्रेषित हो

जाता है। फिर **सृष्टि** उस संकेत से मेल खाने वाली घटनाएँ, परिस्थितियाँ और संबंध हमारी ओर भेज देती है। दूसरे शब्दों में, आपका बाहरी संसार आपके आंतरिक संसार का प्रतिबिंब होता है। इसमें कोई पुरस्कार या दंड नहीं होता। आकर्षण का नियम किसी तरह का कोई मूल्यांकन नहीं करता; आपको वही मिलता है, जिस पर आप ध्यान केंद्रित करते हैं।

बाहरी संसार आपके आंतरिक संसार का प्रतिबिंब मात्र होता है।

अगर आप पुराने विचार ही सोचते रहेंगे, तो आप उसी पुरानी वास्तविकता को आकर्षित करते रहेंगे। यही कारण है कि अमीर लोग ज़्यादा अमीर बनते हैं, जबकि ग़रीब लोग ज़्यादा ग़रीब होते जाते हैं। यदि आप समृद्धि पर ध्यान केंद्रित करते हैं और उसकी उम्मीद करते हैं, तो आप उसे ही आकर्षित करते हैं। यदि आप कर्ज़ और बिलों पर ध्यान केंद्रित करते हैं, तो आप उन्हीं को ज़्यादा आकर्षित करते हैं। यदि आप अपने एकाकीपन पर ध्यान केंद्रित करते हैं और जीवनसाथी के न मिलने पर अफ़सोस करते हैं, तो आप अधिक एकाकीपन और अफ़सोस को आकर्षित करते हैं। यदि आप स्वयं और दूसरों को प्रेमपूर्ण मानने पर ध्यान केंद्रित करते हैं, तो आप प्रेमपूर्ण संबंधों को आकर्षित करते हैं। यदि आप बीमारी और रोग पर ध्यान केंद्रित करते हैं, तो जैसे ही आपका एक रोग ठीक होगा, वैसे ही दूसरे के लक्षण उभर आएँगे। यदि आप स्वास्थ्य पर ध्यान केंद्रित करते हैं और अपने शरीर को स्वस्थ व शक्तिशाली मानते हैं, तो आप अच्छे स्वास्थ्य को आकर्षित करते हैं। यदि आप बस जीवित बचे रहने और दिन गुज़ारने पर ध्यान केंद्रित करते हैं, तो जीवन अरुचिकर और नीरस महसूस होगा। यदि आप ख़ुशी, रचनात्मकता और प्रेम पर ध्यान केंद्रित करते हैं, जो जीवन समृद्ध और सार्थक होगा। यदि आप फँसे हुए या क़ैद महसूस करने पर ध्यान केंद्रित करते हैं, तो आप इसी भावना को बढ़ाने वाले लोगों तथा परिस्थितियों को आकर्षित करेंगे। यदि आप स्वतंत्र और असीमित महसूस करने पर ध्यान केंद्रित करते हैं - या सिर्फ़ इसका स्पष्ट इरादा रखते हैं - तो आप उस भावना को समर्थन देने वाले संबंधों व स्थितियों

को आकर्षित करते हैं। दूसरे आपको जो ख़बरें या घटनाएँ 'सुनाते' हैं, वे भी आप ही के विचारों, मान्यताओं, इच्छाओं, डरों और अपेक्षाओं के किसी न किसी पहलू का प्रतिबिंब होती हैं।

विचार वस्तु में बदल जाते हैं

कोई भी चीज़ अनायास नहीं होती। छोटी से छोटी घटना में भी आकर्षण का नियम लागू होता है। क़िस्मत, संयोग या भाग्य जैसी कोई चीज़ नहीं होती। आंतरिक और बाहरी क्षेत्र एक गहरे अदृश्य स्तर पर जुड़े होते हैं। रोज़मर्रा की बाहरी वास्तविकता हमारे आंतरिक संसार का प्रत्यक्षीकरण मात्र होती है। यह संसार दर्पण जैसा है, जिसमें हमारे मन के विचार भौतिक वास्तविकता के रूप में प्रकट हो जाते हैं। यह तुरंत नहीं होता है, क्योंकि बीच में समय का एक सहायक अंतराल होता है, जिसमें हम अपना मन बदल सकें। लेकिन समय बीतने के साथ विचार वस्तुओं में तब्दील हो जाते हैं। उच्च कंपन वाले विचार - सकारात्मक, आनंददायक और प्रेमपूर्ण विचार - आपकी ओर आपकी मनचाही चीज़ को आकर्षित करते हैं। हीन कंपन वाले विचार - डर, शंका और नकारात्मक मूल्यांकन पर आधारित विचार - आपकी मनचाही चीज़ को आपके पास आने से रोकते हैं। जो भी होता है, उससे आपको यह फ़ीडबैक मिलता है कि आप किस प्रकार के रेडियो संकेत भेज रहे हैं। एक बार जब आप यह बात समझ लेते हैं, तो फिर आप जागरूकता के साथ अपनी ख़ुद की वास्तविकता का निर्माण कर सकते हैं।

आपको वही मिलता है, जिस पर आप ध्यान केंद्रित करते हैं।

बचपन में मैं लेखिका बनने के सपने देखती थी। मैं ऐसी पुस्तकें लिखना चाहती थी, जिनसे फ़र्क़ पड़े, जिनसे लोगों का जीवन बदल जाए। हर रात को सोते समय मैं पुस्तकों से भरे शेल्फ़ की कल्पना करती थी, जिसमें मेरी लिखी पुस्तकें रखी हों। मैं प्रकाशकों से मिलने की कल्पना करती थी। मैं देहात में बने एक बड़े मकान में डेस्क पर बैठकर पांडुलिपि

पर काम करने की कल्पना करती थी। कई साल बाद – पत्रिकाओं में दर्जनों लेख लिखने और एक दशक तक बतौर क्लीनिकल साइकोलॉजिस्ट काम करने के बाद – मेरा सपना हक़ीक़त बन गया। मैं परीकथाओं जैसे सुंदर मकान में रहती हूँ, जो एक बेहतरीन नेशनल पार्क में पहाड़ों के बीच स्थित है। मेरे घर के आस-पास झील व झरने हैं और मेरी लिखी पुस्तकों से असंख्य लोगों का जीवन बदल चुका है। सपने साकार हो सकते हैं और होते हैं – बशर्ते आप आकर्षण के नियम का इस्तेमाल करें।

हाल-फ़िलहाल यह कल्पना करें कि जीवन एक स्वप्न है और आप उसे देख रहे हैं। आप अपने लिए किस तरह का सपना देखना चाहते हैं? अपनी कल्पना को खुला छोड़ दें। आप कहाँ रहना चाहते हैं। आप किसके साथ रहना चाहते हैं? आप अपना समय कैसे बिताना चाहते हैं? आप कैसा महसूस करना चाहते हैं? यदि आप कोई भी चीज़ कर सकें, बन सकें या पा सकें, तो आप क्या चुनेंगे? बचपन में आपने भविष्य के लिए कौन सा सपना देखा था? अब आपके सपने क्या हैं?

अपनी कल्पना को उन्मुक्तता और आज़ादी से दौड़ने दें।

आप कह सकते हैं, 'यह सब तो ठीक है, लेकिन ज़रा वास्तविकता तो देखो! मेरे जैसा व्यक्ति अपने *सपनों* की जीवनशैली की उम्मीद नहीं कर सकता। आप समझती ही नहीं हैं कि मेरे जीवन में कितनी सीमाएँ हैं : मेरा स्वास्थ्य, मेरी आर्थिक स्थिति, मेरी शिक्षा, मेरा साझेदार, मेरा परिवार, मेरा बॉस, मेरे क़स्बे की संकीर्ण मानसिकता। आप मेरे कर्तव्यों और ज़िम्मेदारियों को नहीं समझती हैं। आप यह नहीं समझती हैं कि दूसरे लोग मुझ पर कितना दबाव डालते हैं। आप यह नहीं समझती हैं कि मैं बचपन का कितना बोझ उठा रहा हूँ। आप यह नहीं समझती हैं कि मैंने अतीत में कितने ग़लत विकल्प चुने हैं।'

लेकिन यही तो अद्‌भुत रहस्य का जादू है। अतीत में चाहे जो हुआ हो, आपकी वर्तमान स्थिति या परिस्थिति चाहे जैसी हो, कोई भी व्यक्ति,

समूह या सरकार, *कोई भी चीज़* आपको अपने सपने साकार करने से नहीं रोक सकती। सिर्फ़ आप ही रोक सकते हैं। आप ही अपनी राह की एकमात्र बाधा हैं। आप बहाने के रूप में किसी दूसरे का इस्तेमाल नहीं कर सकते। कोई भी आपके साथ कुछ 'नहीं कर सकता।' आप अपने साथ होने वाली हर चीज़ का सृजन करते हैं, तब भी जब अपने ठोस-संसार के दृष्टिकोण से हमारा सहज बोध कहता है कि यह किसी दूसरे ने किया है।

मोटर बीमा दावों पर एक मज़ेदार रिपोर्ट में एक ड्राइवर ने कहा था, 'जिस राहगीर को मैंने ठोंका था, उसने स्वीकार किया कि यह उसकी ग़लती थी, क्योंकि पिछले महीने भी उसके साथ ऐसी ही दुर्घटना हुई थी।' जब आप आकर्षण के नियम को समझ लेते हैं, तो आपको पता चल जाता है कि यह मज़ाक नहीं है। उस राहगीर ने पहली दुर्घटना के लिए ख़ुद को जितना दोष दिया और उस बारे में जितना विचार किया, दोबारा वैसी ही घटना होने की आशंका बढ़ गई। फिर उसने दूसरे ड्राइवर को आकर्षित किया, जिसके विचार ऐसी दुर्घटना के लिए उसे आकर्षित कर रहे थे। ड्राइवर और राहगीर दोनों ही ख़ुद को शिकार मानते थे - लेकिन सच तो यह है कि हमें वही मिलता है, जिस पर हम ध्यान केंद्रित करते हैं और जिसकी अपेक्षा रखते हैं। दूसरे शब्दों में, बीमा कंपनियाँ हमारे नकारात्मक विचारों के व्यावहारिक परिणामों के ख़िलाफ़ हमारा बीमा कर रही हैं।

आप विरोध करते हुए कह सकते हैं, 'पिछले साल मेरे साथ एक दुर्घटना हुई थी और मैं *उसकी* अपेक्षा नहीं कर रहा था।' लेकिन आपने दुर्घटना के सामंजस्य वाले विचार और भाव मन में अवश्य रखे होंगे - शायद लंबे समय तक। शायद आपको ऑफ़िस से छुट्टी लेने की ज़रूरत महसूस हुई होगी और आपको यह पता नहीं था कि आप इसके अलावा कैसे छुट्टी ले सकते हैं। शायद आप ख़ुद से कहते रहे होंगे कि आप ख़राब ड्राइवर हैं या आप इतने ख़ुशनसीब हैं कि आपसे कभी दुर्घटना नहीं हुई। यदि आप दुर्घटना की *प्रतिक्रिया* में उत्पन्न हुए भावों को याद कर सकें - शायद क्रोध, चिढ़, कुंठा, अपराधबोध, निराशा, अवसाद या लाचारी - तो ये भाव काफ़ी समय से आस-पास मँडराते रहे होंगे। दुर्घटना (या बीमारी, मुकदमा या ऐसी ही चीज़) इस सारी नकारात्मकता

का ही *परिणाम* थी। दुर्घटना जैसी कोई चीज़ नहीं होती। हर घटना का पूरा विवरण आकर्षण के नियम से तय होता है।

यहाँ मैं दोष और ज़िम्मेदारी पर एक नोट जोड़ना चाहती हूँ। आकर्षण के नियम का मतलब यह नहीं है कि आप हर नकारात्मक घटना के लिए खुद को *दोष* देने लगें - क्योंकि इससे आपकी ओर ऐसी ही अधिक घटनाएँ आकर्षित होने लगेंगी। यह तो अपनी शक्ति को पहचानने और अपने जीवन के जागरूक सृजनकर्ता बनने का आकर्षक अवसर है। यही दोषारोपण (जो अशक्त बनाता है) और ज़िम्मेदारी (जो सशक्त बनाती है) के बीच का महत्वपूर्ण फ़र्क़ है। दोषारोपण में नकारात्मक मूल्यांकन शामिल होता है। दोषारोपण और अपराध बोध इसलिए उत्पन्न होते हैं, क्योंकि आप जीवन को परीक्षा के रूप में देखते हैं। ये आपको एक दुखद गेंद में तब्दील कर देते हैं। दूसरी ओर, जीवन को उपहार के रूप में देखने से ज़िम्मेदारी आती है; यह आपको प्रतिक्रिया चुनने की योग्यता देती है। यदि कोई चीज़ बुरी महसूस होती है, तो इसका अर्थ है कि आप ज़िम्मेदारी के बजाय दोषारोपण की ओर झुक गए हैं।

आप कभी दोषारोपण के पात्र नहीं हैं, लेकिन आप हमेशा ज़िम्मेदार हैं।

यदि आप ऐसे माता-पिता के साथ बड़े हुए हैं, जो आदतन नकारात्मक सोचते थे, जो जीवन को संघर्ष मानते थे, अपने दुख के लिए दूसरों को दोष देते थे, शिकायत और आलोचना करते थे, ख़ुद को कमतर समझते थे, भयंकर परिस्थितियों या संबंधों को 'ऐसी सलीब के रूप में देखते थे, जो उन्हें उठाना ही था,' सबसे बुरे की आशंका करते रहते थे, ख़ुद को अच्छा और दूसरों को बुरा मानते थे, 'नाव को बल खाती लहरों पर डालने' का जोखिम लेने से बचते थे, पैसे या सेहत की (या आपकी) चिंता करते थे अथवा पीड़ितों या शहीदों की तरह व्यवहार करते थे, तो

सोचने और व्यवहार करने के वे आत्म-विनाशकारी तरीक़े आपकी आदत में भी शुमार हो सकते हैं। विश्व को देखने का पुराना तरीक़ा परिचित/पारिवारिक महसूस होगा या आपका नज़रिया यही होगा कि 'चीज़ें ऐसी ही होती हैं' - और **सृष्टि** आग के छल्लों से कूदकर आपको सही साबित कर देगी! यही नहीं, आप अपने जैसी ही नकारात्मकता वाले मित्रों, सहकर्मियों और यहाँ तक कि अजनबियों को भी आकर्षित करेंगे, जो आपके डरों, शंकाओं व शिकायतों को तर्कसंगत साबित कर देंगे। संभवतः आप फँसे हुए और क़ैद में महसूस करते हों। शायद आप दिल की गहराई में जानते हों कि जीवन को ऐसा नहीं होना चाहिए। लेकिन आप बगैर कुछ किए ऐसे जीवन के आदी हो जाते हैं, जो आपके सपनों से काफ़ी निम्न स्तर का होता है।

अच्छी ख़बर यह है कि बदलने के लिए कभी देर नहीं होती और आप किसी भी समय बदल सकते हैं। शायद आप गहरे कर्ज़ में हैं। शायद आपको कोई गंभीर रोग है। शायद आप मानते हैं कि आपके बचपन के दाग़ ऐसे हैं कि कभी ठीक ही नहीं हो सकते। शायद आपको अपने कुछ चुनावों पर अफ़सोस है या आप सोचते हैं कि आप रास्ते में कहीं पर ग़लत मोड़ मुड़ गए हैं। दरअसल, इनमें से किसी चीज़ से फ़र्क़ नहीं पड़ता। *आप आज जहाँ हैं,* वहीं से अपने मनचाहे जीवन का सृजन हमेशा कर सकते हैं। जादुई और प्रेमपूर्ण संसार को इसी तरह बनाया गया है। जीवन के अद्‌भुत उपहार की कार्यशैली यही है।

लेकिन परिवर्तन आपको करना होगा। आपको मौन, शांति और मनन के लिए अधिक समय निकालने की ज़रूरत होगी। आपको ख़ुद पर ध्यान केंद्रित करने व अपनी आंतरिक प्रज्ञा की बातें सुनने का समय निकालना होगा। आपको नए विचारों का सोच-समझकर चुनाव करना होगा और अपनी पुरानी मान्यताओं पर सवाल करने की ज़रूरत होगी। आप जहाँ हैं, वहाँ से परिवर्तन का द्वार खोलने के लिए आपको अपनी वर्तमान स्थिति के साथ शांति स्थापित करनी होगी। आपको दैनिक आधार पर नए चुनाव करने की ज़रूरत भी होगी - इस जानकारी के साथ कि जीवन एक उपहार है, कि आप अच्छे व योग्य हैं और आपकी सारी इच्छाएँ पूरी हो सकती हैं। साथ ही, आपको अपने आंतरिक

मार्गदर्शन पर विश्वास करने की ज़रूरत भी होगी। फिर **ब्रह्मांड** आपको नए जीवन की ओर ले जा सकता है। उस जीवन की ओर, जिसका आप इंतज़ार कर रहे हैं।

वर्तमान पल हमेशा आपकी शक्ति का केंद्रबिंदु होता है।

आप कभी अपने अतीत के शिकार नहीं होते हैं। वर्तमान पल हमेशा आपकी शक्ति का केंद्रबिंदु होता है। यदि आप अपनी सोच बदल लें, तो आपकी वास्तविकता भी बदल जाती है। आप तुरंत ही नई परिस्थितियों व घटनाओं, नए मित्रों तथा संबंधों, नए अवसरों, विचारों और संभावनाओं को अपनी ओर आकर्षित करने लगते हैं। इसमें सचेतन प्रयास और एकाग्र जागरूकता की ज़रूरत होती है - आख़िरकार पुराने विचार सोचते रहना ज़्यादा आसान होता है - लेकिन कुछ दिनों या सप्ताहों में ही आप अपने जीवन को पूरी तरह बदल सकते हैं। नए विचार, नया भविष्य। कुछ घंटों, यहाँ तक कि मिनटों के भीतर ही आप बेहतर *महसूस करना* शुरू कर सकते हैं।

माना जाता है कि हमारे मन में हर दिन 60,000 विचार आते हैं। यदि आप इनमें से सिर्फ़ 51 प्रतिशत विचारों को सकारात्मक पहलू पर केंद्रित कर सकें - जो आप चाहते हैं, जिसका आप आनंद लेते हैं, जिसकी आप प्रशंसा करते हैं, जो दूसरों में अच्छा है, जो आपमें अच्छा है, सुखद यादें, सुखद दिवास्वप्न और भविष्य की कल्पनाएँ तथा सुखद अपेक्षाएँ - तो आप धीरे-धीरे अपनी मनचाही चीज़ों को ज़्यादा आकर्षित करने लगेंगे। आपके तराजू का काँटा सकारात्मकता की ओर झुक जाएगा और आपका जीवन बदलकर बेहतर होने लगेगा। यदि आप 75 प्रतिशत सकारात्मक विचारों तक पहुँच सकें, तो आप ज़बर्दस्त महसूस करने लगेंगे - और चमत्कार होने लगेंगे। जब आपकी इच्छाएँ, विश्वास और अपेक्षाएँ सामंजस्य में आ जाती हैं, तो आप अजेय बन जाते हैं!

जीवन को अंदर से बाहर की ओर बदलना

आपको इस पर यक़ीन करने की ज़रूरत नहीं है। आप इसे ख़ुद परखकर देख सकते हैं। किसी भी विषय - जैसे आपकी नौकरी, संबंध, स्वास्थ्य या पैसे - पर नए व सकारात्मक विचार चुनें, और इन नए विचारों को लगातार 21 दिनों तक क़ायम रखें - या बस अपने नए विचारों को किसी विरोधी विचार द्वारा रद्द न होने दें - और फिर देखें कि **ब्रह्मांड** नई स्थितियों, नए अवसरों, अप्रत्याशित उपहारों और सार्थक संयोगों द्वारा कैसे प्रतिक्रिया करता है। यह चमत्कारिक है। किसी दूसरे के जीवन पर नज़र डालकर देखें कि यह कैसे उसी के अनुरूप है, जिस बारे में वह लगातार बात करता है या जिस तरह वह संसार को देखता है। क्या वह अपने स्वप्न और भविष्यदृष्टि, जीवन की अच्छी तथा अद्भुत चीज़ों के बारे में बात करता है? या फिर वह अपनी समस्याओं का रोना रोता है और इस बारे में शिकायतें करता है कि संसार में क्या ग़लत है, दूसरों में क्या गड़बड़ है या वह स्वयं कितना अक्षम है?

आपका बाहरी जगत हमेशा आपके द्वारा प्रेषित रेडियो संकेतों के अनुरूप होता है। साहसिक मुस्कान रखने और ख़ुश तथा सकारात्मक होने का *नाटक करने* में कोई फ़ायदा नहीं है। ऐसे सकारात्मक कथन कहने में भी कोई फ़ायदा नहीं है, जिन पर आपको यक़ीन नहीं है, क्योंकि **ब्रह्मांड** आपके बाहरी दिखावे या झूठे शब्दों पर नहीं, बल्कि आपकी ऊर्जा - आपके वाइब्रेशन्स के पैटर्न और फ़्रीक्वेन्सी पर प्रतिक्रिया करता है। आप **ब्रह्मांड** को मूर्ख नहीं बना सकते। आप तो अपने जीवन को अंदर से बाहर की ओर ही बदल सकते हैं।

आप अपने जीवन को अंदर से बाहर की ओर ही बदल सकते हैं।

सपनों को साकार करना दूसरों को नियंत्रित करने या उनका शोषण करने के बारे में नहीं है। दरअसल, लोगों या घटनाओं को नियंत्रित करने का प्रयास आत्म-विनाशक कार्य है, क्योंकि यह विश्वास व आस्था

की कमी से उत्पन्न होता है। नियंत्रण करने का अर्थ है अपने कंपनों को बदले बिना अपना जीवन बदलने की कोशिश करना - जीवन (या दूसरे लोगों) को बाहर से अंदर की ओर बदलने की कोशिश करना। यह संघर्ष, प्रयास, ग़लत टाइमिंग और क्षतिग्रस्त संबंधों की ओर ले जाता है और इससे शायद ही कभी स्थायी पुरस्कार मिलते हैं। इच्छाओं को साकार करना नियंत्रण के बारे में कम, समर्पण के बारे में ज़्यादा है। यह छोड़ने या जाने देने के बारे में है। यह प्रेमपूर्ण **सृष्टि** की नैसर्गिक शक्तियों के सामंजस्य में आने के बारे में है - अपनी इच्छाओं और प्राथमिकताओं को सामने रखना, फिर ख़ुद को अपने रास्ते से हटा लेना।

दुर्भाग्य से हममें से अधिकांश लोगों को अपनी राह *में* बाधा बनने का लंबा अभ्यास होता है! हम 'दोषारोपण की संस्कृति' में रच-बस चुके हैं, जो इस विचार का समर्थन करती है कि यदि चीज़ें गड़बड़ हो रही हैं, तो इसमें किसी न किसी की ग़लती है। या तो मेरे साथ *कोई गड़बड़* है या आपके साथ *कोई गड़बड़* है या फिर संसार के साथ *कोई गड़बड़* है - और यदि आप उस गड़बड़, बुराई या सीमा से मुक्ति पा सकें, तो सब कुछ ठीक हो जाएगा। लेकिन 'कोई बुरा या ग़लत है,' यह विचार आपको समाधान की ओर ले जाने के बजाय समस्या में ही उलझाए रखता है। यह आपको संघर्ष या युद्ध की मानसिकता में अटकाए रखता है। इस तरह आप जीवन को परीक्षा के रूप में ही देखते रहते हैं, जिससे केवल विरोध ही प्रबल होता है। आप जिसके भी ख़िलाफ़ दबाव डालते हैं, वह आप पर पलटकर दबाव डालता है, क्योंकि हमें वही मिलता है, जिस पर हम ध्यान केंद्रित करते हैं। आप जितना कसकर दबाव डालते हैं, यह उतना ही मज़बूत बनता है। (कैंसर के ख़िलाफ़ युद्ध। आतंकवाद के ख़िलाफ़ युद्ध। ग़रीबी के ख़िलाफ़ युद्ध।) आप जो भी चाहते हों, उसे पा सकते हैं, बशर्ते आप विरोधी विचार न भेजें। युद्ध या संघर्ष के विचार न भेजें। आपको तो बस शक्तिशाली लेज़र बीम बनने की ज़रूरत है, जो कहे : 'यह मेरी इच्छा है।' पूर्ण विराम।

***आप जिसका प्रतिरोध करते हैं,
वह जारी रहता है।***

ख़ुद को तबाह करना

हममें से अधिकांश लोग लेज़र बीम के बजाय टिमटिमाती मोमबत्तियों की तरह होते हैं और हमारे मन में जैसे ही इच्छाएँ आती हैं, हम तुरंत ही उन्हें रद्‌द कर देते हैं। आप कह सकते हैं, 'मैं यह चीज़ चाहता तो हूँ - लेकिन यह मुझे इस वजह से नहीं मिल सकती, या मुझे इसकी अपेक्षा नहीं करनी चाहिए या मैं इसका अधिकारी नहीं हूँ या मैं *दरअसल* इसे चाहता ही नहीं हूँ या दूसरे लोग या अतीत के निर्णय मुझे इसे पाने से रोक रहे हैं, या संसार के साथ कुछ गड़बड़ है, जो इसे रोक रहा है या इसे न पाना मेरे लिए कितना दर्दनाक है या किस वजह से मैं इतना फँसा हुआ महसूस करता हूँ या किसी दूसरी चीज़ की इच्छा रखने के बजाय अपनी वर्तमान चीज़ों के लिए मुझे क्यों कृतज्ञ होना चाहिए या दूसरों की असहमति के बावजूद मेरी यह चाहत तर्कसंगत क्यों है, या मेरी मनचाही चीज़ मुझे मिल तो जाएगी, लेकिन उससे पहले मुझे लंबे समय तक इंतज़ार या संघर्ष करना होगा... आप 'काश!...' या 'हाँ, लेकिन...' वाले विचार सोचते हैं : 'काश! मेरे पास अधिक पैसा होता...' 'काश! मेरे पास ये ज़िम्मेदारियाँ नहीं होतीं...' 'काश! मेरा पार्टनर या बॉस ज़्यादा मददगार होता...' 'हाँ, लेकिन मेरा बचपन बहुत समस्याग्रस्त रहा था...' 'हाँ, लेकिन मैं पर्याप्त योग्य, चतुर या अमीर नहीं हूँ...' (क्या आप शहीदों जैसी आह सुन सकते हैं?) संसार आपकी इच्छा को हाँ कह देता है, लेकिन इसके तुरंत बाद यह आपकी बकवास सुनता है कि आप अपनी मनचाही चीज़ क्यों नहीं पा सकते - और चूँकि आप जो दे रहे हैं, संसार सिर्फ़ उसी का प्रतिबिंब दिखा सकता है, इसलिए यह धैर्यपूर्वक आपके उपहार को तब तक स्थगित रखता है, जब तक कि आप स्पष्ट और निरंतर समान संकेत न भेजें।

आत्म-विध्वंस के कुछ आम प्रकार हैं :

- जो भी बुरा है, ग़लत है या इस वक़्त आपके पास नहीं है, उस पर ध्यान केंद्रित करना
- दूसरों की आलोचना, शिकायत या नकारात्मक मूल्यांकन करना
- अपने दर्द, कुंठा या फँसे होने के लिए किसी दूसरे को दोष देना

(भले ही यह मन ही मन किया जाए)

- दूसरे क्या 'ग़लत' कर रहे हैं या आप क्यों 'सही' हैं (और दूसरों का समर्थन जुटाने) पर ध्यान केंद्रित करना
- स्थितियाँ जैसी हैं, वैसी *क्यों* हैं, इसे स्पष्ट करना, तर्कसंगत साबित करना या जायज़ ठहराना
- यह विश्लेषण करना कि आपके साथ क्या 'ग़लत' है या आप क्या ग़लत कर रहे हैं
- अतीत को दोष देना या अफ़सोस करना
- स्वयं को दोष देना या अपनी आलोचना करना *('यह सब मेरी ग़लती है!', 'मैं भी कितना मूर्ख हूँ, जो मैंने यह कर दिया!', 'मैं लाचार/अक्षम/बदसूरत/प्रेम न करने लायक/स्वार्थी/मनोरोगी हूँ।')*
- ख़ुद को यह बताना कि आप अपनी मनचाही चीज़ क्यों नहीं पा सकते या आपको इसकी चाहत ही क्यों नहीं रखनी चाहिए - या अपनी इच्छा को 'तर्कसंगत' साबित करने की कोशिश करना (जिसका अर्थ है कि आपकी मान्यताएँ प्रतिकूल हैं)
- यह यक़ीन रखना कि आप जो चाहते हैं, उसके हक़दार नहीं हैं - कि आप पर्याप्त अच्छे या पर्याप्त ख़ास या पर्याप्त आदर्श नहीं हैं
- दूसरों की आवश्यकताओं, माँगों या अपेक्षाओं के सामने झुक जाना
- दूसरों की नकारात्मकता को ग्रहण करना

जब भी आप अपने भीतर नकारात्मक विचार भरते हैं - शायद समाचार सुनकर, पत्रिकाएँ पढ़कर या दुख भरी डॉक्युमेंट्री अथवा टी.वी. सीरियल देखकर - तो हर बार आप संसार में नकारात्मकता बढ़ा रहे होते हैं और अपने जीवन में अधिक समस्याओं को आकर्षित कर रहे होते हैं। मुझे एक टी.वी. विज्ञापन याद है, जिसमें एक मशहूर लेखक एक बेहतरीन अख़बार पढ़ते हुए कह रहा था, 'अगर मैं घटिया अख़बार पढ़ूँगा, तो घटिया लिखने लगूँगा।' यही आपके दिमाग़ के बारे में भी सच है। यदि आप अपने दिमाग़ को कूड़ेदान में बदल लेंगे, तो आपके जीवन

में भी कूड़ा ही नज़र आएगा। यदि आप अपने दिमाग़ को संकट, विपत्ति, रोग, दुर्व्यवहार, संघर्ष, ग़रीबी, युद्ध, दर्द और त्रासदी के विचारों से भर लेते हैं, तो आप इन हीन कंपनों के अनुरूप स्थितियों, घटनाओं व लोगों को अपनी ओर आकर्षित करने लगते हैं। (यही वजह है कि मैंने एक दशक से अधिक समय से न तो टी.वी. न्यूज़ देखी है, न ही अख़बार पढ़े हैं।) न्यूज़ या समाचारपत्र आपको 'जानकारी प्रदान नहीं करते हैं'; अधिकांश तथाकथित जानकारी तो डर और पीड़ित मानसिकता की हानिकारक ख़ुराक होती है, जिससे आपकी शक्ति कम हो जाती है। आकर्षण का नियम विचारों पर भी काम करता है, इसलिए नकारात्मक ढंग से सोचने का अर्थ है कि आप हीन कंपनों के अनुरूप विचारों को अधिक आकर्षित करने लगते हैं – और यह एक आदत में बदल जाता है। एक बार जब आप जान जाते हैं कि आपका बाहरी संसार आपके आंतरिक संसार का दर्पण होता है, तो आप यह चुनने में अधिक सतर्क हो जाते हैं कि आप क्या देखते, पढ़ते या सुनते हैं और किन लोगों के साथ समय बिताते हैं!

अपने विचार बदल लेंगे, तो आपकी वास्तविकता बदल जाएगी।

अच्छा महसूस कराने वाला घटक

जब आप आकर्षण के नियम को समझ लेते हैं, तो इसके बाद आप ख़ुद को हर उस चीज़ से घेरे रखते हैं, जिससे आपको अच्छा महसूस होता हो। आप अपना दिन ऐसे लोगों, कार्यों और गतिविधियों व स्थानों से भर लेते हैं, जिनसे आपका दिल गुनगुनाने लगता है। आपके घर का माहौल सुकून भरा होता है, सुंदर दिखता है और उन चीज़ों के चित्रों से भरा होता है, जिनका आप सृजन करना चाहते हैं। आप ऐसे टी.वी. कार्यक्रम, फ़िल्में और पुस्तकें चुनते हैं, जो प्रेरित करती हों तथा मनोबल ऊपर उठाती हों, जो आपको विश्व की सुंदरता व ख़ुशी दिखाती हों, जो आपको हँसाती हों, जो आपको प्रेम से अपनी ओर बढ़ने के लिए प्रेरित करती हों। आप दूसरों के दिखने वाले दोषों या अक्षमताओं की

आलोचना करने के बजाय उनकी सकारात्मक चीज़ों - शक्तियों, गुणों और अनूठेपन - की तलाश करते हैं। आप दूसरों की भिन्नताओं का आनंद लेते हैं और सम्मान करते हैं। आप लोगों की विविधता को महत्व देते हैं। आपके जीवन में जो भी अच्छा है, उस सबके लिए आप कृतज्ञता महसूस करते हैं और हर पल के आनंदों को महत्व देते हैं, जिनसे आपका दिन समृद्ध होता है।

सपनों का जागरूक बुनकर होने के नाते आप समस्याओं के लिए ख़ुद को कभी नहीं कोसते हैं। जैसा हम देखेंगे, समस्याएँ तो जीवन के भोजन का अनिवार्य तत्व हैं। वे तो सिर्फ़ यह स्पष्ट करती हैं कि हम वाक़ई क्या चाहते हैं। वे एक नया भविष्य गढ़ने में हमारी मदद करती हैं। इसलिए जो भी है, उसे स्वीकार करें और फिर उस दिशा में बढ़ने लगें, जो आप बन सकते हैं। किसी भी प्रकार के नकारात्मक विचारों को आत्म-प्रेम तथा नर्मी से देखें और उन्हें हवा के झोंके जितनी कोमल मुस्कान के साथ उड़ जाने दें। सबसे बढ़कर, अपनी मनचाही चीज़ पर ध्यान केंद्रित करें। क्रिसमस नज़दीक आने पर जिस तरह बच्चे ख़ुश होते हैं, उसी तरह आप भी भविष्य की सुखद संभावना से सराबोर हो जाएँ। आप बस यह *जानते* हैं कि क्रिसमस आने वाला है और उसके साथ ही आपके उपहार भी! और इस दौरान इस बात पर ग़ौर करें कि जीवन कितना अद्‌भुत है!

सिर्फ़ आपके लिए

नए विचार चुनना

अपने जीवन का कोई पहलू - कामकाज, पैसा, संबंध, मकान, स्वास्थ्य, शरीर या कोई भी अन्य वर्तमान समस्या, जो आपको परेशान कर रही हो - चुन लें और उस विषय पर अपने सामान्य विचार लिख लें। कोई संपादन नहीं। कोई पाबंदी नहीं। बस लिख लें कि उस मुद्‌दे पर आपकी क्या मान्यताएँ हैं, आप क्या कह रहे हैं अथवा आपके मित्र या परिवार वाले क्या कह रहे हैं। क्या आप देख सकते हैं कि वे विचार और मान्यताएँ प्रतिबिंब की तरह किस प्रकार आपकी ओर लौटकर आ रही

हैं? ख़ुद से यह न कहें कि आप उन मान्यताओं को इसलिए थामे हैं, क्योंकि 'ऐसा ही होता है।' इसके बजाय इस संभावना पर विचार करें कि 'ऐसा इसलिए हो रहा है,' क्योंकि आप उन मान्यताओं को जकड़े हुए हैं। अब उस विषय पर कुछ अधिक सकारात्मक विचार खोजें – ऐसे विचार या यादें, जो शांति, सुकून, राहत, आनंद प्रदान करें या मनोबल बढ़ाएँ। (जब तक आप अपने अहसास को नहीं बदल लेते, तब तक आप अपने कंपनों को भी नहीं बदल सकते।)

कृतज्ञता और प्रशंसा

हर दिन या इससे ज़्यादा बार उन सारी चीज़ों की सूची बनाएँ, जिनके लिए आप आज कृतज्ञ हैं। किसी पुराने मित्र का पत्र। अपने बच्चे का आलिंगन। धूप। स्वादिष्ट लंच। पड़ोसी की गर्मजोशी भरी मुस्कान। पार्क में टहलना। ऑफ़िस में नए प्रोजेक्ट का रोमांच। विचारोत्तेजक बातचीत। आपके बैंक अकाउंट का पैसा। सूर्यास्त को निहारना। अलाव के सामने सुकून भरी शाम। भले ही कोई 'बुरी' चीज़ हुई हो, लेकिन उसके लिए कृतज्ञता महसूस करने या उसे सकारात्मक रोशनी में देखने का तरीक़ा खोजें। वर्तमान पल में जो भी अच्छा और सुंदर है, दिन भर रुककर उसकी क़द्र करें।

कृतज्ञता पुस्तिका (जर्नल) रखने – या प्रशंसा की सतत आदत डालने – से आपके जीवन का कायाकल्प हो सकता है। यह आपके कंपनों को ऊपर उठाने की सबसे सरल और सबसे शक्तिशाली विधियों में से एक है। जागते ही मैं उन सारी चीज़ों पर ध्यान केंद्रित करती हूँ, जिनके लिए मैं जीवन में कृतज्ञता महसूस करती हूँ – और शाम को, जितनी अधिक बार संभव होता है, मैं उस दिन होने वाली अद्‌भुत घटनाओं या प्रसंगों को लिख लेती हूँ। अपने दिन को कृतज्ञता के साथ ख़त्म करने की कोशिश करें – और फिर अपने जीवन को बदलता हुआ देखें।

अध्याय तीन

भावनाओं के माध्यम से प्रवाह में पहुँचें

मेरा मानना है कि प्रसन्नता हमारी स्वाभाविक अवस्था है और हमारे भीतर आनंद के तार गुँथे हुए हैं। ***कैंडेस पर्ट***

मान लें कि आप अपना मकान बेचना चाहते हैं। यदि आपके पास स्पष्ट सपना है कि इसके बाद आप कहाँ रहना चाहते हैं और क्यों, तथा आप उन सारी चीज़ों पर अपना ध्यान केंद्रित करते हैं, जिनकी वजह से मकान आपको प्रिय है, तो बिक्री जल्दी और सुचारु ढंग से हो जाएगी। कई लोगों को मकान बेचने में मुश्किल इसलिए आती है, क्योंकि वे अपना ध्यान इस बात पर केंद्रित कर लेते हैं कि उस मकान में क्या 'गड़बड़' है और वे उससे छुटकारा क्यों पाना चाहते हैं। (किचन बहुत छोटा है। सड़क पर बहुत शोर होता है। बगीचा बहुत छोटा है। सामान रखने के लिए पर्याप्त जगह नहीं है।) या वे उन चीज़ों के बारे में बातें करते हैं, जो उस मकान में दूसरों के हिसाब से ग़लत हो सकती हैं। या वे रियल एस्टेट में व्याप्त वर्तमान मंदी के बारे में नकारात्मक बातें सुनते हैं। या फिर वे दूसरों को स्पष्टीकरण देते हैं कि उनका मकान *क्यों* नहीं बिक रहा है। या वे अपने एस्टेट एजेंट के दोषों और कमियों पर ध्यान

केंद्रित करते हैं। या वे वहाँ से जाने की हड़बड़ी में इतने ज़्यादा उतावले होते हैं कि यह अपने आप में एक व्यवधान बन जाता है – हम हड़बड़ी में उतावलापन सिर्फ़ तभी महसूस करते हैं, जब हमें यह डर होता है कि हमारी इच्छाएँ पूरी नहीं होंगी।

यदि आप कोई मकान बेचना चाहते हैं, तो आकर्षण के नियम का इस्तेमाल करें। सकारात्मक पहलुओं पर ध्यान केंद्रित करें। उन सभी चीज़ों की सूची बनाएँ, जिनकी बदौलत आपको उस मकान से प्रेम है और आप उसे महत्त्व देते हैं। अपना ध्यान इन्हीं चीज़ों पर केंद्रित करें। (मकान देखने वाला व्यक्ति ऊर्जा के स्तर पर इन सकारात्मक विचारों को ग्रहण कर लेगा।) आपका रियल एस्टेट एजेंट आपके लिए जो करता है, उसकी क़द्र करें – कभी मन में भी उसकी आलोचना या शिकायत न करें, – और अपने मकान को लेकर उसे उत्साही बना दें। ख़ुद को अपने सपनों के नए मकान में रहते देखें और अपने जीवन की योजना इस तरह बनाएँ, मानो यह सब पहले से ही जमा दिया गया हो। (**सृष्टि** ने पहले से ही इसकी योजना बना ली है। आपका काम तो बस उपहार को स्वीकार करना है।) कोई इस मकान से प्रेम क्यों करेगा और माँगी गई क़ीमत ख़ुशी-ख़ुशी क्यों देगा, उन सभी कारणों की पुष्टि करते रहें। किसी भी प्रकार के नकारात्मक विचारों को हल्की मुस्कान के साथ उड़ जाने दें। यदि आपको कोई काम करने की ज़रूरत होगी – जैसे अटाला साफ़ करना, बाहर का दरवाज़ा धोना या सिटिंग रूम को दोबारा पेंट करना – तो उसकी प्रेरणा आपको सहज बोध से अपने आप मिल जाएगी। (आख़िर, **स्रोत** जानता है कि आपके मकान को कौन ख़रीदने वाला है और उसकी रुचियाँ क्या हैं!) जब मकान की बिक्री के बारे में सोचते समय आपको सिर्फ़ सुखद आशा का अहसास होता है और मन में ज़रा भी डर या शंका नहीं होती, तो आप सुकून महसूस कर सकते हैं। इसके बारे में भूल जाएँ। आपका ख़रीदार रास्ते में है!

भावनाएँ मार्गदर्शक होती हैं

शायद आकर्षण का नियम आपको अव्यक्तिगत और ग़ैर-फ़िक्रमंद लगता होगा। आख़िर, यह आपकी ओर सिर्फ़ वही लाता है, जिस पर आप

ध्यान केंद्रित करते हैं, चाहे वह सकारात्मक हो या नकारात्मक। बहरहाल, **सृष्टि** को इस प्रकार बनाया गया है, ताकि यह आपकी इच्छाओं की ओर आपका मार्ग प्रशस्त कर सके। **सृष्टि** उदासीन या जड़ नहीं है। **सृष्टि** तो चेतन और प्रेमपूर्ण है - और यह आपसे प्रेम करती है। हाँ, यह *निजी तौर पर* आपसे प्रेम करती है। आप जो भी चीज़ माँगते हैं, यह आपको हमेशा हाँ कह देती है, बिना किसी अपवाद के। माँगें और आपको मिल जाएगा। यही नहीं, यह आप तक उपहार पहुँचाना चाहती है। जब आप नकारात्मक बातें सोच रहे होते हैं, तब भी **सृष्टि** आपको सही दिशा में धकेलती रहती है। जब भी आप अनचाही चीज़ पर ध्यान केंद्रित करते हैं या यह सोचने लगते हैं कि आपके (या किसी दूसरे के) साथ कुछ बुरा या ग़लत है, तो आपको चेतावनी का संकेत मिलता है कि आपके विचार इच्छा के विरोध में हैं, कि आप अपनी इच्छापूर्ति की राह में बाधक बन रहे हैं। इसी प्रकार, जब आपकी इच्छाएँ, मान्यताएँ और अपेक्षाएँ मनचाही चीज़ को आकर्षित करने के लिए सामंजस्य में होती हैं, तो आपको **स्रोत-ऊर्जा** से स्पष्ट और सकारात्मक प्रतिक्रिया मिलती है - मैदान के बाहर से आपका उत्साह बढ़ाने वाले कोच की तरह। मददग़ार, है ना?

सवाल यह है कि यह मार्गदर्शन आपको कैसे मिलता है? देखिए, इस बारे में कुछ भी पेचीदा या रहस्यमय नहीं है। इसके लिए आपको साइन अप या भुगतान नहीं करना होता। आपको किसी पुजारी, गुरु या शिक्षक की ज़रूरत नहीं होती। इसके लिए आपको बरसों तक ध्यान लगाने की ज़रूरत नहीं होती। हो सकता है कि यह आकाश से गूँजने वाली आवाज़ जितना स्पष्ट न हो, लेकिन यह हमेशा मौजूद रहता है। दरअसल, *आपको मार्गदर्शन अपनी भावनाओं के माध्यम से प्राप्त होता है।* यह बहुत सरल और सीधा है। यदि आप अच्छा महसूस करते हैं, तो इसका मतलब है कि आपकी मनचाही चीज़ आपकी ओर आ रही है। यदि आप बुरा महसूस करते हैं, तो इसका अर्थ है कि आप वर्तमान में उस चीज़ को आकर्षित कर रहे हैं, जिसे आप *नहीं* चाहते; आप ख़ुद को जीवन की सभी अच्छी चीज़ों से दूर कर रहे हैं। भावनाएँ उच्चतर मार्गदर्शन का बुनियादी रूप हैं - असीमित प्रज्ञा से संपर्क की हमारी सीधी फ़ोन लाइन हैं - और हमारे सपनों को साकार करने के लिए सबसे महत्त्वपूर्ण हैं।

आपकी भावनाएँ ही आपको उच्चतर मार्गदर्शन प्रदान करती हैं।

हमें भावनाओं के बारे में आम तौर पर यह नहीं सिखाया जाता। हममें से अधिकांश को अपनी भावनाओं को नज़रअंदाज़ करना, दबाना, तुच्छ समझना या नकारना सिखाया जाता है - या इस तरह व्यक्त करना सिखाया जाता है, जिसमें हम दूसरे लोगों या परिस्थितियों को ज़िम्मेदार ठहराते हैं। ('तुम मुझे क्रोधित कर देते हो।' 'आपने मुझे निराश किया।' 'आप मुझे आहत कर देते हैं।') या हमसे दूसरों की भावनाओं को प्राथमिकता देने को कहा जाता है। या ख़ुश होने का नाटक करने को, चाहे हम कैसा भी महसूस करें। भावनाओं को मूलतः महिलाओं से जुड़ा माना जाता है, इसलिए पुरुष-प्रधान समाज में उन्हें गंभीरता से नहीं लिया जाता। प्रायः भावनाओं को सिर्फ़ व्यवधान के रूप में देखा जाता है - भ्रामक, अविश्वसनीय और अस्त-व्यस्त। मुझे लगता है इस भ्रामक दृष्टिकोण को जान-बूझकर बढ़ावा दिया गया, क्योंकि जब हम भावनाओं के सच्चे अर्थ और उद्देश्य को समझ लेते हैं, तो यह इतना सशक्तिकारक होता है कि इससे हमारा जीवन ही बदल जाता है। आकर्षण के नियम के अद्भुत रहस्य की तरह ही इस रहस्यमय ज्ञान को भी अब तक दबाकर रखा गया था।

नए विश्व-दृष्टिकोण के अनुसार आपकी भावनाएँ आपको यह बताती हैं कि क्या **स्रोत** की ऊर्जा - **सृष्टि** की सृजनात्मक शक्ति - आपके माध्यम से खुलकर प्रवाहित हो रही है। जब आप अच्छा महसूस करते हैं, तो आप दरअसल ईश्वरीय-शक्ति का प्रवाह महसूस करते हैं, जो एक अद्भुत अहसास है!

अच्छा महसूस करना (दूसरों की नज़रों में अच्छा *बनने* के विपरीत) ईश्वर को *महसूस करना* है। अच्छा महसूस करना जीवन को उपहार के रूप में देखने का परिणाम है, इसलिए यह प्रवाह के साथ जाने से उत्पन्न होता है; जबकि दूसरों की नज़रों में *अच्छा बनना* डर पर आधारित मिथक से उत्पन्न होता है, जो आपको **स्रोत** से जुदा करता है। अपनी भावनाओं की तुलना एक सीढ़ी से करें, जिसमें सबसे ऊपर

आपकी सर्वोच्च भावनाएँ हैं और सबसे निचले पायदानों पर आपकी सबसे हीन भावनाएँ हैं। आप सीढ़ी पर जितने ऊपर होते हैं, उतने ही ज़्यादा आनंदमय और शक्तिशाली महसूस करते हैं - और आप उतने ही ज़्यादा प्रवाह में रहते हैं।

अच्छा महसूस करना ईश्वर को महसूस करना है।

जब आपमें **स्रोत** का प्रवाह होता है, तो बर्तन साफ़ करना भी उल्लासमय अनुभव हो सकता है। (मुझे याद है कि एक बार मैं सफ़ेद चीनी मिट्टी के मग पर रोशनी की चमक देखकर आनंदित हो गई थी, क्योंकि साबुन के बुलबुलों में इंद्रधनुष दिखाई दे रहा था।) आप वर्तमान पल में पूरी तरह मौजूद रहते हैं और वह पल बहुत आनंददायक महसूस होता है। आप अपने उच्चतर स्वरूप के सामंजस्य में होते हैं। आप पूर्णतः मूर्त आत्मा होते हैं। लेकिन जब आप **स्रोत** से जुदा होते हैं, तो चाहे आप सुंदर नज़ारों के बीच चल रहे हों या प्रेम कर रहे हों या अपने बच्चे को गले लगा रहे हों, आपके मन में कोई बेहतरीन भावना नहीं उठ *पाती*। आप उसका सचमुच आनंद नहीं ले पाते और उसकी क़द्र नहीं कर पाते। आप तो बस औपचारिक प्रक्रिया से गुज़रते भर हैं। यह तो वैसा ही है, जैसे आप अपने जीवन को दूर से जी रहे हों और खोखलापन तथा अलगाव महसूस कर रहे हों। (वास्तव में, कुछ लोग तो आदतन **स्रोत** से इतने ज़्यादा दूर होते हैं कि वे जीवंत महसूस करने के लिए जान जोखिम में डालने वाली गतिविधियाँ करने लगते हैं या बारंबार सनसनीख़ेज़ नाटकों को आकर्षित करने लगते हैं।)

जब आप पूरी तरह से प्रवाह में होते हैं, तो आप आनंदमय, जोशीले, उत्साही, प्रेरित, मस्तमौला, कृतज्ञ और गुणग्राही होते हैं। जब आप अच्छा महसूस करते हैं, तो आपके माध्यम से प्रेम की ऊर्जा प्रवाहित होती है। आप हर व्यक्ति और वस्तु से शर्तरहित प्रेम करते हैं- ख़ुद से भी। आप जानते हैं कि आप जो भी चाहते हैं, वह पा सकते हैं, कर सकते हैं या बन सकते हैं। आप उत्साहित, जीवंत और वर्तमान पल

में मौजूद महसूस करते हैं। आप ऊर्जावान महसूस करते हैं। आप अपने बुद्धिमत्तापूर्ण सहज बोध के संपर्क में होते हैं और कर्म करने की किसी भी प्रकार की आंतरिक प्रेरणा पर विश्वास कर सकते हैं - यह जानते हुए कि यही आदर्श समय होगा। जब आप पूर्ण प्रवाह में होते हैं, तो अपने सर्वश्रेष्ठ रूप में यह प्रेमपूर्ण उल्लास जैसा महसूस होता है। (वैसे प्रेम अपने सर्वश्रेष्ठ रूप में **स्रोत** की ऊर्जा के साथ जुड़ने और एकत्व का भाव महसूस करने का बड़ा ही ज़बर्दस्त तरीक़ा है।)

जब आप प्रवाह या लय में होते हैं, तो आपको कुछ विशेष संकेत मिलते हैं और इस बात पर ग़ौर करना मुनासिब है कि वे कौन से हैं। जब मैं लय में होती हूँ, तो आनंद के मारे मेरे अँगूठे मुड़ जाते हैं, मैं तुरंत मुस्कुराने व हँसने लगती हूँ, मैं हर व्यक्ति तथा चीज़ में सुंदरता देखती हूँ, मैं गहराई से ऐंद्रिक हो जाती हूँ और हर चीज़ का आनंद लेने लगती हूँ, मैं खुले दिल से लोगों के पास जाती हूँ, मैं अधिक सुकून से रहती हूँ, मैं अधिक कविताएँ पढ़ती हूँ, मैं प्रकृति के सौंदर्य में अधिक समय बिताती हूँ, मैं ज़्यादा हल्की और स्वतंत्र महसूस करती हूँ, मैं ज़्यादा रचनात्मक होती हूँ और मैं ख़ुद को अकारण ही नाचते-गाते हुए पाती हूँ। संक्षेप में, मैं जीवन से बहुत प्रेम करती हूँ!

भावनाएँ आत्मा की भाषा हैं।

यदि आप **स्रोत** की ऊर्जा से अच्छी तरह जुड़े हुए हैं, लेकिन सीढ़ी पर सिर्फ़ ज़रा सा नीचे हैं, तो आपमें शांत, संतुष्ट, आरामदेह, धैर्यवान, यहाँ तक कि आशावादी महसूस करने की भी प्रवृत्ति होती है। आपमें थोड़ी कम ऊर्जा प्रवाहित हो रही है, लेकिन जीवन अच्छा महसूस होता है। आप सुकून से रहते हैं और घटनाओं या परिस्थितियों को स्वीकार करते हैं। नकारात्मकता, डर या नकारात्मक मूल्यांकन के कारण आप प्रवाह से जितने दूर होते हैं, आपको उतना ही बुरा महसूस होता है। यदि आप थोड़े से ही दूर हैं, तो नीरस या निराशावादी महसूस कर सकते हैं। यदि आप थोड़े अधिक दूर हैं, तो चिढ़, अधीरता या कुंठा महसूस कर सकते

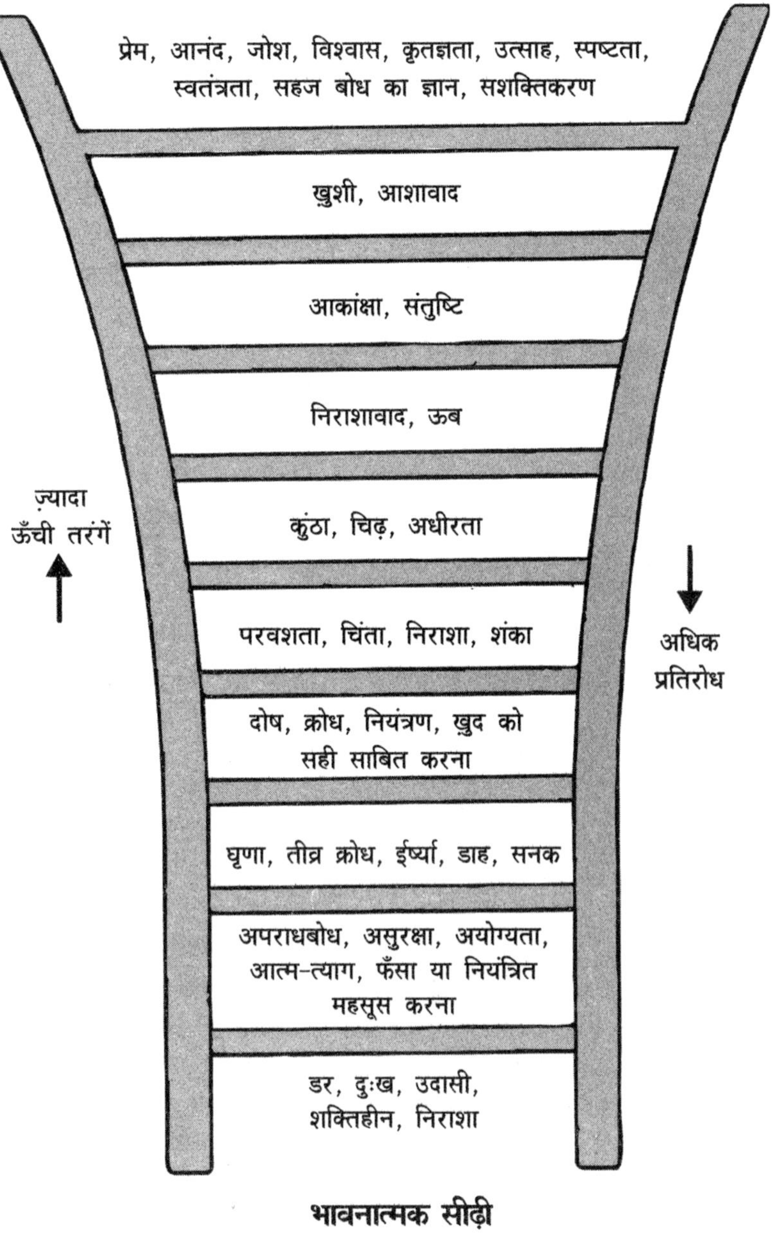
प्रेम, आनंद, जोश, विश्वास, कृतज्ञता, उत्साह, स्पष्टता,
स्वतंत्रता, सहज बोध का ज्ञान, सशक्तिकरण
ख़ुशी, आशावाद
आकांक्षा, संतुष्टि
निराशावाद, ऊब
कुंठा, चिढ़, अधीरता
परवशता, चिंता, निराशा, शंका
दोष, क्रोध, नियंत्रण, ख़ुद को
सही साबित करना
घृणा, तीव्र क्रोध, ईर्ष्या, डाह, सनक
अपराधबोध, असुरक्षा, अयोग्यता,
आत्म-त्याग, फँसा या नियंत्रित
महसूस करना
डर, दुःख, उदासी,
शक्तिहीन, निराशा
ज़्यादा
ऊँची तरंगें
अधिक
प्रतिरोध

भावनात्मक सीढ़ी

हैं। यदि आप चीज़ों के ग़लत, बुरे या कम होने के बारे में सोचते हैं, तो पराजय, हताशा, निराशा, चिंता या परेशानी महसूस करने की ओर बढ़ जाते हैं। जब आप थोड़े और ज़्यादा दूर हो जाते हैं, तो क्रोधित व द्वेषपूर्ण महसूस करते हैं, दूसरों को दोष देते हैं और ख़ुद को सही साबित करते हैं। जब आप और ज़्यादा दूर हो जाते हैं, तो आप ईर्ष्यालु बन जाते हैं, नियंत्रणकारी, अविश्वासी, शंकालु, प्रतिस्पर्धी या सनकी, या क्रोधपूर्ण और प्रतिशोध महसूस करने वाले बन जाते हैं – या आप घोर निराशा में संतोषी भी हो सकते हैं। और यदि आप प्रवाह के बहुत ज़्यादा ख़िलाफ़ हो जाते हैं, तो ग्लानि, असुरक्षा, एकाकीपन या आत्म-त्याग की भावना महसूस कर सकते हैं। सबसे बुरी स्थिति में, आप डर, दुख, डिप्रेशन, निरर्थकता या हताशा महसूस कर सकते हैं। आप फँसे हुए और क़ैद महसूस करते हैं, जहाँ से बाहर निकलने का कोई रास्ता नहीं दिख रहा है। यहाँ आपके मन में आत्महत्या के विचार भी आ सकते हैं (क्योंकि मृत्यु **स्रोत** के साथ दोबारा जुड़ने का अंतिम तरीक़ा है)। आप अपनी भावनात्मक सीढ़ी के सबसे निचले पायदान पर हैं। आप *बहुत बुरा* महसूस करते हैं।

प्रतिरोध विरोधी ऊर्जा है – यानी वह ऊर्जा, जो **स्रोत** के स्वाभाविक प्रवाह के विपरीत जाती है। यह युद्ध या संघर्ष की ऊर्जा है। इसका अर्थ है कि आपकी इच्छाएँ या इरादे आपकी मान्यताओं और अपेक्षाओं के तालमेल में नहीं हैं, या आपके मन में प्रेमरहित विचार हैं। आप डर या नकारात्मक मूल्यांकन की आवाज़ सुन रहे हैं, इसलिए अपने उच्चतर स्वरूप के साथ संघर्ष में हैं। आप शर्तरहित प्रेम से दूर हो रहे हैं और **ब्रह्मांड** के उपहार लेने से इंकार कर रहे हैं।

जैसा न्यूरोसाइंटिस्ट कैंडेस पर्ट ने कहा है, भावनाएँ पदार्थ और भाव के बीच की शारीरिक कड़ी हैं – और वे इसकी पुष्टि के ठोस वैज्ञानिक प्रमाण देती हैं। भावनाएँ चेतना के महत्वपूर्ण परिवर्तन से जुड़े हमारे हॉर्मोन्स तथा न्यूरोकेमिस्ट्री को बदल देती हैं। आपकी भावनाएँ आपकी वास्तविकता का *निर्माण* नहीं करती हैं, लेकिन वे इस बात की सूचना अवश्य देती हैं कि आप वर्तमान में किसे आकर्षित कर रहे हैं। प्रसन्नता और आनंद हमारी स्वाभाविक अवस्था है – और प्रतिरोध का अर्थ है कि आप प्रवाह के साथ नहीं जा रहे हैं, जिसका संकेत

नकारात्मक भावना द्वारा आपको दिया गया है। प्रतिरोध जितना ज़्यादा भारी होता है, आप उतना ही बुरा महसूस करते हैं। आपकी भावनाएँ ट्रैफ़िक लाइट्स की तरह होती हैं। हर सकारात्मक भावना एक हरा संकेत है, जो कहती है 'हाँ! आप अपनी इच्छाओं की ओर बढ़ रहे हैं। चलते रहें!' थोड़ी सी बेचैनी या कुंठा पीली लाइट है; आप न इधर हैं न उधर, आप कुछ परस्पर-विरोधाभासी संकेत भेज रहे हैं, न तो अपनी इच्छाओं की ओर बढ़ रहे हैं, न ही उनसे दूर जा रहे हैं। नकारात्मक भावना चेतावनी देने वाली लाल लाइट है : 'ठहरो – आप ग़लत दिशा में जा रहे हैं। दूसरी ओर मुड़ जाएँ।'

जब आप बुरा महसूस करते हैं, तो आप ब्रह्मांड के उपहार लेने से इंकार कर रहे होते हैं।

आप कभी अकेले नहीं होते हैं – अपने सबसे अंधकारमय समय में भी। यदि आप कोई नकारात्मक भावना या परेशानी महसूस करते हैं, तो इसका मतलब है कि **स्रोत** आपसे कुछ कह रहा है। भावनाएँ आत्मा की भाषा हैं। प्रेम हमेशा मौजूद रहता है। यह आपका हाथ अपने हाथ में थामकर और आपके कान में फुसफुसाकर हर पल आपसे दोबारा जुड़ने को कह रहा है। *आप बुरा सिर्फ़ इसलिए महसूस करते हैं, क्योंकि **सृष्टि** आपकी मदद करने की कोशिश कर रही होती है।* यह आपको चेतावनी दे रही होती है कि आपके वर्तमान विचार आपकी ऊर्जा के प्रवाह में शॉर्ट-सर्किट कर रहे हैं। आप प्रेम से दूर हो चुके हैं। आप अपने सपनों की ओर पीठ कर रहे हैं। यह पलटने का समय है। यह जागने का समय है। जो भी विचार असहज महसूस होता है, वह आपके वास्तविक स्वरूप के तालमेल में नहीं है। यह आपकी इच्छाओं के तालमेल में नहीं है। यह आपके भयभीत पहलू से उत्पन्न हो रहा है – जो अपने सीमित और विभक्त दृष्टिकोण से अपना सर्वश्रेष्ठ प्रयास कर रहा है, लेकिन यह **सृष्टि** की तरह नहीं सोच सकता।

यदि आप अपनी नकारात्मक भावना को लगातार नज़रअंदाज़

करते रहते हैं, तो आपका प्रतिरोध दीर्घकालीन तनाव, डिप्रेशन या शारीरिक रोगों में बदल सकता है। साथ ही यह बाहरी जगत में ऐसी स्थितियों में भी प्रकट हो सकता है, जिनमें आपको आनंद नहीं आएगा। (अप्रत्याशित बिल आ जाता है, आपका बॉस आप पर चिल्लाता है, वॉशिंग मशीन के कारण किचन में पानी भर जाता है, तेज़ गाड़ी चलाने पर आपका चालान हो जाला है - या इससे भी बुरी घटनाएँ हो जाती हैं।) फिर आपको और बुरा महसूस होता है। तो जब तक कि आप अपने जीवन को दर्दनाक या दुखमय ही न बनाना चाहते हों, तब तक किसी भी प्रकार के प्रतिरोध से मुक्त रहना ही आपका काम है। आपका काम भावनाओं के माध्यम से प्रवाह में पहुँचने का रास्ता महसूस करना है।

यदि आप प्रवाह के साथ जाते हैं, तो आपकी मनचाही इच्छा आपके पास आ जाएगी - क्योंकि **सृष्टि** को इसी तरह बनाया गया है। आपको किसी भावना पर लेबल लगाने की ज़रूरत नहीं है; आपको तो बस इतना जानने की ज़रूरत है कि यह अच्छी महसूस होती है या नहीं। आपकी भावनाएँ आपके वर्तमान कंपनों की जानकारी देती हैं। अगर बुरा महसूस होता है, तो यह हीन कंपनों - या उच्च्य प्रतिरोध - का संकेत है, जिसका मतलब है कि आप अपनी राह में ख़ुद बाधा बन रहे हैं। अच्छा महसूस करना ऊँचे कंपनों - कम प्रतिरोध - का संकेत है, जिसका अर्थ है कि आप **सृष्टि** को स्वयं तक उपहार पहुँचाने की अनुमति दे रहे हैं। यह इतना ही सरल मामला है। (और ख़ुशी तथा उल्लास की कोई सीमा नहीं है। आप चाहे जितना अच्छा महसूस करते हों, उससे भी बेहतर महसूस कर सकते हैं - जिसका अर्थ है कि आप जीवन का और अधिक आनंद लेते हैं तथा और अधिक चमत्कारों को आकर्षित करते हैं।)

***आप कभी अकेले नहीं होते हैं।
सृष्टि हर पल आपका
मार्गदर्शन कर रही है।***

भावनात्मक मार्गदर्शन की जो सर्वश्रेष्ठ उपमा मुझे मिली है, वह है

सैटेलाइट नैविगेशन। यदि आप किसी कार के सैटेलाइट नैविगेशन सिस्टम से कहते हैं कि यह किसी चुने हुए गंतव्य की ओर आपका मार्गदर्शन करे, तो यह आपको हर मोड़ के साथ सटीक दिशाएँ बता देता है। यह बताता है कि आप इस वक़्त कहाँ हैं और कहाँ पहुँचना चाहते हैं। साथ ही यह आपको वहाँ तक पहुँचने का सर्वश्रेष्ठ मार्ग बता देता है। यह इस बारे में सवाल नहीं करता कि आपकी चुनी हुई मंज़िल चुनने लायक़ है या नहीं, या क्या आपको वहाँ जाने की *अनुमति* है या क्या कोई दूसरा *चाहता* है कि आप वहाँ पर जाएँ। यह कभी नहीं कहता कि आप यहाँ से वहाँ तक नहीं पहुँच सकते। यह मार्ग बताने के लिए आपसे इस तरह के सवाल नहीं पूछता कि क्या आप पिछले सप्ताह वहाँ गए थे या अपने बचपन में (या पिछले जन्म में)। यह तो सिर्फ़ यह दर्ज करता है कि आप इस वक़्त कहाँ हैं और भविष्य में कहाँ पहुँचना चाहते हैं - और फिर यह उसकी ओर आपका मार्गदर्शन करता है। यदि आप लंबे मार्ग पर पहुँच जाते हैं या ग़लत मोड़ मुड़ जाते हैं, तो दोबारा सही मार्ग पर पहुँचने के लिए यह आपको नवीन निर्देश देता है या आपके मार्ग को दोबारा नए सिरे से बताता है। कोई समस्या नहीं होती। आपका भावनात्मक मार्गदर्शन भी बिलकुल इसी तरह काम करता है। यह सटीकता से बता देता है कि आप इस वक़्त कहाँ हैं और भविष्य में कहाँ पहुँचना चाहते हैं। फिर यह क़दम दर क़दम आपका मार्गदर्शन करता है। विचार दर विचार। पल दर पल। और यदि आप किसी दूसरे व्यक्ति या किसी दूसरी जगह से दिए गए मार्गदर्शन को सुनने के बजाय बस *अच्छा महसूस करने* - अपने भावनात्मक मार्गदर्शन का अनुसरण करने - पर ध्यान केंद्रित करें, तो आप अपनी चुनी हुई मंज़िल पर पहुँच जाएँगे। (लेकिन आपको इतना ज़रूर बताना होगा कि आप कहाँ जाना चाहते हैं, वरना कुछ भी नहीं होगा!)

जागरूक सह-निर्माता बनना

वास्तविकता के सृजन के सिद्धांत सरल हैं :

- ✧ माँगो और यह दे दिया जाएगा
- ✧ *आपके* प्रतिरोध के अलावा कोई चीज़ आपकी राह में बाधा नहीं

डाल सकती

- ✧ आपको वही मिलता है, जिस पर आप ध्यान केंद्रित करते हैं
- ✧ भावनाओं के माध्यम से प्रवाह में पहुँचने का रास्ता महसूस करें
- ✧ एक बार जब आप प्रवाह में पहुँच जाते हैं, तो आपके सपने सच हो जाएँगे

इन सिद्धांतों पर अमल करना कहीं अधिक जटिल है - लेकिन सिर्फ़ इसलिए, क्योंकि हम अब भी सशर्त प्रेम की पुरानी मानसिकता से जूझते रहते हैं। सोच-विचार की अपनी पुरानी आदतों से। डर और पीड़ित महसूस करने के संसार से। जीवन को परीक्षा मानने वाले पुराने, बचकाने मिथक से आप यह कल्पना कर सकते हैं कि यदि आप पर्याप्त दुखी रहते हैं, कड़ी मेहनत करते हैं, कष्ट उठाते हैं या पर्याप्त त्याग करते हैं, तो ईश्वर को आप पर तरस आ जाएगा। आपको लगता है कि जब समस्या सुलझ जाएगी, आपको अपनी मनचाही चीज़ मिल जाएगी या दूसरे लोग या परिस्थितियाँ बदल जाएँगी, तब आप अच्छा महसूस करेंगे। लेकिन यह सशर्त प्रेम है। वास्तविकता इस तरह काम नहीं करती। आप **सृष्टि** के साथ मिलकर सह-सृजन करते हैं। (इसीलिए जो प्रार्थना पूरी आस्था और विश्वास के साथ की जाती है - आकर्षण का नियम उसे साकार कर देता है। इसी प्रकार, जो प्रार्थना अभाव, हताशा या डर के अहसास के साथ की जाती है, वह साकार नहीं होती।) **ब्रह्मांड** भावनात्मक मार्गदर्शन प्रदान करता है, ताकि आप भावनाओं के ज़रिए प्रवाह में दोबारा पहुँच सकें - लेकिन जब तक आप डर, अपराधबोध, निराशा या द्वेष भरे पुराने विचार सोचते रहेंगे, तब तक यह आपके जीवन में नई और सुखद परिस्थितियों को नहीं भेज सकता। दरअसल, जब तक आप नहीं बदलते हैं, तब तक कोई भी चीज़ नहीं बदलती है।

नए विश्व-दृष्टिकोण के अनुसार विरोधाभास यह है कि आपको अपने सोचने तथा महसूस करने के तरीक़े को *पहले* बदलना होता है। आपको अपने भावनात्मक मार्गदर्शन पर विश्वास करना होता है - यह जानना होता है कि अगर आप अच्छा महसूस करते हैं, तो आपके

उपहार आपकी ओर बढ़ रहे हैं। आपको ख़ुद को प्रेम और सम्मान देना होता है, अपने शुरुआती बिंदु को स्वीकार करना होता है और इस बात पर ध्यान केंद्रित करना होता है कि आप क्या चाहते हैं। शर्तरहित प्रेम और सशक्तिकरण के आधार पर जब आप नए विश्व-दृष्टिकोण में अधिक क़दम बढ़ाते हैं, तो आप अजेय बन जाते हैं। आप **सृष्टि** की तरह सोच रहे होते हैं। फिर आप वह देवी या देवता बन जाते हैं, जो सीसे को सोने में बदल सकता है।

बहरहाल, धैर्य बड़ा महत्वपूर्ण होता है। वास्तविकता को आपके कंपनों के अनुरूप बनने में समय लगता है - और यह समय बड़ा सहायक होता है। आपको नई इच्छाओं, मान्यताओं और अपेक्षाओं को कुछ समय तक क़ायम रखना होता है, इसके बाद ही वास्तविकता उनके अनुरूप बनती है। आपकी ऊर्जा को लेज़र बीम की तरह सतत और सामंजस्यपूर्ण होना चाहिए। यदि आप किसी इच्छा को लेकर सकारात्मक और नकारात्मक विचारों के बीच झूलते रहते हैं, तो या तो इसके पूरे होने में देर होती है या फिर मनचाही चीज़ मिलने के बाद आप उसे गँवा भी देते हैं। इसकी मिसाल एक ही फ़िल्म या गीत से हिट होने वाले सितारे हैं, जो कुछ समय बाद ग़ुमनामी में खो जाते हैं। या फिर लॉटरी जीतने वाला व्यक्ति, जो सब कुछ उड़ा डालता है और दिवालिया हो जाता है। या वह महिला, जो अपने सपनों का जीवनसाथी खोज तो लेती है, लेकिन कुछ समय बाद ही उसकी मृत्यु हो जाती है या वह उसे छोड़कर चला जाता है।

जोशीली और प्रबल इच्छा आपकी मनचाही चीज़ को आप तक ला सकती है - लेकिन यदि आप मन ही मन सोचते हैं कि 'यह इतना अच्छा है कि सच नहीं हो सकता,' या आप पर्याप्त अच्छे नहीं हैं या इसके अधिकारी नहीं हैं, तो आप अपने सपने को क़ायम नहीं रख सकते। यह होने से *पहले* अपने कंपनों को स्थायी करना अधिक बेहतर होता है - सकारात्मक विश्वासों और अपेक्षाओं को क़ायम रखें, किसी भी प्रकार के प्रतिरोध को छोड़ दें और *धीरे-धीरे* भावनाओं के माध्यम से प्रवाह में पहुँच जाएँ। इसीलिए धैर्य एक सद्‌गुण है! फिर जब आपका सपना सच हो जाता है, तो यह आपको स्वाभाविक महसूस होगा और आपको इसी की अपेक्षा होगी। यह आपके नए कंपनों के पूर्णतः अनुरूप होगा। (और

चूँकि आपको *किसी न किसी चीज़* पर ध्यान केंद्रित करना ही होता है, इसलिए समझदारी इसी में है कि आप अपने सपनों और इच्छाओं पर ध्यान केंद्रित करें; आप उन चीज़ों पर ध्यान केंद्रित करें, जिनकी आप सराहना करते हैं। जब तक हमारा ध्यानकेंद्र सकारात्मक और सृजनात्मक नहीं होता, हममें समस्याओं, रोगों या बुरी ख़बरों के बारे में सोचने की प्रवृत्ति होती है।)

यदि आप मन ही मन ख़ुद को बताते हैं कि यह इतना अच्छा है कि सच नहीं हो सकता, तो यह सच नहीं होगा!

यदि आप किसी विषय पर सोचते हुए लगातार अद्‌भुत महसूस करते हैं, तो इसका मतलब है कि आपका सपना साकार होने की राह पर है। इसकी पक्की गारंटी है। आप किसी भी मुद्‌दे पर ध्यान केंद्रित करके इसकी तुरंत जाँच कर सकते हैं। मिसाल के तौर पर, अपने जीवन में धन के बारे में सोचें। क्या इससे आपको ख़ुशी, शक्ति, रोमांच और स्वतंत्रता का अहसास होता है – या यूँ कहें कि चैन और शांति मिलती है? यदि ऐसा है, तो आप यक़ीन के साथ मान सकते हैं कि आप आर्थिक संदर्भ में जो भी चाहते हैं, वह राह पर है – या फिर आपकी अच्छी आर्थिक स्थिति स्थायी है। लेकिन यदि 'धन' शब्द सुनते ही आप तनावग्रस्त, नाउम्मीद, फँसे हुए, अवसादग्रस्त, अपराधबोध से ग्रस्त, हतोत्साहित, ईर्ष्यालु, चिड़चिड़े, कुंठित या अनियंत्रित हो जाते हैं, तो आपका भावनात्मक मार्गदर्शन आपको चेतावनी दे रहा है कि आपके धन संबंधी आदतन विचार आपको अपनी इच्छा से दूर ले जा रहे हैं। आपको चेतावनी मिल चुकी है! धन सिर्फ़ ऊर्जा है और ऊर्जा की कोई सीमा नहीं होती। एकमात्र प्रश्न यह है कि आप उस ऊर्जा को, जिसे हम धन कहते हैं, अपने जीवन में कितनी उन्मुक्तता से प्रवाहित होने की अनुमति दे रहे हैं। धन के संबंध में आपकी भावनाएँ और मान्यताएँ जैसी होंगी, आपकी आर्थिक स्थिति उसी का सटीक प्रतिबिंब होगी।

बेहतरीन ख़बर यह है कि चूँकि हम ऊर्जा पर आधारित संसार में

जीते हैं, इसलिए नई वास्तविकता को आकर्षित करने के लिए आपको सिर्फ़ अपने विचारों को बदलने की ज़रूरत है। इसके लिए आपको किसी 'बाहरी' व्यक्ति या चीज़ के बदलने की ज़रूरत नहीं हैं। आपको ऐसा लग सकता है कि आपका भविष्य इस बात पर निर्भर करता है कि क्या कोई इंटरव्यू पेनल आपके पक्ष में निर्णय लेता है, क्या डॉक्टर आपको पूर्ण स्वास्थ्य का प्रमाणपत्र देता है, क्या बैंक मैनेजर किसी बिज़नेस लोन या हाउस लोन के लिए हाँ कहता है, क्या आप लॉटरी जीतते हैं - लेकिन ये सभी परिस्थितियाँ पूरी तरह से आप पर निर्भर हैं। आपके विचारों पर। आपके कंपनों पर। इस बात पर कि क्या आप अपनी मान्यताओं और अपेक्षाओं को अपनी इच्छाओं के तालमेल में ला सकते हैं। जीवन हमेशा सह-सृजन का नृत्य है, इसलिए कोई दूसरा आपके लिए कुछ नहीं 'कर' सकता। आप ही अपने जीवन की सभी चीज़ों को आमंत्रित करते हैं।

जीवन सह-सृजन का नृत्य है।

चेतावनी : लॉटरी जीतना अधिकांश लोगों के लिए भावनात्मक सीढ़ी पर बहुत ऊँची छलाँग लगाना होता है। आप अपने कंपनों को एक बार में एक-दो पायदान ही ऊपर उठा सकते हैं - इसीलिए डर, अपराधबोध या अवसाद की अवस्था में ख़ुशी भरे कथनों का इस्तेमाल करना समय की बर्बादी है। इससे बेहतर तो यह रहेगा कि आप ईश्वर, **सृष्टि**, अपने बॉस या जीवनसाथी पर मुट्ठी तान लें या फिर चिढ़ दिलाने वाली सकारात्मक कथनों की पुस्तक को उठाकर बाहर फेंक दें! यदि आप सीढ़ी की तलहटी के आस-पास हों, तो ख़ुशी आपके वर्तमान कंपनों से इतनी ज़्यादा दूर होती है कि यह चाँद की ओर हाथ बढ़ाने जैसा होता है और जो प्रसन्न लोग जोकरों की तरह झूम रहे होते हैं, उन्हें देखने पर अच्छा लगने के बजाय चिढ़ महसूस होती है।

इसके अलावा, अधिकांश लोग यह *यक़ीन* नहीं कर सकते कि वे लॉटरी जीत जाएँगे, क्योंकि तार्किक मस्तिष्क हमारी ओर असंभावना के

आँकड़े उछालता रहता है! यदि आप लॉटरी जीतने का इंतज़ार कर रहे हैं, तो संभावना इस बात की है कि आप हमेशा-हमेशा के लिए इंतज़ार ही करते रहेंगे। इससे प्रभावी तरीक़ा तो यह है कि समृद्धि की इच्छा प्रेषित की जाए और **सृष्टि** से कहा जाए कि वह इसे आप तक पहुँचाने का कोई रास्ता खोजे। इस दौरान अपनी *भावनाओं* द्वारा समृद्धि के प्रवाह में पहुँचने का रास्ता बनाएँ। दौलतमंद लोगों के साथ उठें-बैठें। अमीर और मशहूर लोगों के बारे में पढ़ें तथा उनकी जगह अपनी कल्पना करें। उन सभी सकारात्मक कारणों पर ध्यान केंद्रित करें कि आप अधिक धन क्यों चाहते हैं। आपके पास जितना भी पैसा है, उसके लिए कृतज्ञता महसूस करें। ईर्ष्या या द्वेष के किसी भी प्रकार के विचारों को मुक्त कर दें। अपनी कम आमदनी में फँसे होने की भावना छोड़ दें। इस तरह के विश्वास को निकाल बाहर करें कि अगर आपके पास कम है, तो दूसरों के पास ज़्यादा होगा। जहाँ तक संभव हो, 'सिर्फ़ पैसों की ख़ातिर' कोई काम न करें, क्योंकि इससे कमी और अभाव में आपका विश्वास प्रबल होता है। धन-दौलत के बारे में किसी भी तरह के नकारात्मक विचारों को छोड़ दें - और जीवन-एक-परीक्षा-है मिथक इन सभी चीज़ों से भरा है - जब तक कि आप पैसे के बारे में सोचकर बेहतरीन महसूस न करने लगें! धन सिर्फ़ ऊर्जा है; यह असीमित है। और यह बहुत सारे तरीक़ों से आपके पास आ सकता है - बशर्ते आप विरोधी संकेत न भेजें।

इसी तरह, यदि आप जीवनसाथी खोजना चाहते हैं, तो किसी *विशेष* व्यक्ति के साथ संबंध की इच्छा जताकर खुद को सीमित न करें - हालाँकि किसी ख़ास व्यक्ति की कल्पना करना अच्छा है, लेकिन इसके साथ यह भी कहें, 'मैं इन-इन कारणों से इस व्यक्ति *या इस जैसे किसी व्यक्ति* के साथ रहना चाहूँगा।' अंतिम परिणाम हमेशा असीम प्रज्ञा पर छोड़ दें - जो इस धरती पर रहने वाले हर व्यक्ति को अच्छी तरह जानती है और भविष्य की सभी संभावनाओं को देख सकती है - कि यह आवश्यक परिस्थितियों और घटनाओं का निर्माण कर देगी। एक बार जब आप प्रवाह में पहुँच जाते हैं, तो आप ख़ुद को सही समय और सही जगह पर सही व्यक्ति के साथ पाएँगे। यह आपकी उम्मीद का व्यक्ति हो भी सकता है और नहीं भी। यही विश्वास करने और नियंत्रण छोड़ने का लाभ है। कभी भी **सृष्टि** को कम न आँकें! यह आपसे कहीं अधिक ज्ञानी है।

सृष्टि की शक्तियाँ सदैव आपके पक्ष में हैं।

जिस भी चीज़ का आप अनुभव करते हैं, वह हर चीज़ आपके कंपनों से उत्पन्न होती है, जिनके संकेत आपको अपनी भावनाओं के माध्यम से मिलते हैं। एक बार जब आप अपनी भावनाओं के सच्चे उद्देश्य को समझ लेते हैं, तो उसके बाद आप कभी भी नकारात्मक भावनाओं को न तो सहन करेंगे, न ही नकारेंगे। आप भोजन, काम, व्यायाम या व्यस्तता से उन्हें दबाने का प्रयास भी नहीं करेंगे। आप किसी भी प्रकार के तनाव के चिन्ह, अपने पेट की गुड़गुड़ी, अपराधबोध, द्वेष, चिंता, निराशा या हताशा के प्रति बहुत संवेदनशील रहेंगे और तुरंत सुधारात्मक कार्यवाही करेंगे - दूसरे लोगों, घटनाओं या परिस्थितियों को नियंत्रित करने की कोशिश से नहीं, बल्कि अपने *आंतरिक* जगत को बदलकर।

मैं यहाँ पर सशर्त और शर्तरहित प्रेम के बीच का फ़र्क़ स्पष्ट करना चाहूँगी - क्योंकि यह वास्तविकता के सृजन के लिए केंद्रीय महत्व रखता है। (और हमारी खुशी तथा स्वतंत्रता के लिए भी।) सशर्त प्रेम कहता है, 'मैं तब तक खुश रहूँगा, जब तक कि मुझे उसमें मज़ा आता है, जो मैं देख रहा हूँ या अनुभव कर रहा हूँ।' यदि आप बुरा महसूस करते हैं, तो सशर्त प्रेम दूसरे लोगों या परिस्थितियों का नियंत्रण या शोषण करना चाहता है, ताकि आप बेहतर महसूस कर सकें। यह कभी कारगर नहीं होता, क्योंकि आप 'बाहर' (या अपने शरीर में भी) जो देखते हैं, वह आपके कंपनों के अनुरूप होता है; यह फ़ीडबैक बताता है कि आप किस प्रकार के रेडियो संकेत बाहर भेज रहे हैं। सशर्त प्रेम कहता है, 'मेरी खुशी मेरी ज़िम्मेदारी है और मैं दूसरे लोगों या घटनाओं को नियंत्रित करने के बजाय खुद को बदलूँगा।' *फिर* 'बाहरी' परिस्थितियाँ बदल जाएँगी - या आप उनके प्रति आपका दृष्टिकोण बदल जाएगा। या फिर आप बिना

continued...

किसी प्रयास के ही नए निर्णयों, संबंधों या परिस्थितियों की ओर पहुँच जाएँगे - क्योंकि आपके कंपन बदल गए हैं।

विरोधाभास यह है कि यदि आप दूसरे लोगों या संसार को बदलने *के लिए* खुद को बदलते हैं, तो आपका प्रेम अब भी सशर्त ही है। यह अब भी एक तरह की चालबाज़ी है। आपको तो इसलिए बदलना चाहिए, क्योंकि खुद को स्रोत के सामंजस्य में लाना सबसे महत्वपूर्ण है - क्योंकि सबसे बढ़कर, आप अपने उच्चतर स्वरूप की तरह सोचना चाहते हैं। इसके बाद कोई भी चीज़ आपको परेशान नहीं कर सकती, कम से कम ज़्यादा देर तक, क्योंकि आप अपनी खुशी के प्रभारी खुद हैं। फिर आप वाक़ई स्वतंत्र हो जाते हैं। अब आपकी खुशी दूसरे लोगों या परिस्थितियों पर निर्भर नहीं होती - और आप किसी भी बाहरी व्यक्ति पर निर्भर नहीं होते।

मेरी ख़ुशी मेरी ख़ुद की ज़िम्मेदारी है। मैं दूसरे किसी व्यक्ति को ज़िम्मेदार नहीं मानता हूँ।

चाहे जो हो, आप सशर्त प्रेम पर आधारित नकारात्मक, दोषारोपण करने वाले और अशक्त बनाने वाले विचार चुन सकते हैं - जैसे 'इसने मेरा जीवन बर्बाद कर दिया।' 'वह मेरे साथ ऐसा कैसे कर सकती है?' 'मैंने इतना बुरा बर्ताव किया।' 'उसने मेरे साथ दग़ा किया।' 'मैं कितना मूर्ख था?' या फिर आप सकारात्मक, प्रेमपूर्ण और सशक्त बनाने वाले विचार चुन सकते हैं - 'मैंने इससे बहुत कुछ सीखा है और अब मैं आगे बढ़ सकता हूँ।' 'उसने मेरी मान्यताओं का वास्तविक प्रतिबिंब दिखाया।' 'मैं समझता हूँ कि मैंने वैसा व्यवहार क्यों किया।' 'मैं समझ सकता हूँ कि उसने ऐसा व्यवहार क्यों किया।' भले ही घटना अपॉइंटमेंट के लिए देर होने जितनी छोटी हो, लेकिन किसी दूसरे को दोष देने या (इससे भी बुरी बात) ख़ुद को कोसने के बजाय प्रेमपूर्ण और आश्वस्तकारी विचार चुनें! यह अहसास करना अनिवार्य है कि दोषारोपण से आपको 'क़तई'

बेहतर महसूस नहीं होगा। मुद्दे की बात यह है कि आपके लिए सबसे ज़्यादा महत्त्वपूर्ण यह है कि आप कैसा महसूस करते हैं। बेहतर महसूस करने का अर्थ यह है कि आप एक अलग प्रकार के भविष्य को आकर्षित कर रहे हैं। जब आप प्रेम के संसार में जीते हैं, तो न केवल आप बेहतरीन महसूस करते हैं, बल्कि आप अपनी मनचाही चीज़ को भी आकर्षित करते हैं। जीवन बेहतर से बेहतरीन होता चला जाता है।

शर्तरहित प्रेम के संसार से आप घटनाओं की भिन्न *व्याख्या* भी कर सकते हैं। आपको कोई भी चीज़ आशंकित नहीं कर पाती। यदि कोई चुभती हुई टिप्पणी करता है, तो वह आपके कंधे से टकराकर दूर उड़ जाती है, क्योंकि उसे वहाँ पर चिपकाने के लिए कुछ है ही नहीं : 'शायद आज उसका दिन ख़राब है।' जब कोई मित्र तयशुदा योजना के मुताबिक़ आपको फ़ोन नहीं करता है, तो आप सोच सकते हैं, 'शायद वह व्यस्त होगा या भूल गया होगा। कोई बड़ी बात नहीं है।' बहरहाल, यदि आप अप्रसन्न या असुरक्षित महसूस कर रहे हैं, तो इस बात की ज़्यादा संभावना है कि आप छोटी सी बात का बतंगड़ *बना* लेंगे। 'शायद उसके साथ दुर्घटना हो गई होगी।' 'शायद वह मुझसे नाराज़ हो गया होगा।' 'शायद अब वह मुझे पसंद नहीं करता।' 'मैं शर्त लगाता हूँ कि अब वह मुझसे कभी बात नहीं करेगी।' जब आपके कंपन हीन होते हैं, तो आप लगभग हर घटना को तोड़-मरोड़ सकते हैं और उसकी सबसे बुरी संभव व्याख्या को चुन सकते हैं। सामान्य सी टिप्पणी भी आपको नश्तर की तरह चुभ जाती है। आप सबसे सौम्य आलोचना या इंकार पर भी अति-प्रतिक्रिया कर बैठते हैं। आप हर चीज़ को व्यक्तिगत मान लेते हैं। आप ऐसे अजीबोग़रीब आरोप लगाते हैं, जिनसे दूसरे लोग चकरा जाते हैं। आप यह संदेह करने लगते हैं कि आपका हल्का सा सिर दर्द ब्रेन ट्यूमर का संकेत है। आप हर तिल का ताड़ बना देते हैं। फिर दूसरे लोग आपकी नकारात्मकता पर प्रतिक्रिया करते हैं और अपने सबसे बुरे स्वरूप को उजागर कर देते हैं - या वे आपके आस-पास सँभलकर चलते हैं या आपसे बचने की कोशिश करते हैं। आप एक निम्नगामी चक्र में फँस जाते हैं और आपका उठाया हर क़दम आपके लिए विनाशकारी होता है - *जब तक कि* आप अपने भावनात्मक मार्गदर्शन पर ध्यान नहीं देते।

आप कैसा महसूस करते हैं, इससे अधिक महत्वपूर्ण कुछ भी नहीं है।

भावनात्मक सीढ़ी चढ़ना

प्रश्न यह है कि प्रवाह में पहुँचने का रास्ता कैसे खोजें? शर्तरहित प्रेम पर आधारित ऐसी **सृष्टि** में यक़ीन करके, जिसमें आपको प्रेम या अपनी मनचाही चीज़ को अर्जित नहीं करना है या उसके अधिकारी नहीं बनना है। यह यक़ीन करके कि प्रेम एक उपहार है। अपने जीवन में मौजूद सभी अच्छी चीज़ों से प्रेम करके और उनकी सराहना करके। हर व्यक्ति तथा वस्तु को सकारात्मक रोशनी में देखकर। स्वयं से प्रेम करके और अपना सम्मान करके। जो है, उसे शांतिपूर्वक स्वीकार करके – और उसके बारे में ख़ुद को सकारात्मक बातें बताकर। जब आप प्रवाह के बाहर हों, तो ख़ुद को तसल्ली देकर और स्वीकार करके। ख़ुद को अधिक मानवीय बनने और अधिक हँसने की अनुमति देकर। ज़रूरत से ज़्यादा कोशिश न करके। दूसरों से अपनी तुलना न करके। ख़ुद को पोषण देकर और अपनी परवाह करके। मौज-मस्ती करके। अच्छा बनने की कोशिश करने के बजाय ख़ुश होने का चुनाव करके। अपने आनंद का अनुसरण करके। प्रेमपूर्ण व्यवहार करके। ध्यान करके (जो प्रतिरोध को मुक्त करता है)। अपने सपनों में यक़ीन करके। आप जो चाहते हैं, उसके सुखद दिवास्वप्न देखकर। ख़ुद को कोल्हू से निकालकर और जीवन को लंबी छुट्टी मानकर। बेफ़िक्री व चैन से रहकर और अधिक गहरी साँस लेकर। ऐसे विचार, यादें और अनुभव चुनकर, जिनसे आपको अच्छा महसूस हो। उन चीज़ों को कम करके, जिन्हें आपको 'हर हाल में करना है' या 'करना ही चाहिए,' और उन चीज़ों को अधिक करके, जो आपके दिल को गुनगुनाने तथा आपकी आत्मा को नृत्य करने के लिए प्रेरित करती हैं। सबसे बढ़कर, अपने भावनात्मक मार्गदर्शन पर विश्वास करके – यह जानकर कि अच्छा महसूस करने से अधिक महत्वपूर्ण कुछ भी नहीं है।

मैं भावनात्मक सीढ़ी का चित्र इस तरह देखती हूँ कि यह किसी पंखे के आकार की है – नीचे सँकरी और ऊपर चौड़ी – क्योंकि ऐसा ही

महसूस होता है। जब आप सीढ़ी की तलहटी में होते हैं, तो आपको ऐसा महसूस होता है, जैसे आप झाड़ू के पीपे में फँसे हों। आप अटके व उलझे हुए महसूस करते हैं और आपके विचार सीमित तथा दोहराव भरे होते हैं। यह बहुत जकड़न भरा और दमघोंटू अहसास होता है। आप जैसे-जैसे ऊपर चढ़ते हैं, वैसे-वैसे अधिकाधिक विस्तारित और स्वतंत्र महसूस करने लगते हैं - मानो आप अधिक ऊँचे और विशाल कमरों में जा रहे हों। ज़्यादा ऊपर जाने पर आपको महसूस होता है, जैसे आप बगीचे में पहुँच गए हैं। सबसे ऊपर पहुँचने पर तो आपको ऐसा लगता है, जैसे आप विशाल **सृष्टि** में प्रवाहित हो रहे हैं। आपको लगातार एक अधिक बड़ा चित्र दिखाई देता है। आपके सपनों और भविष्यदृष्टियों का विस्तार होता है।

जब आप भावनात्मक सीढ़ी पर ऊपर चढ़ते हैं, तो आप अधिकाधिक स्वतंत्र महसूस करते हैं।

ख़ुशी की बात यह है कि भावनात्मक शिखर पर पहुँचकर ही आपको अच्छा महसूस नहीं होता। जैसे ही आप सही दिशा में चलने लगते हैं, आप तुरंत बेहतर महसूस करने लगते हैं। प्रतिरोध से मुक्त होने पर हमेशा राहत का अहसास होता है। भावनात्मक सीढ़ी पर बस *थोड़ा सा* ऊँचा विचार चुनने मात्र से ही आपमें अधिक ऊर्जा का संचार होने लगता है। आप ज़्यादा गहरी साँस लेते हैं। आप चैन से रहते हैं और थोड़े नम्र हो जाते हैं। आप मुक्त महसूस करते हैं। अब आप प्रवाह के ख़िलाफ़ दबाव नहीं डाल रहे हैं।

क्रोध और भावनात्मक सीढ़ी

मुझे याद है, कई साल पहले मैंने एक शमन-कार्यशाला में हिस्सा लिया था। वहाँ हमसे कहा गया कि यदि हमारे भीतर किसी तरह का कोई क्रोध भरा हो, तो हम उसे व्यक्त कर दें। कई लोग तकियों पर मुक्के बरसा रहे थे, परलोक सिधार चुके नाते-रिश्तेदारों को बुरा-भला कह रहे थे,

क्रोध में चीख़ व चिल्ला रहे थे - और स्पष्ट रूप से इससे मुक्त हो रहे थे। वे अपने प्रतिरोध को मुक्त कर रहे थे। लेकिन उस वक़्त मेरी भावनाएँ ख़ुशी और आशावाद के बीच झूल रही थीं, इसलिए क्रोध में आने से मेरे कंपन नीचे गिर जाते। मैं उस अभ्यास में शामिल नहीं हो सकती थी, इसलिए कुछ अन्य लोगों के साथ असहजता से कमरे के कोने में खड़ी रही। यदि उस वक़्त मेरे भीतर अशक्तता की भावनाएँ होतीं, तो क्रोध अच्छा महसूस होता और उससे मुझे ऊर्जा मिलती।

कोई भावना अच्छी महसूस होती है या नहीं, यह हमेशा इस बात पर निर्भर करता है कि आप इस वक़्त कहाँ हैं। मान लें, आप आशावान महसूस कर रहे हैं। इस स्थिति में क्रोध आपके कंपनों को नीचे गिरा देगा और आपको बुरा अहसास होगा। लेकिन यदि आप शर्म, ग्लानि, डर, लाचारी या निराशा महसूस करते हैं, तो क्रोधित महसूस करना प्रेम के एक पायदान ज़्यादा क़रीब होगा। यह प्रतिरोध को मुक्त कर देगा और इससे आपको अच्छा महसूस होगा। मैं अक्सर मज़ाक में कहती हूँ कि यदि आपको ख़ुद को दोष देने या किसी दूसरे को दोष देने के बीच चुनाव करना हो, तो हमेशा किसी दूसरे को ही चुनें! सिर्फ़ उसी समय के लिए। जब भी आप अपराधी या अशक्त महसूस करते हों, तो क्रोध या दोषारोपण एक अच्छा अस्थायी विकल्प है - और यह बात आपको पता भी चल जाती है, क्योंकि इससे आप तुरंत ही *बेहतर महसूस करने लगते* हैं। यह आत्म-सम्मान और सशक्तिकरण की ओर एक क़दम है। यह सही दिशा में एक क़दम है। (शर्म या अपराधबोध के विचार बहुत बुरे महसूस होते हैं, इसका एक कारण यह है कि वे आपके उच्चतर स्वरूप के विचारों से कोसों दूर होते हैं - क्योंकि आपका उच्चतर स्वरूप आपसे शर्तरहित प्रेम करता है और आपमें कभी कोई दोष, अपूर्णता या ग़लती नहीं देखता।)

नकारात्मक भावना हमेशा अशक्त महसूस करने से उत्पन्न होती है।

अक्सर लोग क्रोध से दोबारा अपराधबोध या अवसाद की ओर लौट जाते

हैं। यदि आप क्रोधित या द्वेषपूर्ण महसूस करने पर ख़ुद से कहते हैं कि क्रोधित होना बुरा या ग़लत है - कि बुरे लोग क्रोधित होते हैं, जबकि अच्छे लोग अपराधी महसूस करते हैं, या आप अपनी वास्तविकता का निर्माण स्वयं करते हैं, इसलिए यह सब आपकी 'ग़लती' है - तो इससे आप सीढ़ी पर दोबारा नीचे फिसल जाएँगे। या फिर आपके क्रोध पर दूसरे लोग आलोचनात्मक या रक्षात्मक प्रतिक्रिया कर सकते हैं, जिससे आप शर्मिंदा और अपराधी महसूस करने लगते हैं। आप ज़्यादा बुरा महसूस करने लगते हैं। फिर आप ख़ुद को याद दिलाते हैं कि उन्होंने आपको सचमुच चोट पहुँचाई *थी*, बेतुका व्यवहार किया था या आपकी भावनाओं को नज़रअंदाज़ किया था - जिससे आप थोड़ा बेहतर महसूस करने लगते हैं - और अपने क्रोध की वजह से दोबारा जोश में आ जाते हैं। फिर आप क्रोध/दोष और अपराधबोध/अशक्तता के अंतहीन चक्र में झूल सकते हैं। ख़ुद की या दूसरों की नकारात्मक आलोचना करके। कुछ लोग बरसों तक यही करते रहते हैं!

भावनात्मक सीढ़ी की तलहटी में गोल-गोल घूमने का एक विकल्प है। आप कुछ समय तक क्रोध महसूस करने की राहत का आनंद ले सकते हैं, फिर *क्रोध से परे* चलते रह सकते हैं - इस बात पर ग़ौर करके कि उसके बाद कौन से विचार बेहतर महसूस होते हैं। इसके बाद आप सीढ़ी के पायदान चढ़कर क्रोध से कुंठा या चिड़चिड़ाहट तक पहुँच सकते हैं। जब आप सीढ़ी के अधिक पायदान चढ़ते हैं, तो आप ज़्यादा आगे तक देख सकते हैं और अधिक व्यापक दृष्टिकोण हासिल कर सकते हैं। आप नकारात्मक मूल्यांकन से परे पहुँच जाते हैं। वहाँ से आप इसका मज़ेदार पहलू देख सकते हैं या कुछ आशाजनक विचार या सहायक ज्ञान हासिल कर सकते हैं - जैसे यह समझना कि जो हो रहा है, उसे आपने आकर्षण के नियम द्वारा कैसे आकर्षित किया। (इसके लिए आप ख़ुद को कोसते नहीं हैं, बल्कि जिज्ञासा और संतुष्टि का अहसास रखते हैं।) या दूसरे व्यक्ति की बात सुनना और यह अहसास करना कि उसकी आवश्यकताएँ या मूल्य भिन्न हैं या वह ख़ुद आहत या दुविधाग्रस्त महसूस कर रहा था और *अपने* दृष्टिकोण से बुरा व्यवहार नहीं कर रहा था। आख़िरकार, हर व्यक्ति दिल में अच्छा और प्रेमपूर्ण होता है। जब आप ऐसे विचार सोचते हैं, तो आप **सृष्टि** की तरह सोच

रहे होते हैं। तब आप ख़ुद को मुस्कुराता हुआ पाते हैं। आप अपने उच्चतर स्वरूप में पहुँच रहे हैं। सूर्य चमक रहा है।

जब आप सृष्टि की तरह सोचते हैं, तो आप ख़ुद को मुस्कुराता हुआ पाते हैं।

जीवन के साथ प्रेम करना

विरोधाभास यह है कि आप जब आत्म-केंद्रित बनकर अपने भावनात्मक मार्गदर्शन का अनुसरण करते हैं, तो अधिक दयालु और प्रेमपूर्ण बन जाते हैं। क्यों? पहली बात तो यह है कि आप डर और नकारात्मक मूल्यांकन के संसार से ऊपर उठ रहे हैं और शर्तरहित प्रेम के संसार की ओर पहुँच रहे हैं। आप हर व्यक्ति और वस्तु को गुलाबी रंग के चश्मे से देखते हैं। आप जीवन से प्रेम करने लगते हैं। दूसरी बात यह है कि जब आप ख़ुद को इतना मूल्यवान मानते हैं कि अपनी ख़ुद की भावनाओं और आवश्यकताओं का सम्मान करें, तो आप कहीं अधिक साधन-संपन्न बन जाते हैं। आप ख़ाली कप से किसी को कुछ नहीं दे सकते; आप तो केवल भरे हुए कप से ही दूसरों को कुछ दे सकते हैं। जो लोग प्रेम तथा प्रशंसा *अर्जित करने* की कोशिश में अयोग्यता या असुरक्षा के अहसास से कुछ देते हैं, उनमें दुखी, द्वेषपूर्ण और थके होने की प्रवृत्ति होती है। दूसरी ओर, जब आप प्रेम और ख़ुशी से ओत-प्रोत होकर कुछ देते हैं, तो आप कभी ख़ाली महसूस नहीं करते, क्योंकि आप लगातार ख़ुद को भर रहे होते हैं। आपका कप हमेशा भरा होता है। आप **स्रोत** की ऊर्जा से जुड़े रहते हैं। आपके पास देने के लिए बहुत कुछ होता है - और आप पाने के लिए भी खुले रहते हैं। आप सुरक्षित, मूल्यवान और आत्म-संतुष्ट महसूस करते हैं। फिर **सृष्टि** आप पर अपने उपहारों की बारिश कर देती है।

पिछली रात जब मैंने अपने सुंदर बेटे को बिस्तर पर सुलाया, तो वह मेरी ओर देखकर बोलने लगा, 'मैं आपसे बहुत प्रेम करता हूँ।

जीवन बहुत सुखद है। मैं अपने जीवन की *हर* चीज़ से प्रेम करता हूँ।' यह प्रवाह के साथ जाने की बड़ी अद्‌भुत मिसाल है! जो भी है, उसके प्रति प्रेम, प्रशंसा और स्वीकृति। एक बार जब आप प्रवाह में पहुँच जाते हैं, तो आपको ज़्यादा परवाह नहीं होती कि आपके वर्तमान सपने और इच्छाएँ सच होंगे या नहीं, क्योंकि आप वैसे भी बहुत बढ़िया महसूस करते हैं! जीवन अच्छा महसूस होता है; और यह निरंतर बेहतर होता जाता है। और जब आपको कुछ समय तक लगातार प्रवाह में रहने का अहसास होता है, तो आप जान जाते हैं कि आप **स्रोत** के तालमेल में हैं – और आप यक़ीन कर सकते हैं कि आपके सपने साकार होने की राह पर हैं। पक्की गारंटी है।

सिर्फ़ आपके लिए

अपने सबसे अच्छे मित्र बनें

चाहे आप किसी बड़े निर्णय पर विचारमंथन कर रहे हों या सिर्फ़ यह चुन रहे हों कि आज क्या करना है, ख़ुद से यह पूछने की कोशिश करें : यदि मैं ख़ुद से शर्तरहित प्रेम करता, तो मैं इस वक़्त क्या करता? यदि मैं जानता कि मैं अपनी भावनाओं और इच्छाओं पर विश्वास कर सकता हूँ, तो मैं क्या करता? यदि मैं जानता कि मैं सुरक्षित हूँ और मुझसे प्रेम किया जाता है, तो मैं किसे चुनता? यदि मैं जानता कि कोई चुनाव ग़लत नहीं हो सकता, तो मैं क्या करता? यदि मैं जानता कि डरने की कोई बात नहीं है, तो मैं किसे चुनता? यदि मैं दूसरों की आवश्यकताओं या रायों को नज़रअंदाज़ करता, तो मैं क्या करता? यदि मैं ख़ुद को स्वतंत्र और उन्मुक्त होने की अनुमति देता, तो कौन सा विकल्प चुनता? ये ऐसे सवाल हैं, जो डर या नकारात्मक मूल्यांकन से स्वतंत्र होने में मदद करते हैं और इनकी मदद से आप अपनी भावनाओं द्वारा प्रवाह में पहुँचने का रास्ता महसूस कर सकते हैं। फिर आप वह बनने के लिए स्वतंत्र हो जाते हैं, जो आप सचमुच हैं। (अपने दिल की भावनाओं, विचारों और मनन का एक निजी जर्नल रखने से आपको अपने वास्तविक स्वरूप के संपर्क में रहने में मदद मिल सकती है – उस अधिक गहरे स्वरूप के संपर्क में, जो आपके सामाजिक स्वरूप तथा दूसरों की

अपेक्षाओं के परे है।) यदि आपको चिंता, अपराधबोध या आत्म-शंका की कोई तुच्छ आवाज़ सुनाई दे, तो बच्चों जैसे उस स्वरूप को बाँहों में लेने की कल्पना करें और उसे आश्वस्त करें कि वह सुरक्षित है और आप उससे प्रेम करते हैं।

अपने आनंद का अनुसरण करें

जब भी आप किसी मुद्दे पर ध्यान केंद्रित करें या अपनी सामान्य दिनचर्या में हों, तो इस बारे में संवेदनशील रहें कि आप कैसा महसूस करते हैं या आपके द्वारा भेजे जाने वाले रेडियो संकेत कैसे हैं। आप फ़िलहाल कैसा महसूस करते हैं? और अब? और अब? आप भावनात्मक सीढ़ी पर इस वक़्त कहाँ हैं? यदि आपको अपनी भावनाओं में किसी तरह की गिरावट नज़र आए, तो इसके लिए ख़ुद को न कोसें। इसे स्वीकार करें - वरना आप वहीं फँसे रह सकते हैं। इसके बावजूद ख़ुद से प्रेम करें। ग़ौर करें कि किन विचारों की वजह से आप एक-दो पायदान फिसल गए हैं। फिर दोबारा सुकून भरी अवस्था में आने का कोई तरीक़ा खोजें। निश्चिंतता से रहें। अपने आनंद का अनुसरण करें। मन में अधिक सकारात्मक विचार लाएँ। कोई प्रेरक पुस्तक पढ़ें। प्रशंसा करते रहें। दिवास्वप्न देखें। नृत्य करें। हँसें। अपनी बिल्ली को थपथपाएँ। अपने जीवनसाथी को गले लगाएँ। प्रेम करें। जॉगिंग करें। प्राकृतिक सौंदर्य में सैर करें। या अगर इससे इस वक़्त आपको अच्छा महसूस होता हो, तो मन ही मन किसी के प्रति भड़ास निकाल लें! हर वह चीज़ करें, जिससे आपको राहत का बेहतरीन अहसास हो, क्योंकि यह अहसास तभी आता है, जब आप प्रवाह में पहुँचने की राह पर होते हैं।

जिन गतिविधियों से आपको अच्छा महसूस होता है, उनकी आनंद सूची तैयार करें, ताकि ज़रूरत पड़ने पर आप उसे तुरंत देख सकें। यह सुनिश्चित करें कि आप हर दिन उस सूची में दी गई चीज़ों को प्राथमिकता दें - और जब भी आप प्रवाह के बाहर महसूस करें, इस सूची का इस्तेमाल करें। याद रखें, अच्छा महसूस करने से ज़्यादा महत्त्वपूर्ण कुछ भी नहीं है।

अध्याय चार

प्रेम की आंतरिक आवाज़

प्रेम का त्याग से कोई लेना-देना नहीं है।

पॉल फ़ेरिनी

जब मेरा बेटा छोटा था, तो रात को सोते वक़्त मैं अक्सर उसे तीन छोटे भेड़ियों और एक बड़े, बुरे सुअर की कहानी सुनाती थी। जब तीन छोटे भेड़िए घर छोड़कर जा रहे थे, तो उनकी माँ ने उन्हें बड़े, बुरे सुअर के बारे में चेतावनी दी थी। इसलिए उन्होंने सुअर से अपनी रक्षा करने के लिए ईंटों का मकान बनाया। जब बड़े, बुरे सुअर ने भारी हथौड़े से उनका मकान गिरा दिया, तो भेड़ियों ने कंक्रीट का ज़्यादा मज़बूत मकान बनाया। सुअर ने बिजली की ड्रिल से उसे भी तोड़ दिया। भयभीत छोटे भेड़ियों ने धातु की दीवारों, लोहे की छड़ों और ताले वाले एक कठोर और डरावने मकान में शरण ली, जिसके चारों ओर कँटीले तार लगे थे। सुअर ने डाइनेमाइट से उसे भी उड़ा दिया। अंततः भेड़ियों को अहसास हुआ कि शायद वे ग़लत दिशा में बढ़ रहे हैं - इसलिए उन्होंने अपना अगला मकान फूलों और पतली शाखों से बनाया। यह कमज़ोर लेकिन सुंदर था। बड़ा, बुरा सुअर जब वहाँ आया, तो सुंदर फूलों की ख़ुशबू उसकी नाक में गई। उसने गहरी साँस ली। उसका दिल खुल गया और वह ख़ुश होकर नाचने लगा। भेड़ियों और बड़े, बुरे सुअर में मित्रता हो गई और इसके बाद वे ख़ुशी-ख़ुशी रहने लगे।

यह कहानी मानव जाति की वर्तमान में जारी यात्रा की एक उपमा है - हमारे बीच डर और अलगाव लगातार बढ़ रहा है, लेकिन जैसे ही हम जाग जाएँगे, ये शर्तरहित प्रेम तथा एकता में बदल जाएँगे। जब आप डर की मानसिकता में जीते हैं, तो छोटे भेड़ियों की तरह आप कभी सुरक्षित महसूस नहीं कर सकते, चाहे आप सुरक्षित रहने की लाख कोशिश कर लें। आप तो ख़ुद के सामने सिर्फ़ यही साबित करेंगे कि आपके डर तर्कसंगत हैं, क्योंकि हीन रेडियो संकेत नकारात्मक अनुभवों को आकर्षित करते हैं। जो भी बुरा, ग़लत या ख़तरनाक है, जब आप उस पर ध्यान केंद्रित करेंगे, तो आप बड़े, बुरे सुअरों का *सृजन* कर लेंगे या बड़े, बुरे भेड़ियों का! अपनी भयभीत और रक्षात्मक मानसिकता वाली माँ की बात सुनेंगे, तो आप डर-डरकर जीने की वैचारिक आदत डाल लेंगे। साझे 'शत्रु' के ख़िलाफ़ किसी के साथ एक होंगे, तो इससे आप डर और असुरक्षा में फँसे रहेंगे। जब आप अपनी रक्षापंक्ति *हटा देते हैं*, तभी आपको सच्ची सुरक्षा और आंतरिक शक्ति मिल सकती है। आप द्वैतवाद के संसार - अच्छे और बुरे, सही और ग़लत, सुरक्षित और ख़तरनाक के संसार - से परे बढ़ते हैं और **सृष्टि** के स्वाभाविक प्रेम व अच्छाई के साथ जुड़ जाते हैं।

आप अपनी जितनी ज़्यादा रक्षा करते हैं, उतने ही ज़्यादा कमज़ोर होते जाते हैं।

आप विरोध करते हुए कह सकते हैं, 'लेकिन संसार में बहुत से ख़तरे हैं! बड़े, बुरे भालू हैं, तेज़रफ़्तार कारें हैं; बम, आतंकवादी, ठग तथा डाकू हैं; और अनैतिक लोग हैं...' लेकिन जब आप प्रवाह में होंगे, तो आप उनके संपर्क में नहीं आएँगे। प्रवाह कभी आपको उनकी दिशा में नहीं ले जाएगा। 'लेकिन अगर मुझसे ग़लती हो जाए, तो क्या होगा? यदि मैं प्रवाह में न रहूँ? मुझे हर हाल में ध्यान तो रखना पड़ेगा!' लेकिन चिंता और अविश्वास की यह आवाज़ तुरंत आपको प्रवाह के बाहर ले जाती है। यदि आप अपनी रक्षा कर रहे हैं, तो आप ख़ुद को **सृष्टि** के उस अटूट प्रेम तथा कृपा से दूर कर रहे हैं, जो आपको हमेशा मार्गदर्शन

देगी कि आपको कहाँ होना चाहिए और आपको क्या करना चाहिए।

डर और प्रेम के ये अलग-अलग संसार डर तथा प्रेम पर आधारित मिथकों के अनुरूप होते हैं। हर व्यक्ति इनमें से किसी भी संसार में जीने में सक्षम होता है - जो आपको बिलकुल अलग विचार प्रदान करता है और बिलकुल ही अलग वास्तविकताओं को आकर्षित करता है। आप अपनी भावनाओं पर जितना ज़्यादा भरोसा करना सीखते हैं और उनके माध्यम से प्रवाह तक पहुँचने पर जितना ध्यान देते हैं, आप शर्तरहित प्रेम वाले विराट संसार से उतने ही ज़्यादा जुड़ते हैं। तब आप अपने उच्चतर स्वरूप में पहुँच जाते हैं - और किसी भी मनचाही चीज़ का सृजन कर सकते हैं।

डर की अवस्था और प्रेम की अवस्था

अग्रणी जीवविज्ञानी ब्रूस लिप्टन ने पाया है कि आपके शरीर की कोशिकाएँ हमेशा दो अवस्थाओं में से किसी एक अवस्था में होती हैं : रक्षा या विकास। यह भावनात्मक दृष्टि से डर या प्रेम के अनुरूप है। यानी आपकी भावनाएँ बताती हैं कि आप शारीरिक दृष्टि से डर की अवस्था में हैं (ख़तरों पर ध्यान केंद्रित कर रहे हैं और स्वचलित प्रतिक्रियाएँ कर रहे हैं) या प्रेम की अवस्था में हैं (सुरक्षित महसूस कर रहे हैं, सद्भाव महसूस कर रहे हैं, खुल रहे हैं, जुड़ रहे हैं और विस्तार कर रहे हैं)। दूसरे शब्दों में, हर कोशिका में इन दो संसारों के बीच आने-जाने की क्षमता होती है : डर का संसार या प्रेम का संसार। प्रेमपूर्ण और सहयोगी सृजन मिथक या संघर्ष से भरा हुआ विश्व-दर्शन। *आपके विचारों की प्रतिक्रिया में* वे डर तथा नकारात्मक मूल्यांकन के पुराने देवता के सामने शीश झुकाती हैं और डर तथा संघर्ष के संसार में जीती हैं, जिसमें आपको अच्छा बनना होगा, ख़तरे तथा बुराई से जूझना होगा या उनसे दूर रहना होगा। या फिर आपकी कोशिकाएँ डर तथा रक्षात्मकता से जुदा संसार में विस्तार कर सकती हैं - शर्तरहित प्रेम, प्रसन्नता और स्वतंत्रता के रचनात्मक संसार में, जिसमें आपके सपने साकार हो सकते हैं (और होंगे)।

डर हमें पीछे रोके रखता है और संकुचित करता है। प्रेम हमें आगे बढ़ाता है और हमारा विस्तार करता है।

डर की अवस्था से प्रतिक्रिया करना

जब भी हमें जोखिम महसूस होता है या हमें लगता है कि कोई हमारा नकारात्मक मूल्यांकन कर रहा है, तो हममें तुरंत रक्षात्मक अवस्था में पहुँचने की प्रवृत्ति होती है। ख़तरा! रेड अलर्ट! आपातकालीन स्थिति! यह एक रक्षात्मक और आदतन अवस्था है, जो आपको प्रवाह के बाहर ले जाती है और प्रेम से अलग कर देती है। डर की अवस्था में रहते वक़्त आप अपने आदिकालीन या आतंकित मस्तिष्क से प्रतिक्रिया करते हैं - जो आपके व्यवहार को सीमित कर देता है और आप सिर्फ़ लड़ सकते हैं, भाग सकते हैं या किंकर्तव्यविमूढ़ हो सकते हैं। आपके शरीर में एड्रीनलिन की बाढ़ आ जाती है। आप अविश्वासी और रक्षात्मक महसूस करते हैं। आप डर, यहाँ तक कि दहशत के क़ैदी हो जाते हैं - जिस तरह कोई ख़रगोश हेडलाइट्स की रोशनी में किंकर्तव्यविमूढ़ हो जाता है। आप हर बुरे या ख़तरनाक नज़र आने वाले व्यक्ति या वस्तु से दूर हो जाते हैं। आप नियंत्रण और सुरक्षा की तलाश करते हैं। आप परिवर्तन से घबराते हैं, इसलिए आपमें पुरानी चीज़ों को ही दोहराते रहने की प्रवृत्ति होती है। चूँकि **स्रोत** से आपका संपर्क टूट गया है, इसलिए आप खोखलापन और अकेलापन महसूस करते हैं, जिससे आप सभी प्रकार की लतों तथा सह-निर्भरता के शिकार हो जाते हैं। आपकी चेतना कुंद और संकुचित हो जाती है। स्पष्टता से सोचना, निर्णय लेना या भविष्य की योजना बनाना मुश्किल होता है। आप विचार की नकारात्मक लीक में उलझ जाते हैं और गोल-गोल घूमते रहते हैं। आप किसी बिल में रहने वाला दृष्टिकोण विकसित कर लेते हैं और चुनाव करने के लिए स्वतंत्र महसूस नहीं करते हैं। आप भूमिकाएँ निभाने की ओर फिसल जाते हैं - जैसे पत्नी, माँ, बेटी, पति, भाई, पिता, नर्स, अकाउंटेंट, शिक्षक या पड़ोसी - और आप अपने वास्तविक स्वरूप में रहने तथा सहज-स्वाभाविक होने का जोखिम नहीं ले सकते।

डर की अवस्था में रहना सो जाने और ऑटो-पायलट (स्वचलित-चालन) में रहने जैसा है। आप अपनी गहराई, समृद्धि और रचनात्मकता गँवा देते हैं। आपकी आध्यात्मिक जागरूकता धुँधली पड़ जाती है - और आपका मानसिक व शारीरिक स्वास्थ्य जोखिम में पड़ जाता है। सोई हुई सुंदरी की तरह आप काँच के कफ़न में क़ैद होते हैं और जगा देने वाले चुंबन का इंतज़ार करते हैं।

जब आप डर की अवस्था में पहुँचते हैं, तो आप चिंता से निबटने और सुरक्षा व प्रेम पाने के चिर-परिचित तरीक़ों का इस्तेमाल करते हैं :

✧ आप दूसरों को दोष दे सकते हैं, उन पर आक्रमण कर सकते हैं, उनकी आलोचना कर सकते हैं, उन्हें नियंत्रित कर सकते हैं या उनका शोषण कर सकते हैं - उन्हें ग़लत मान सकते हैं। (*लड़ना।*)

✧ आप दूसरों को ख़ुश करने, उनके सामने झुकने, उनकी बात मानने और उनकी अपेक्षाएँ पूरी करने की कड़ी कोशिश कर सकते हैं। (*भागना।*)

✧ सुरक्षित महसूस करने के लिए आप मैदान छोड़ सकते हैं या दूर हट सकते हैं। (*किंकर्तव्यविमूढ़ होना।*)

✧ या अपने ख़ालीपन को भरने के लिए आप **स्रोत** के साथ दोबारा जुड़ने की कोशिश कर सकते हैं - काम, ख़रीदारी, व्यायाम या अन्य मजबूर करने वाली आदतों द्वारा। (*लत।*)

आप इनमें से चाहे जो करें, असहज ही महसूस करेंगे - क्योंकि आप प्रेम से नाता तोड़ रहे हैं। आप रक्षात्मक हो रहे हैं और समस्या को 'बाहर कहीं' देख रहे हैं। आपकी भावनाएँ आपका मार्गदर्शन नहीं कर रही हैं। आप हमेशा मौजूद रहने वाली **स्रोत** की आवाज़ नहीं सुन रहे हैं - जो आपको हमेशा प्रसन्नता, स्वतंत्रता और विस्तार की ओर पुकारती है।

डर की अवस्था में होना हमेशा बुरा होता है। इसी वजह से 'अच्छे लोगों के साथ बुरी चीज़ें होती हैं।' जब आप डर की अवस्था में होते हैं, तो नकारात्मक भावनाएँ आपको चेतावनी दे देती हैं कि वर्तमान में

आप अपनी इच्छाओं को कुचल रहे हैं। आप अनचाही चीज़ों को आकर्षित कर रहे हैं – क्योंकि आपके विचार नकारात्मक चीज़ों पर केंद्रित हैं या आप प्रशंसा अर्जित करने या उसके अधिकारी बनने की कोशिश कर रहे हैं। और आप भावनात्मक सीढ़ी पर ज़्यादा ऊपर तब तक नहीं चढ़ पाएँगे, जब तक कि आप प्रतिरोध थोड़ा कम न कर दें तथा प्रेम की अवस्था में न पहुँच जाएँ।

डर की वजह से आपको ऐसा महसूस होता है, जैसे आप प्रेम से जुदा हो गए हों। **स्रोत** से जुड़े होने पर कोई भी असुरक्षित या कमज़ोर या प्रेम की कमी महसूस नहीं करता। **स्रोत** से जुड़े होने पर कोई भी क्रूर या बेरहम नहीं हो सकता। स्रोत से जुड़े होने पर किसी को भी कमी या अभाव का अहसास नहीं हो सकता। बेरहमी, क्रूरता, ईर्ष्या, पाखंड, आक्रामकता, लोभ, डाह, प्रतिस्पर्धा, क्रोध और प्रतिशोध – साथ ही अपराधबोध, शर्मिंदगी या अशक्तता का अहसास – ये सभी डर की अवस्था में होने से उत्पन्न होते हैं।

महत्वपूर्ण बात यह है कि जब आपकी कोशिकाएँ डर की अवस्था में होती हैं, तो शारीरिक या मानसिक किसी संदर्भ में भी *कोई विकास नहीं होता।* रक्षात्मकता प्रतिरोध का ही एक रूप है। इसलिए आप सुरक्षा में जितने ज़्यादा समय तक रहते हैं, अपने व्यक्तिगत और आध्यात्मिक विकास को उतना ही ज़्यादा अवरुद्ध कर लेते हैं। डर की अवस्था में रहने का मतलब यह हो सकता है कि आप परिवर्तन या जोखिम से कतराते हैं, ख़तरे से ख़ुद की रक्षा करते हैं और अपने जीवन को दोहराव भरी दिनचर्या में सीमित कर लेते हैं। डर की अवस्था में संबंध खोखले और असंतुष्टिदायक होते हैं या नियंत्रणकारी तथा निर्भर। आप ख़राब संबंधों या स्थितियों के प्रति 'वफ़ादारी से बँधे' महसूस कर सकते हैं और बरसों तक ऐसे ही फँसे रह सकते हैं।

डर की अवस्था में होने का मतलब यह भी हो सकता है कि आप मन ही मन जीवन या ख़ुशी को किसी भावी तिथि तक स्थगित कर दें – जब आप किसी के प्रेमबंधन में बँध जाएँगे, जब आप मकान बदल लेंगे, जब आप पढ़ाई पूरी कर लेंगे, जब बच्चे स्कूल जाने लगेंगे, जब बच्चे आत्मनिर्भर बनकर चले जाएँगे, जब आपकी शादी या तलाक़ हो

जाएगा, जब आप रिटायर हो जाएँगे, जब आपके पास ज़्यादा पैसा आ जाएगा या जब आपके जीवन में कम ज़िम्मेदारियाँ और कम व्यस्तता होगी। अपने दिल की गहराई में आप जानते हैं कि जीवन इससे कहीं अधिक होना चाहिए - लेकिन आप उथले पानी में ही चप्पू चलाते रहते हैं और नाव को दूर समुद्र में ले जाने के सही समय का इंतज़ार करते रहते हैं। आख़िरकार, वहाँ ख़तरनाक शार्क मछलियाँ हो सकती हैं! इस दौरान बरस गुज़रते जाते हैं...

आप या तो डर के संसार को चुन सकते हैं या फिर प्रेम के संसार को।

हम कितनी जल्दी या देर से जोखिम महसूस करते हैं और डर के संसार में पहुँचते हैं, यह काफ़ी हद तक हमारे बचपन के अनुभवों पर निर्भर करता है। यदि बचपन भावनात्मक, शारीरिक या यौन दुर्व्यवहार से भरा रहा हो, बचपन में डराने-धमकाने, उपेक्षा, अचानक अलगाव या मानसिक आघात का सदमा झेला हो या ऐसे माता-पिता, अभिभावक या शिक्षक रहे हों, जो तनावग्रस्त या आलोचनात्मक हों अथवा पुराने धर्मों में अटके हुए हों - तो हमें असुरक्षा या प्रेम के अभाव का अहसास हो सकता है। (इसका मतलब है लगभग हर व्यक्ति को।) हम जितने ज़्यादा डर या आलोचना के साथ बड़े होते हैं, सुरक्षा हमारे जीवन का उतना ही ज़्यादा स्वाभाविक तरीक़ा बन जाती है। आप तत्काल इसमें पहुँच जाते हैं। यह बचपन से ही जानी-पहचानी और पारिवारिक महसूस होती है। जोखिमों की तलाश करना, संकीर्ण होना, आक्रमण या रक्षा करना, अति संकोची या नियंत्रणकारी बनना, संघर्ष से कतराना, सुरक्षा या प्रशंसा की खोज करना, ख़ुशी चुनने के बजाय अपराधबोध से बचना एक आदत बन जाती है। लेकिन जब आप ऐसा करते हैं, तो आपके कंपन भावनात्मक सीढ़ी पर नीचे फिसल जाते हैं। आपकी जागरूकता संकुचित हो जाती है। आप संघर्षरत महसूस करते हैं। आप आत्म-विनाश में फिसल जाते हैं - और प्रेम, ख़ुशी तथा आंतरिक शांति के ऊँचे पायदानों तक नहीं पहुँच पाते।

प्रेम की अवस्था में पहुँचना

अच्छी ख़बर यह है कि डर तो सिर्फ़ प्रेम को नकारने का परिणाम है – जिस तरह अंधकार सिर्फ़ प्रकाश की अनुपस्थिति है। एक और वास्तविकता आपका इंतज़ार कर रही है। एक बार जब आप संसार को सुरक्षित और प्रेमपूर्ण रूप में देखने लगते हैं या सचमुच किसी प्रेमपूर्ण संबंध में पहुँच जाते हैं, तो आप अस्तित्व की दूसरी अवस्था में सुकून से रह सकते हैं। आपका शरीर एंडॉर्फ़िन्स यानी ख़ुशी के हॉर्मोन्स प्रवाहित करता है। आपका अधिक उच्च मस्तिष्क सक्रिय हो जाता है। फिर आप व्यक्तिगत और रचनात्मक चुनाव करने के लिए स्वतंत्र महसूस करते हैं। आप अधिक विस्तृत और मुक्त महसूस करते हैं। आप विश्वासपूर्ण और खुले महसूस करते हैं। आप सुकून और शांति में रहते हैं। रक्षात्मकता की कोई ज़रूरत ही नहीं होती, इसलिए आप दूसरों के साथ ईमानदार और ख़ुद के प्रति सच्चे हो सकते हैं। आप बिना जोखिम महसूस किए दूसरों की बातें सुन सकते हैं। प्रेम का सैलाब आता है और मुक्तता से आपके ज़रिए प्रवाहित होता है। आप **स्रोत** की ऊर्जा से जुड़े होते हैं। आपकी चेतना का विस्तार होता है और आपके सामने एक बिलकुल ही नया संसार खुल जाता है। मानवता इसी तरह विकास करती है। यही वह नई जागरूकता है, जिसकी ओर हम तेज़ी से बढ़ रहे हैं। जब एक बार हम अपने प्रतिरोध को छोड़ देते हैं, तो यह हमारे जीवन की स्वाभाविक अवस्था बन जाती है।

प्रेम हमारे अस्तित्व की स्वाभाविक अवस्था है।

हर विचार के साथ आप या तो डर की अवस्था से कार्य कर रहे हैं या फिर प्रेम की अवस्था से। अलगाव या जुड़ाव। ठहराव या प्रवाह। सुरक्षा या विकास। नकारात्मक मूल्यांकन या स्वीकृति। असुरक्षा या आत्म-महत्त्व। आलोचना या प्रशंसा। बंद होना या खुलना। अनुपालन या स्वतंत्रता। नियंत्रण या विश्वास। पुरानी आदतें या नई इच्छाएँ। हर व्यक्ति में इन दोनों में से किसी भी संसार में पहुँचने की जन्मजात क्षमता होती है।

जागरूकता की ये दोनों अवस्थाएँ हमारे शरीर के साथ-साथ हमारे मनोविज्ञान में भी स्थापित हैं। और जब आप प्रेम के संसार में विस्तार करते हैं, तो **सृष्टि** आपके सपनों को आसानी से साकार कर सकती है।

अपने प्रति सच्चे रहें

किसी ऐसे व्यक्ति की कल्पना करें, जो आपसे सचमुच प्रेम करता हो - जो कभी अपना प्रेम कम नहीं करता, चाहे आप जो भी कहें, सोचें या महसूस करें या चाहे जैसा व्यवहार करें। जो आपको पूरी तरह समझता है और आप जैसे भी हैं, उससे प्रेम करता है। जो आपकी सच्ची संभावनाओं को देखता है और हमेशा आपका समर्थन करता है। जो कोई माँग नहीं रखता, सिवाए इस इच्छा के कि आप अपनी इच्छाएँ पूरी करें और अपने प्रति सच्चे रहें। उसकी निगाह में आप कभी कुछ ग़लत कर ही नहीं सकते। आप अद्‌भुत प्रकाशपुंज हैं। चाहे इस वक़्त आपका कोई ऐसा व्यक्तिगत संबंध या रिश्ता - जीवनसाथी, अभिभावक या मित्र - हो अथवा न हो, आप हमेशा शर्तरहित प्रेम पा रहे हैं, क्योंकि **स्रोत** आपसे इसी तरह प्रेम करता है। प्रेम का दरअसल यही अर्थ है। और जब आप प्रेम की इस आंतरिक आवाज़ से जुड़ जाते हैं, तो यह आपके जीवन का कायाकल्प कर सकता है।

ब्रह्मांड आपसे गहरा और अथाह प्रेम करता है।

बिली एलियट फ़िल्म में युवा हीरो एक कठोर, कामगार संस्कृति में एक खनिक परिवार में बड़ा होता है। यह परिवार शोक, छँटनी और आर्थिक मुश्किलों से जूझ रहा है। उसे अपने सामने एक अंधकारमय भविष्य नज़र आता है। बिली के पिता उसे बॉक्सिंग का प्रशिक्षण दिलाते हैं, लेकिन इससे दुखी होकर वह चोरी से बैले क्लास में दाख़िला ले लेता है - और जल्द ही उसे पता चलता है कि नृत्य करने से उसमें नई जान आ जाती है। इसकी बदौलत वह प्रवाह में पहुँच जाता है। बिली को अपना जोश, अपना सपना, उसका सच्चा ईश्वरीय आह्‌वान मिल जाता है। वह नर्तक

बनना चाहता है। अंततः उसके पिता को असलियत का पता चल जाता है, जिससे वे आगबबूला हो जाते हैं। नाच-गाना और बैले एक लड़के के लिए शर्मनाक और अनुचित चुनाव है! वे अपने विद्रोही लड़के को दबाते हैं और अपनी सत्ता तथा नियंत्रण जताते हैं। लेकिन एक दृढ़ संकल्पित मार्गदर्शक के समर्थन से बिली अपने सपने को साकार करने पर क़ायम रहता है - और धीरे-धीरे अपने संघर्षरत परिवार को जीत लेता है। एक बार फिर प्रेम, गर्मजोशी, आशा और गर्व प्रवाहित होने लगते हैं। अंततः वह रॉयल बैले स्कूल में दाख़िला पाने में कामयाब हो जाता है और उसके सामने एक सुनहरा भविष्य इंतज़ार कर रहा होता है।

हर व्यक्ति में युवा बिली जैसी धधकती इच्छा नहीं होती - लेकिन हम सभी के सामने ऐसे समय आते हैं, जब हम दो हिस्सों में विभाजित होते हैं : अपने सपनों का सम्मान करें या दूसरों की आवश्यकताएँ व अपेक्षाएँ पूरी करें - अपने प्रति सच्चे रहें या प्रशंसा की तलाश करें। ईमानदार और प्रामाणिक बनें या सबकी तरह अनुसरण करने वाले बनें। जीवन के महत्वपूर्ण मोड़ पर ऐसे चुनाव की घड़ी में हम दुखद दुविधा से ग्रस्त हो सकते हैं, जो हमारे पूरे भविष्य पर प्रभाव डाल सकते हैं।

समाज का अनुसरण डर पर आधारित विश्व-दर्शनों की महामारी है। लेकिन एक बार जब आप **सृष्टि** के नियमों को समझ लेते हैं, तो आप हमेशा अपने दिल का अनुसरण करेंगे। आप ख़ुद को अभिव्यक्त करने की अपनी पवित्र इच्छा का सम्मान करेंगे और अपने सबसे ऊँचे सपनों का पीछा करेंगे। आप जान जाएँगे कि जब कोई अपना त्याग करता है, तो *हर व्यक्ति* का नुक़सान होता है। शर्तरहित प्रेम पर आधारित **सृष्टि** में प्रेम का अर्थ त्याग करना कभी नहीं होता। आप जो चाहें, वह पा सकते हैं, कर सकते हैं और बन सकते हैं। **सृष्टि** आपसे कहती है कि आप ख़ुद से *शर्तरहित* प्रेम करें। जब आप अपने भावनात्मक मार्गदर्शन पर विश्वास करने लगते हैं, तो आप 'अपने प्रति सच्चे रहो' के प्राचीन सूत्र वाक्य का अनुसरण करेंगे, जिसका मतलब प्रेम की आंतरिक आवाज़ सुनना है।

जैसा मनोवैज्ञानिक मार्शल रोज़ेनबर्ग ने कहा है, 'विषाद वह पुरस्कार है, जो आपको अच्छा बनने के लिए मिलता है।' दूसरों के

सामने झुकना आत्महत्या करने का धीमा तरीक़ा है। दूसरों को ख़ुश करना अच्छा लग सकता है - लेकिन आप एक साथ अच्छे *और* ईमानदार नहीं हो सकते। आप ऐसे स्वरूप का नाटक कर रहे हैं, जो दरअसल आपका है ही नहीं। आप अपनी सच्ची भावनाओं और इच्छाओं को छिपा रहे हैं। आपको महसूस होता है कि आप पीछे अटके हुए हैं, बंधन में हैं और फँसे हुए हैं। आप डर द्वारा आतंकित और संचालित हैं। आप भावनात्मक सीढ़ी के निचले पायदानों पर अटके हुए हैं। अपने ख़ुद के अहसास के बजाय अगर आप इस बात की ज़्यादा परवाह करते हैं कि दूसरे क्या सोचते हैं, तो आप हमेशा अपने उच्चतर स्वरूप से जुदा रहेंगे। अच्छे और आदर्श बनने की कोशिश करने का सर्वश्रेष्ठ परिणाम बस यही हो सकता है कि आप सदाचारी महसूस करें। लेकिन दूसरों की मान्यता की चाह में काम करने से ख़ुशी, जोश या रचनात्मकता कभी हासिल नहीं होती। दूसरों की मान्यता सशर्त प्रेम है; यह डर की अवस्था से उत्पन्न होता है। यह आपके सपनों को बाधित कर देता है - और सच्चे प्रेम व अंतरंगता को असंभव बना देता है।

यदि आप अपने अहसास के बजाय इस बारे में ज़्यादा परवाह करते हैं कि दूसरे क्या सोच सकते हैं, तो आप कभी वैसा जीवन नहीं जी पाएँगे, जो दरअसल आप जी सकते हैं।

संबंध हमारी सबसे गहरी प्रसन्नता और आनंद का **स्रोत** हैं, लेकिन वे ही हमारे सबसे भारी दुख और दर्द का कारण भी हैं। और इस दर्द का अधिकांश हिस्सा इसलिए उत्पन्न होता है, क्योंकि प्रेम सशर्त होता है - जिसका मतलब है कि आप अच्छा बनने की कोशिश कर रहे होते हैं या *अपनी नज़रों में* दूसरों (या संसार) के अच्छा बनने की उम्मीद कर रहे होते हैं। यदि आप संसार को अच्छे और बुरे में बाँट देते हैं, तो आपके पास सिर्फ़ दो ही विकल्प रहते हैं। आप अपने भीतर की 'बुराई' को देख सकते हैं और इसका दमन करने, छिपाने या नकारने की कोशिश कर

सकते हैं, जबकि मन ही मन आप शर्मिंदा, अपराधी तथा बुरा महसूस कर सकते हैं। (*बहुत* परेशानी।) या फिर आप बुराई या अक्षमता को किसी बाहरी व्यक्ति या परिस्थिति पर मढ़ सकते हैं - और नियंत्रणकारी, आलोचक, द्वेषपूर्ण, आत्म-संतुष्ट या पाखंडी बन सकते हैं। (थोड़ी कम परेशानी।)

हममें से अधिकांश लोगों ने बचपन में 'अच्छा' होना सीखा था। जिस बात को दूसरे स्वीकार नहीं करते थे, उसे हमने छिपाकर रखना सीखा था - शायद क्रोध, लोभ, ईर्ष्या, उल्लास, कामुकता, रचनात्मकता या आध्यात्मिकता। आपके स्वरूप के ये विभक्त हिस्से आपकी स्याह और उजली छाया बन जाते हैं। बाद में जब आप संसार में अपने स्याह हिस्सों को देखते हैं, तो आप असहजता, चिढ़, क्रोध, असुरक्षा या जोखिम महसूस करते हैं। या आप इस आधार पर किसी दूसरे व्यक्ति से प्रेम, ईर्ष्या या प्रशंसा के संबंध स्थापित कर सकते हैं। जिस भी चीज़ से प्रबल भावनाएँ जाग्रत होती हैं - चाहे वह नकारात्मक हो या सकारात्मक - वह आपके किसी पहलू का संकेत है, जिसे ठोंक-पीटकर ढाला गया है, दबाया गया है और जो ध्यान की माँग कर रहा है। यह एक ऐसा हिस्सा हो सकता है, जिसके अतीत में प्रकट होने पर उसे दंडित या नापसंद किया गया था। या फिर यह कोई ऐसी इच्छा या आवेग हो सकता है, जो उभरने पर आपको डराता या रोमांचित करता है। आप अपने किसी हिस्से को जितना ज़्यादा दबाते या नकारते हैं, उसके बाहरी वास्तविकता में साकार होने के उतने ही ज़्यादा आसार होते हैं। संभवतः देर-सबेर आप किसी ऐसे संबंध या स्थिति को आकर्षित कर लेते हैं, जो आपको अपने खोए हुए हिस्सों को अंगीकार करने की चुनौती देती है - जो अधिक पूर्ण बनने और ख़ुद से शर्तरहित प्रेम करने का अवसर होता है।

दोषारोपण और अपराधबोध से परे

जब आप किसी दूसरे को समस्या के रूप में देखते हैं या *उसके* बदलने का इंतज़ार करते हैं, तो इसका अर्थ है कि आप फँसे हुए हैं। आप समस्या को अपने बाहर देख रहे हैं। और आपको किसी दूसरे, फिर तीसरे और फिर चौथे के साथ इसी तरह की चुनौती सामने आएगी, जब

तक कि आप संदेश को समझ नहीं लेते। आख़िरकार, सच तो यही है कि अपनी वास्तविकता का निर्माण आप ख़ुद करते हैं। यदि आप ख़ुद को अशक्त या दूसरों के व्यवहार का शिकार मानते हैं, तो इसका अर्थ है कि आप अपनी शक्ति दूसरों के हवाले कर रहे हैं। यह जान लें कि आपके साथ कुछ करने की शक्ति किसी दूसरे व्यक्ति के पास नहीं है। चाहे कोई कुछ भी करे, वह आपको प्रवाह के बाहर नहीं रख सकता।

कोई दूसरा व्यक्ति आपको प्रवाह के बाहर नहीं रख सकता। सिर्फ़ आप ही यह कर सकते हैं।

सृष्टि का मज़ाक यह है कि डोरियाँ आप खींच रहे हैं। कोई भी आपकी उँगलियाँ नहीं कुचल सकता, जब तक कि आपने कंपन के स्तर पर उसे ऐसा करने के लिए 'आमंत्रण' न दिया हो। आप किसी के ख़िलाफ़ जितना ज़्यादा दबाव डालते हैं - चाहे यह टाँग अड़ाने वाला ससुराल पक्ष हो, परेशान करने वाला पूर्व जीवनसाथी हो, रौब जमाने वाला बॉस हो, विद्रोही किशोर हो या शोर-शराबा करने वाला पड़ोसी हो - वह पलटकर उतना ही ज़्यादा प्रतिरोध करेगा। किसी के सबसे बुरे पहलू पर ध्यान केंद्रित करेंगे, तो वह आपके सामने उसी को उजागर करेगा। बड़े, बुरे सुअर को बाहर रखने की कोशिश में आप अपने सभी दरवाज़ों और खिड़कियों पर मोर्चाबंदी कर सकते हैं - लेकिन यह सब आपका ख़ुद का सृजन है! आप प्रेम के बजाय डर की आवाज़ सुन रहे हैं। सामने वाले के साथ क्या ग़लत है, यह विश्लेषण करने के बजाय ख़ुद की ओर देखें। यह आप ही हैं, जिसे विकास करने और बदलने की ज़रूरत है। (इसका यह मतलब नहीं है कि आपके साथ कोई गड़बड़ है। बस आपकी सोचने की आदतें नकारात्मक हैं।)

भले ही यह आपके जीवनसाथी के खर्राटे लेने जितनी छोटी चीज़ हो, लेकिन यदि आप इसके बारे में जमकर कहते व शिकायत करते हैं, तो खर्राटे और बुरे हो जाएँगे! यदि आप किसी दूसरे द्वारा नियंत्रित या अस्वीकृत महसूस करते हैं, तो दरअसल आपने ही उसे आमंत्रित किया

था या आप उसके व्यवहार की व्याख्या उस तरीक़े से कर रहे थे। आप अपने किसी सहकर्मी को जितना ज़्यादा आलसी या बाल की खाल निकालने वाला मानते हैं, वह उतना ही ज़्यादा आलसी या बाल की खाल निकालने वाला बन जाएगा - कम से कम आपके सामने। आप निष्क्रिय धूम्रपान पर जितनी ज़्यादा आपत्ति करते हैं, आप उतने ही ज़्यादा धूम्रपान करने वालों को अपने आस-पास आकर्षित करेंगे, फिर चाहे आप कहीं भी चले जाएँ। आपका पूर्व-जीवनसाथी कितना भयंकर है, यह साबित करके आप रिश्ता ख़त्म करने को जितना ज़्यादा 'तर्कसंगत' साबित करेंगे, सामने वाला आपके साथ वैसा ही बर्ताव अधिक मात्रा में करेगा!

सृष्टि पूरी तरह आपके कंपनों पर प्रतिक्रिया करती है। यह आपसे अलग कोई ठोस वास्तविकता नहीं है; यह तो चित्रों का एक ऊर्जावान पर्दा है। बाहरी संसार हमेशा आपके ही विचारों, आपके विश्वास और आपकी अपेक्षाओं का प्रतिबिंब दिखाता है। एक बार फिर कहूँगी, इस वजह से ख़ुद को दोष न दें या न कोसें। यह तो अपनी शक्ति और प्रतिक्रिया की योग्यता को पहचानने के बारे में है।

डर और प्रेम एक साथ क़ायम नहीं रह सकते। यदि आप डर को चुनते हैं, तो आप प्रवाह के बाहर पहुँच जाते हैं। यदि प्रेम को चुनते हैं, तो प्रवाह आपको मनचाही मंज़िल पर पहुँचा देता है। आप एक साथ छद्म-सदाचारी *और* ख़ुश नहीं रह सकते। (ख़ुद को दूसरों से बेहतर *या* अपराधी महसूस करने का मतलब यह है कि आप किसी न किसी को ग़लत मान रहे हैं - जो आपका उच्चतर स्वरूप कभी नहीं मानेगा।) एक बार जब आप यह पहचान जाते हैं कि आप ख़ुद को पृथक कर रहे हैं और फिर इसे ठीक कर देते हैं, तो बड़ा ही उल्लेखनीय परिवर्तन होता है। डरावने, कष्टकारी या चिढ़ाने वाले लोग अपना रवैया बदल लेते हैं या कहीं ग़ायब हो जाते हैं या अब आपको सताना छोड़ देते हैं। एक बार जब आप किसी व्यक्ति में सर्वश्रेष्ठ की तलाश करते हैं, तो सामने वाला आपके सामने अपने सर्वश्रेष्ठ पहलू को प्रकट करने लगता है। या आप बिना दोष दिए, बिना अपराधबोध या रक्षात्मकता के उसके साथ खुलकर और ईमानदारी से बात कर सकते हैं।

आप दूसरों को दोष दे सकते हैं - या आप ख़ुश रह सकते हैं।

क्षमा से परे

क्या इसका अर्थ यह है कि आपको हर उस व्यक्ति को क्षमा कर देना चाहिए, जिसने आपको चोट पहुँचाई है? यदि आप क्रोध और दोषारोपण से आगे जाना चाहते हैं, तो जवाब है हाँ। यदि आप शिकार या पीड़ित जैसा महसूस नहीं करना चाहते हैं, तो हाँ। यदि आप आंतरिक शांति पाना चाहते हैं, तो हाँ। यदि आप प्रवाह में रहना चाहते हैं, तो हाँ। यदि आप भविष्य में वैसी ही स्थितियों को आकर्षित नहीं करना चाहते हैं, तो हाँ। क्षमा का अर्थ है द्वेष छोड़ना और अतीत के शिकंजे से मुक्त होना। क्षमा आपको मुक्त कर देती है। लेकिन क्षमा आपके उच्चतर स्वरूप की दिशा में सिर्फ़ पहला क़दम है। इसके बावजूद आपके मन में यह मिथ्या धारणा बनी रहती है कि सामने वाला ग़लत काम कर रहा है। इसका अर्थ है कि आप ख़ुद को 'हक़दार' मानते हैं कि सामने वाला *आपकी* अपेक्षाएँ पूरी करेगा या *आपकी* आवश्यकताओं व प्राथमिकताओं को मानेगा या सामाजिक नियमों का पालन करेगा अथवा *आपकी* नज़रों में अच्छा और आदर्श बनेगा - भले ही यह आपके कंपनों से मेल न खा रहा हो! इसका अर्थ यह विश्वास करना है कि कोई आपके साथ ऐसा कुछ 'कर' सकता है, जो आपके रेडियो संकेतों से मेल न खाता हो। या फिर इस संसार में कोई अन्याय हो सकता है। या प्रेमपूर्ण **सृष्टि** में कोई चीज़ ग़लत हो सकती है।

जहाँ शर्तरहित प्रेम होता है, वहाँ किसी प्रकार का कोई दोषारोपण या अपराधबोध नहीं होता। दोषारोपण और अपराधबोध तो नकारात्मक मूल्यांकन के संसार से आता है - और प्रेम की आंतरिक आवाज़ किसी दोष या ग़लती को नहीं देख सकती। प्रेम सिर्फ़ मासूमियत और अच्छाई देखता है। जैसे ही आप दोबारा **स्रोत** के साथ गहराई से जुड़ते हैं, आप एक ऐसी जगह पहुँच जाते हैं, जहाँ क्षमा का अस्तित्व ही नहीं रह जाता। यह जगह समझ, करुणा और कृपा से भरी होती है। एक ऐसी

जगह, जहाँ क्षमा बेमानी है, क्योंकि कोई पीड़ित ही नहीं है। एक ऐसी जगह, जहाँ आपको याद रहता है कि आकर्षण का नियम हर व्यक्ति को नियंत्रित कर रहा है - कि हर चीज़ सह-सृजन का नृत्य है। अब आप **सृष्टि** की तरह सोच रहे हैं। और आप बरबस ही मुस्कुरा पड़ते हैं।

प्रेम कभी कोई दोष या ग़लती नहीं देखता। प्रेम तो सिर्फ़ अच्छाई देखता है।

संघर्ष और मतभिन्नता से निबटना

संघर्ष और मतभिन्नता मानव संबंधों में विकास का मुख्य **स्रोत** हैं। बहुत ज़्यादा समानता या सहमति निरर्थक है (इसीलिए यदि दंपति बहुत ज़्यादा समान हों, तो संबंध अक्सर ख़त्म हो जाते हैं।) बहरहाल, फ़र्क़ इस बात से पड़ता है कि आप संघर्ष से कैसे *निपटते* हैं। यदि आप डर की अवस्था में क़ैद हो जाते हैं, तो यह आशंका रहती है कि आप मतभिन्नता से कतराने लगेंगे। संघर्ष बहुत डरावना महसूस होता है, इसलिए आप मुश्किल मुद्दों से कन्नी काट लेते हैं और सिर्फ़ सुरक्षित विषयों पर ही बातचीत करते हैं; पारिवारिक मनोचिकित्सा में इसे 'कमरे में मौजूद हाथी को नज़रअंदाज़ करना' कहते हैं। या फिर आप जीत-हार समाधानों का भी इस्तेमाल कर सकते हैं, जहाँ किसी व्यक्ति की आवश्यकताओं या राय को ज़्यादा महत्त्वपूर्ण और न्यायसंगत माना जाता है या कोई व्यक्ति दूसरे पर नियंत्रण या उसका शोषण करने का हक़दार महसूस करता है। (माता-पिता अक्सर इस जाल में फँस जाते हैं - वे या तो अपने बच्चों को नियंत्रित करते हैं या फिर आत्मत्याग करते हैं - और अक्सर इसे प्रेम का नाम देते हैं। दोनों ही प्रकार से हम अपने बच्चों का *आनंद* नहीं ले पाते।) जब आप जीत, हार या समझौते का - या संघर्ष से बचने का - निर्णय लेते हैं, तो समझ लें कि आप डर के संसार में फँसे हुए हैं, जो आपको आत्म-विनाश की ओर नीचे ले जाता है। इसका अर्थ है कि लंबे समय में *हर व्यक्ति* की हार होती है, क्योंकि विकास, ख़ुशी और विस्तार का रास्ता रोका जाता है।

किसी भी अस्वस्थ विश्व-दर्शन में संबंध स्वस्थ रूप से कार्य नहीं कर सकते। ग़लती, दोष या हक़ का कोई भी विचार खुले और ईमानदार संप्रेषण में बाधक बन जाता है - और इसका अर्थ है कि समस्या नहीं सुलझेगी, बल्कि किसी दूसरे दिन के लिए उठाकर ताक पर रख दी जाएगी। यदि आप सही होना चाहते हैं, तो जान लें कि आप ख़ुश नहीं रह सकते, क्योंकि आप **स्रोत** के प्रवाह में बाधक बन रहे हैं। आपको ख़ुद के *तथा* दूसरों के लिए शर्तरहित प्रेम का लक्ष्य बनाना होगा। संघर्ष को स्वस्थ रूप से सुलझाने का अर्थ है 'किसी का दोष नहीं' पर सहमति। हो सकता है कि कोई भी सही या ग़लत न हो - भले ही आपको 'स्पष्ट' नज़र आता हो कि सामने वाला ग़लत है! कोई भी किसी दूसरे की भावनाओं या अनुभव के लिए ज़िम्मेदार नहीं हो सकता। कोई दोषारोपण नहीं, कोई अपराधबोध नहीं। कोई नियंत्रण नहीं, कोई त्याग नहीं। कोई लड़ना नहीं, कोई भागना नहीं। न हमला, न रक्षा। किसी को भी झुकने या समझौता करने की ज़रूरत नहीं है। कोई भी किसी दूसरे से किसी तयशुदा या ख़ास तरीक़े से व्यवहार की अपेक्षा करने का अधिकारी नहीं है - चाहे सामने वाले ने कैसी ही क़समें खाई हों या वादे किए हों। हर व्यक्ति से समान प्रेम और सम्मान का व्यवहार किया जाता है। जब आप **स्रोत** की नज़रों से ख़ुद को *और* दूसरों को देखते हैं, तो आपकी चेतना द्वैतवाद के पार जाकर प्रेम की अवस्था में पहुँच जाती है।

नकारात्मक मूल्यांकन के बिना कोई अपराधबोध नहीं होता।

सृष्टि की निगाह में हर व्यक्ति सही है। हाँ, यह हो सकता है कि उसके जीवनमूल्य, आवश्यकताएँ या दृष्टिकोण भिन्न हों। हो सकता है कि कई बार वह **स्रोत** से दूर हो जाए और डर या नकारात्मक मूल्यांकन से प्रेरित होकर काम करने लगे। बहरहाल, हर व्यक्ति मूलतः अच्छा तथा प्रेमपूर्ण होता है और ख़ुश रहना चाहता है। और *हर एक की* आवश्यकताएँ पूरी करने का तरीक़ा हमेशा होता है। जब आप इस अधिक बड़ी वास्तविकता - प्रेम के विस्तृत संसार - में दाख़िल होते हैं, तो प्रायः संघर्ष अद्‌भुत तरीक़े से ख़त्म हो जाते हैं या रचनात्मक व अप्रत्याशित

समाधान जाने कहाँ से प्रकट हो जाते हैं। आप यह-या-वह, जीत-या-हार वाली मानसिकता से परे चले जाते हैं और संभावनाओं से भरी सोच के दायरे में पहुँच जाते हैं। एक बार जब आप **सृष्टि** की तरह सोचने लगेंगे, तो आप हमेशा ऐसा समाधान सोच सकते हैं, जिससे सामने वाले को भी फ़ायदा हो और आपको भी। डर पर आधारित या असंतोषजनक समझौता नहीं, बल्कि एक भव्य और संतुष्टिदायक रास्ता।

प्रेम और स्वतंत्रता

जब आप डर की अवस्था में क़ैद हो जाते हैं, तो यह रूमानी रिश्तों को पंगु बना देता है। प्रेम के साथ शर्तें जुड़ी होती हैं। अनुमोदन, नियंत्रण और सुरक्षा की आवश्यकताओं के आधार पर प्रेग को संकीर्ण भूमिकाओं और अपेक्षाओं में तोड़ा-मरोड़ा जाता है। आपकी चेतना सो जाती है और आप संबंध बनाने की चिर-परिचित पारिवारिक आदतों को दोहराने लगते हैं। हो सकता है कि इस तरह आप सुरक्षित महसूस करें, लेकिन जल्द ही यह बोझिल और बेजान बन जाता है। यह प्रेम को जीवित रखने वाली हर चीज़ का गला घोंट देता है। यह रोमांस, ख़ुशी, जोश, कामुकता, ऐंद्रिकता, रचनात्मकता, सहजता, उत्साह और विकास को बेजान कर देता है। आप सुरक्षा, साहचर्य या सामाजिक अनुमोदन की ख़ातिर - या आदत, कर्तव्य या सुविधा के लिए - एक-दूसरे के साथ बने रह सकते हैं, लेकिन आप दोनों ही एक निराशाजनक तथा आधे-अधूरे जीवन में क़ैद महसूस करते हैं। बातचीत सुरक्षित और सतही हो जाती है। एक-दूसरे की मौजूदगी में भी आप अकेलापन महसूस करते हैं। प्रेम को डर की काँच की दीवारों के पीछे क़ैद कर दिया जाता है। आप अपना या सामने वाले का बचाव करते हैं। यह सच्चे प्रेम की फूहड़ नक़ल है। कई लोग इसी के साथ बड़े हुए हैं, इसलिए वे अपने जीवनसाथी से भी यही उम्मीद करते हैं। (और आकर्षण का नियम यह सुनिश्चित करता है कि आपको ऐसे ही जीवनसाथी मिलेंगे।) मैं इसे 'पालतू प्रेम' कहती हूँ, क्योंकि यह आत्मा को बेड़ियों में बाँधकर रखता है। बचाव और अस्वीकृति एक ऐसा बाँध बना देती हैं, जो **स्रोत** की ऊर्जा के प्रवाह को रोक देता है।

विवाह अब तक प्रायः इसी पारंपरिक बाँध वाले साँचे की पुष्टि करता रहा है - एक ऐसा साँचा, जिसे आध्यात्मिक लेखिका मैरियन विलियमसन 'अपराधबोध और स्वामित्व पर आधारित जेल' कहती हैं। लेकिन प्रेम जेल की दीवारें खड़ी नहीं करता। प्रेम का संरक्षण या स्वामित्व की भावनाओं से कोई सरोकार नहीं होता। प्रेम कोई माँग नहीं करता और कभी आपसे क़ीमत चुकाने को नहीं कहता। सच्चे प्रेम में कोई शर्त नहीं होती। यह तो आत्माओं के आनंदमय मिलन के बारे में है। यह एकत्व के भीतर अपनी वैयक्तिकता खोज लेने के चमत्कार के बारे में है। यह इंद्रियसुख और मिलन के बारे में है। यह दिल से दिल जोड़ने के बारे में है। यह आपको अपनी वास्तविकता और स्याह पहलुओं को प्रकट करने की अनुमति देता है, क्योंकि आप जानते हैं कि इसे प्रकाश में हौले से थामा जाएगा। आक्रमण या रक्षा के अभाव में - जब हम एक-दूसरे के सामने पूरी तरह मौजूद होते हैं - प्रेम स्वाभाविक रूप से उत्पन्न होता है। आख़िर, वास्तव में हम प्रेम ही तो हैं। और अंततः प्रेम प्रवाह मार्ग बना ही लेता है।

प्रेम जेल की कोई दीवारें नहीं बनाता।
प्रेम हमेशा हमें स्वतंत्र करता है।

जैसे-जैसे हमारी चेतना विकसित होती है और हमारी पुरानी आदतें व रक्षात्मक तंत्र छूटते हैं - जैसे-जैसे हमारा संगृहीत बाँध रिसने तथा टूटने लगता है - संबंधों के नए साँचे प्रकट होने लगते हैं, जो डर पर आधारित पुराने साँचों को तोड़ देते हैं। सभी प्रकार के ऐसे संबंध, जो हमें झकझोरकर अपनी पुरानी परिचित आदतों और स्वरूप से बाहर निकालते हैं। ऐसे संबंध, जो हमारे रक्षात्मक तंत्रों को क़ायम रखने के बजाय पिघला देते हैं। ऐसे संबंध, जिनमें हम विस्तार कर सकते हैं और अपनी संभावनाओं को साकार कर सकते हैं। सहज बोध के गहरे जुड़ाव पर आधारित चेतन साझेदारी, जिसमें हम बरसों तक प्रेम की अधिक गहराई में पहुँचते हैं, जबकि हमारा प्रेम दूसरों की ओर खुलकर प्रवाहित होता है। ऐसे संबंध, जो हमें जाग्रत और प्रेरित करते हैं।

यदि आप किसी से शर्तरहित प्रेम करते हैं, तो आप उनकी समस्याओं, कमज़ोरियों या सीमाओं को नहीं देखते हैं; आप तो सिर्फ़ उनकी शक्तियों, सपनों और संभावनाओं को देखते हैं। आप सिर्फ़ उनकी नायाब ख़ूबियों को देखते हैं। हम सभी के भीतर कमज़ोरियों से भरा इंसान भी है और एक स्वर्णिम देवदूत भी है - लेकिन हमारे उच्चतर स्वरूप की तरह **स्रोत** भी सिर्फ़ देवदूत को ही देखता है। जो भी बुरा या ग़लत है, प्रेम उसके प्रति अंधा होता है। यह केवल वही देखता है, जो अच्छा और सही है। हमारी सर्वोच्च संभावना में प्रेम की अटल आस्था होती है, तब भी जब हम डर या आलोचना में खो जाते हैं, इसीलिए वास्तविक प्रेम भरा किसी भी प्रकार का संबंध हमारे सर्वश्रेष्ठ स्वरूप को उजागर कर देता है। यह हमें वह बनने के लिए मुक्त कर देता है, जो हम सचमुच हैं। (जबकि सशर्त प्रेम हमारी कमज़ोरियों को सामने ले आता है।) और जब आप अपने कंपनों को ऊपर उठाते हैं या अपनी इच्छाओं को स्पष्ट करते हैं, तो आपके संबंध भी बदलने लग जाते हैं - आपके साथ विकास करते हुए, एक भिन्न रूप में परिवर्तित होते हुए या फिर आपके जीवन में प्रवाहित होते हुए।

ठहराव बनाम प्रवाह

मेरी सहेली डेबोरा विवाहित थी और उसके छोटे बच्चे थे, लेकिन अचानक ही उसे किसी से प्रेम हो गया। इससे उसके सामने एक दुखद दुविधा खड़ी हो गई। क्या उसे अपने दिल की बात सुननी चाहिए या फिर अपने वर्तमान विवाह में ही बने रहना चाहिए? वह इस बात पर दुःखी होती रही कि दूसरे लोगों पर संभावित असर के बावजूद 'क्या उसे अपनी ख़ुशी चुनने का अधिकार है?' उसे इस बात की चिंता थी कि इसका उसके बच्चों पर क्या असर होगा। लेकिन वह यह भी सोच रही थी कि क्या उस व्यक्ति के साथ विवाह जारी रखना न्यायोचित है, जिससे वह सच्चा प्रेम नहीं करती। और उस व्यक्ति पर क्या असर होगा, जिससे वह अब प्रेम करती थी - और जो उससे प्रेम करता था? महीनों तक उसने अनिर्णय का दुःख झेला। इसके बाद उसने अपनी भावनाओं पर भरोसा करके वैवाहिक बंधन तोड़ दिया। आज कई वर्षों

बाद वह अपने जीवनसाथी के साथ बड़े सुख से रह रही है। उसके पूर्व पति को किसी दूसरी महिला से प्रेम हो गया, उसने दोबारा विवाह कर लिया और उसके ख़ुद के भी और बच्चे हो गए, साथ ही उसने कई सौतेले बच्चों को भी अपना लिया। अब उनकी संयुक्त संतानों का एक बड़ा विस्तृत परिवार है और बहुत समृद्ध जीवन है, जिसमें दो ख़ुश अभिभावक और प्रेमपूर्ण सौतेले अभिभावक हैं। 'टूटे हुए परिवार' (डर की अवस्था की शब्दावली) के बजाय यह एक जुड़ा हुआ परिवार है, जो प्रेम से सराबोर है। यह संभव था कि डेबोरा कर्तव्यपरायण बनने का निर्णय ले लेती, अपने बेजान विवाह में बनी रहती और बाक़ी जीवन सपने ही देखती रहती कि क्या-क्या हो सकता था - लेकिन उसने इससे कितनी सारी ख़ुशी, प्रेम और विस्तार को गँवा दिया होता!

शर्तरहित प्रेम पर आधारित संसार में कोई ग़लत चुनाव नहीं होते। कोई माँग नहीं होती कि आप कठोरता से ज़िम्मेदारियों से चिपके ही रहेंगे। कोई निश्चित मार्ग या अपेक्षाएँ नहीं। संसार द्वारा अनुमोदित जीवनशैलियाँ नहीं। दोष या अपराधबोध में उँगलियाँ उठाना नहीं। (यह सब डर से उत्पन्न होता है।) केवल एक ही उँगली होती है, जो आपकी इच्छाओं की दिशा में दिखाई जाती है। धरती पर आपके ख़ुद के स्वर्ग की ओर। विकासशील **सृष्टि** ठहराव के बजाय प्रवाह का समर्थन करती है। यानी अगर संबंधों में ख़ुशी और जीवंतता ख़त्म हो गई है और वे बंधनकारी या अंकुश रखने वाले हो गए हैं, तो उन्हें अधिक उचित रुपों में प्रवाहित होने की अनुमति देना। ईश्वर आसमान में बैठा कोई बुजुर्ग, गंभीर मुद्रा रखने वाला और दक़ियानूसी व्यक्ति नहीं है, जो कर्तव्यपालन और अनुपालन को प्रशंसनीय मानता है - चाहे पुराने धर्म हमें कुछ भी यक़ीन दिलाते रहें। ईश्वर यह नहीं कहता, 'तुमने ही अपना बिस्तर लगाया है, इसलिए अब तुम्हें इस पर लेटना ही पड़ेगा' या 'तुम्हें नियमों के बंधन में रहना चाहिए' या 'तुम्हें दूसरे लोगों को ख़ुश करना चाहिए।' ऐसी बातें तो वह धर्म कहता है, जो सामाजिक नियंत्रण के प्रतिनिधि के रूप में कार्य कर रहा है! ईश्वर/**स्रोत** शर्तरहित प्रेम है। हमें आनंद लेने के लिए बनाया गया है। हमें स्वतंत्रता और विकास के लिए बनाया गया है।

आप किसी दूसरे की ख़ुशी के लिए ज़िम्मेदार नहीं हो सकते। आप सिर्फ़ अपनी ख़ुशी के लिए ही ज़िम्मेदार हो सकते हैं।

जैसा मैं इसे देखती हूँ, विवाह-विच्छेद और पुनर्विवाह की वर्तमान आदत हमारी आध्यात्मिक जागृति का हिस्सा है। मनोचिकित्सक के रूप में मैंने देखा है कि कितनी बार ग़लत पारिवारिक आदतें अचेतन रूप से आगामी पीढ़ियों तक हस्तांतरित हो जाती हैं। बच्चे वयस्क होकर ग़लती से उस चीज़ को प्रेम मान लेते हैं, जिसे उन्होंने बचपन में देखा था या जो उन्हें तब मिला था और वे उसी तरीक़े से संघर्ष तथा भावनाओं से निपटते थे। बड़े होने के बाद वे अक्सर उसी प्रकार के ख़राब पारिवारिक संबंधों में 'निष्ठापूर्वक बँधे' महसूस करते हैं - और इस तरह दुख-दर्द का सिलसिला चलता रहता है। जब तक कि कोई जाग नहीं जाता। जब तक कि कोई प्रेम की ओर नहीं बढ़ता। इसलिए सीमित करने वाले संबंधों को छोड़ने की क़ाबिलियत डर की अवस्था की आदतों को बदलने के लिए अनिवार्य है, ताकि नई पीढ़ी को नए विकल्प और अधिक स्वतंत्रता मिल जाए! (इसीलिए जब विवाह का अंत तलाक़ में हो, तो हमें विवाह को असफल मानकर उसका नकारात्मक मूल्यांकन नहीं करना चाहिए। देखिए, मैं जिन *सबसे कम* सफल संबंधों को जानती हूँ, उनमें से कई तो दशकों तक क़ायम रहे हैं!)

हमेशा विकसित हो रही **सृष्टि** में परिवर्तन और प्रवाह ही निरंतर है। कोई चीज़ स्थिर खड़ी नहीं रहती। हमें पहाड़ की तरह अटल होने के लिए नहीं बनाया गया है; हमें तो नदियों की तरह बहने के लिए बनाया गया है। यदि आप परिवर्तन का प्रतिरोध करते हैं, तो जीवन अधिकाधिक असहज बन जाता है। वास्तविकता को इस तरह बनाया गया है कि यह आपकी अंतहीन इच्छाओं की ओर प्रवाहित होने में आपकी मदद करे। हर व्यक्ति अपनी इच्छाओं के संबंध में निर्णय लेता है और **स्रोत** उन इच्छाओं को पूरा करने के लिए चमत्कारिक रूप से हर चीज़ का संयोजन करता है - *बशर्ते हर व्यक्ति अपने प्रवाह का अनुसरण करे।*

सृष्टि के संसाधन असीमित हैं। यह किसी भी विकल्प को सही बना सकती है। लेकिन यदि आप चौकोर गड्ढे में गोल खूँटी जैसे हैं, तो आपके और आपके वास्तविक स्वरूप के बीच दर्दनाक फ़ासला होगा : आपके द्वारा अभिव्यक्त सीमित पहाड़ और तेज़ी से बहती नदी के आपके वास्तविक स्वरूप के बीच। आपको असामंजस्य का अनुभव होगा, जो दैवीय असंतुष्टि का द्योतक है। किसी दूर बजते ढोल की तरह **स्रोत** आपको अपनी संभावनाओं की ओर पुकार रहा है और उस ओर ले जाना चाहता है, जो आप बनना चाहते हैं। यह आपको प्रेम की ओर पुकार रहा है। यह आपको स्वतंत्रता और विकास की ओर पुकार रहा है।

आप ठहरे पानी वाला तालाब बनना चाहते हैं - या फिर बहती हुई नदी?

प्रेम और स्वार्थ

स्वतंत्रता का अर्थ परिणामों को नज़रअंदाज़ करके अपनी हर सनक और कल्पना का अनुसरण करना नहीं है - न ही यह ख़ानाबदोश और इच्छारहित होना है। जैसा आध्यात्मिक लेखक पाओलो कोएलो ने कहा है, स्वतंत्रता का अर्थ समर्पण का अभाव नहीं है; इसका अर्थ तो स्वयं को उसके प्रति समर्पित करने की क्षमता, जो *आपके लिए* सर्वश्रेष्ठ है। शायद समर्पण ग़लत शब्द है, क्योंकि इसमें यह निहित है कि 'चाहे जो हो जाए,' आप इसी से चिपके रहेंगे - दाँत भींचकर और आनंदरहित संकल्प के साथ - बजाय इसके कि हर दिन इसका चुनाव इसलिए किया जाए, क्योंकि यह आपको बहुत ज़्यादा ख़ुशी, विकास और विस्तार प्रदान करता है। जैसे ही डर, अपराधबोध या कर्तव्य किसी समर्पण के उद्देश्य बन जाते हैं, द्वेष व संघर्ष अपरिहार्य हो जाता है; बेईमानी और अस्वीकृति भी। *ख़ुद को धोखा देते समय आप किसी दूसरे के प्रति सच्चे नहीं हो सकते।* समर्पण तो दरअसल दिल से किया गया सच्चा चुनाव होना चाहिए। इसमें कोई गारंटी नहीं होती, क्योंकि जीवन हमेशा खोज की निरंतर चलने वाली यात्रा होता है। स्वतंत्रता के बिना अंतरंगता असंभव है।

स्वतंत्रता का अर्थ ख़ुद से इतना प्रेम करना है कि आप अपने प्रति सच्चे रहें और अपने भावनात्मक मार्गदर्शन पर विश्वास करें। इसका अर्थ सामाजिक अपेक्षाओं या दूसरों की माँगों के सामने झुकना नहीं है। इसका अर्थ डर की आंतरिक आवाज़ों के आग्रहों के सामने झुकना भी नहीं है। इसका अर्थ अतीत के चुनावों के बंधन में रहना भी नहीं है, जिनसे अब आपको कोई फ़ायदा नहीं हो रहा है। इसका अर्थ तो दरअसल ऐसे विकल्प चुनना है, जो आपको अपने वास्तविक स्वरूप को अधिक व्यक्त करने का अवसर दें। इसका अर्थ है भावनाओं के माध्यम से प्रवाह में पहुँचने का रास्ता खोजना। इसका अर्थ है प्रेमपूर्ण **सृष्टि** में आस्था रखना।

अच्छा *बनना* एक बात है; अच्छा *महसूस करना* दूसरी बात है। जब आप अच्छा बनने से अच्छा महसूस करने की दिशा में बदलते हैं, तो यदि यह स्वार्थपूर्ण या ग़ैर-ज़िम्मेदार लगता है - या यह 'इतना अच्छा लगता है कि सच नहीं हो सकता' - तो दरअसल आप अब भी अपने उच्चतर स्वरूप की तरह नहीं सोच रहे हैं। आप अब तक यह नहीं समझ पाए हैं कि भावनात्मक मार्गदर्शन किस तरह काम करता है। आप अब तक इस बात को नहीं पकड़ पाए हैं कि यह प्रेमपूर्ण **सृष्टि** बड़े ध्यान से स्वार्थसिद्धि के लिए ही बनाई गई है। यह इस तरह बनाई गई है, कि हर व्यक्ति ख़ुश रह सके, बशर्ते वह सिर्फ़ *अपने ख़ुद के प्रवाह* का अनुसरण करे (केवल उसी प्रकार का 'स्वार्थ' नुक़सान पहुँचाता है, जिसमें *आपकी* ख़ुशी की ख़ातिर किसी दूसरे के बदलने या *उसके* व्यवहार पर लगाम लगाने की अपेक्षा होती है)।

जब आप जीवन को उपहार के रूप में देखते हैं, तो स्वयं के प्रति सच्चा होना एक आध्यात्मिक अनिवार्यता बन जाती है - क्योंकि जो व्यक्ति के लिए अच्छा है, वह हमेशा समाज के लिए अच्छा होता है। मुझे यह बात पूरी तरह समझने में काफ़ी समय लग गया, लेकिन यही आंतरिक स्वतंत्रता की कुंजी है। इसका अर्थ है कि आपको अच्छा बनने की ज़रूरत नहीं है। इसका मतलब है कि यदि आप अपने सपनों और इच्छाओं का अनुसरण करते हैं, तो किसी व्यक्ति को कष्ट नहीं हो सकता (भले ही वे अपने भयभीत अहं से प्रतिरोध करें)। इसके विपरीत, इससे *हर एक* के विकास और परिवर्तन में मदद मिलती है। इसकी

बदौलत वे अपने वास्तविक स्वरूप की ओर बढ़ते हैं और अपने पुराने डर, आदतों और रक्षात्मक तंत्रों को पार कर लेते हैं। संभवतः कोई दूसरा आपकी ख़ुशी की क़ीमत नहीं चुका सकता। और शर्तरहित प्रेम की बुनियाद पर खड़े संसार में दूसरी कोई व्यवस्था भला कैसे हो सकती है?

चूँकि **स्रोत** का ध्यान प्रत्येक व्यक्ति पर है, इसलिए आपको तो बस अपने ख़ुद के प्रवाह के साथ जाना होता है। जब तक आपको यह अहसास नहीं होता कि स्वयं ख़ुश होने का निर्णय लेना *हर* संबद्ध व्यक्ति के लिए हमेशा सबसे अच्छा होता है, तब तक आप अपनी इच्छाएँ पूरी करने या दूसरों को ख़ुश रखने के बीच के मनोरोगी संघर्ष में फँसे रह सकते हैं। फिर आप अपने जीवन में ऐसे लोगों को आकर्षित करेंगे, जो माँगें करते हैं या आपको नियंत्रित करने या अपराधी महसूस कराने के हक़दार महसूस करते हैं – जब तक कि आप *ख़ुद को* स्वतंत्र नहीं कर लेते। जब तक कि आप अपने दिल का अनुसरण करना नहीं सीख लेते।

सच्चाई यह है कि जो भी आपसे सच्चा प्रेम करता है, वह आपको अपने दिल का अनुसरण करने के लिए प्रोत्साहित करेगा। वह आपको साँचे में ढलने और सामाजिक अनुपालन की सलाह नहीं देगा। वह यह उम्मीद नहीं करेगा कि उसकी ख़ुशी की ख़ातिर आप आग के छल्लों के बीच से कूदें। बहरहाल, कई बार अपना सम्मान करने की ख़ातिर आपको दूसरों की नापसंदगी या अस्वीकृति का जोखिम लेना पड़ता है। अच्छे और आदर्श के रूप में न देखे जाने का जोखिम लेना पड़ता है। उनके द्वारा भी, जिनसे आप प्रेम करते हैं।

जब आप स्रोत से जुड़े रहते हैं, तो स्वयं का त्याग नहीं कर सकते।

पिछले वर्ष विक्टोरिया ने मुझसे अत्यावश्यक परामर्श लिया। उसे दहशत के दौरे पड़ रहे थे। उसके पिता ने अचानक ऐलान कर दिया कि अब उन्हें अकेले रहने में मुश्किल आ रही है और वे विक्टोरिया के साथ आकर रहेंगे। पिता-पुत्री का आपसी संबंध हमेशा से उलझा हुआ और प्रेम-शत्रुता का मिला-जुला रूप रहा था। बहरहाल, विक्टोरिया को लग

रहा था कि कर्तव्यपालन की ख़ातिर उसे यह बात मान लेनी चाहिए। उसे इससे पार निकलने का कोई रास्ता नहीं सूझ रहा था। उसके तनाव और निराशा से यह स्पष्ट था कि **स्रोत** नहीं चाहता था कि वह अपने पिता के साथ रहे। यह कोई आनंददायक विकल्प नहीं था, क्योंकि इससे वे दोनों ही पुराने तरीक़े पर चलते रहते। लेकिन **सृष्टि** अपराधबोध में फँसने और शहादत में रहने के उसके पारिवारिक कंपनों को प्रतिबिंबित कर रही थी – अनकहे पारिवारिक नियम, जिनकी वजह से वह पहले ही थकी-हारी सामाजिक कार्यकर्ता बन गई थी। अपने पिता की माँग पर उसके पास हाँ कहने के अलावा 'कोई दूसरा विकल्प नहीं है,' वाली भावना बता रही थी कि वह प्रेम की आंतरिक आवाज़ को सुनने के बजाय डर की अवस्था से प्रतिक्रिया कर रही थी। जब भी हम उलझे हुए या अशक्त महसूस करते हैं, तो इसका मतलब होता है कि हम डर पर आधारित विश्वास के आधार पर जी रहे हैं – और बहाव के विपरीत जा रहे हैं।

मैंने विक्टोरिया को याद दिलाया कि **स्रोत** कभी किसी व्यक्ति विशेष का पक्ष नहीं लेता। यह हर एक का ध्यान रखता है। **स्रोत** हमें हमेशा ख़ुशी की ओर पुकारता है – और यदि हम उसकी पुकार के आधार पर चलते हैं, तो **सृष्टि** घटनाओं और परिस्थितियों को इस तरह संचालित कर सकती है कि हर संबंधित व्यक्ति को फ़ायदा हो। यदि कोई चुनाव आपको भारी लगता है या दिल में प्रतिरोध जगाता है, तो इससे किसी को भी लाभ नहीं होता। यह तो सिर्फ़ नियंत्रण और त्याग की पुरानी आदतों से उत्पन्न हो रहा है। डर पर आधारित आदतों से। जब आप पूरी तरह प्रवाह में होते हैं, तो आपको सहज बोध से इसका अहसास हो जाता है। आख़िर, जीवन कोई परीक्षा नहीं है; यह तो एक उपहार है।

मैंने विक्टोरिया से आग्रह किया कि पिता के रहने के संबंध में किसी निर्णय पर पहुँचने से पहले वह ख़ुद को प्रेम की अवस्था में रखे। जब भी आप अपराधबोध और माँगों के सामने झुकते हैं, तो आप भावनात्मक सीढ़ी की तलहटी के क़रीब होते हैं – इसलिए परिणाम सुखद नहीं होगा। मनोऊर्जा का एक अत्यंत महत्वपूर्ण नियम यह है कि *जो भी **स्रोत** से अधिक जुड़ा होता है, वही हर पारस्परिक व्यवहार को नियंत्रित करता है।* चूँकि क्रोध अपराधबोध के मुक़ाबले थोड़ा ऊँचा कंपन है, इसलिए जो भी आलोचनात्मक या ख़ुद को न्यायसंगत महसूस करता है, वह अपराधबोध

या असुरक्षा से ग्रस्त व्यक्ति को नियंत्रित कर सकता है – जो ख़राब संबंधों में आम तौर पर देखा जाता है। इसलिए समझदारी इसी में है कि जब आप हताश, डरे हुए, शर्मिंदा या अक्षम महसूस कर रहे हों, तो निर्णय न लें, क्योंकि ऐसा निर्णय आपको नीचे की ओर ले जाएगा और सामने वाला व्यक्ति आपको अपनी उँगलियों पर नचाएगा! दूसरी ओर, यदि विक्टोरिया बुरा महसूस करते हुए अपने पिता को इंकार करेगी, तो इससे भी कोई अच्छी भावना नहीं जागेगी। मैंने उसे चेतावनी दी कि इससे उसके पिता और भी ज़्यादा ज़रूरतमंद तथा दुखी हो सकते हैं, जो विक्टोरिया के अपराध-बोध से भरे कंपनों का प्रतिबिंब होगा। जब तक विक्टोरिया प्रवाह में न आ जाए, तब तक वह अपने पिता के लिए सर्वश्रेष्ठ विकल्प नहीं खोज पाएगी। उसे तो अपनी भावनाओं के माध्यम से प्रवाह में पहुँचना होगा, अपनी ख़ुद की इच्छा के साथ शांति स्थापित करनी होगी, तभी वह **सृष्टि** से अपने पिता के लिए सर्वश्रेष्ठ संभव विकल्प भेजने का आग्रह कर सकती है।

कई महीनों बाद विक्टोरिया ने बताया कि उसके पिता एक अच्छे नर्सिंग होम में रहने लगे हैं। वहाँ उन्हें 'संयोग से' सेना के पुराने मित्र मिल गए हैं और अब वे इतने ख़ुश हैं, जितने पहले कभी नहीं रहे। वह ख़ुद एक नए रचनात्मक कैरियर की ओर बढ़ रही थी। आख़िरकार वह स्वयं से प्रेम करना और ख़ुद को पोषण देना सीख रही है।

व्यक्ति के लिए जो सबसे अच्छा है,
वही हमेशा समाज के लिए
सबसे अच्छा होता है।

अपना ख़ुद का मार्ग खोजना

सृष्टि ने कभी बिली एलियट को नृत्य का स्वप्न छोड़ने और खदान में काम करने की पारिवारिक परंपरा जारी रखने की प्रेरणा नहीं दी होती; आख़िर इसी ने तो उसे नृत्य प्रतिभा और उत्साह दिया था। यदि डेबोरा ने अपने प्रेमी को छोड़ दिया होता, तो **सृष्टि** ख़ुश नहीं होती; आख़िर

इसी ने ही तो उसे उपहार के रूप में डेबोरा के पास भेजा था। **सृष्टि** कभी विक्टोरिया को इच्छा के ख़िलाफ़ पिता को साथ रखने के लिए प्रेरित नहीं करती; उसके पास इससे कहीं बेहतर विकल्प थे। कठोर विकल्पों का चुनाव पुराने विश्व-दर्शन से उत्पन्न होता है, जो यह सुझाव देते हैं कि प्रेम का अर्थ त्याग है, कि आत्म-दमन सद्‌गुण है, कि आपको दूसरों की अपेक्षाएँ पूरी करनी चाहिए, कि अपनी भावनाओं पर विश्वास नहीं किया जा सकता या कि जीवन मुश्किल है। ऐसे विकल्प डर की अवस्था में जीने से उत्पन्न होते हैं।

यह प्रेमपूर्ण **सृष्टि** कभी भी आपके मन में कोई ऐसी इच्छा नहीं भेजती, जिसे पूरा न किया जा सके। न ही यह हमें 'प्रलोभन का प्रतिरोध करने' की चुनौती देती है, जैसा कि कुछ पुराने धर्मों में कहा जाता है! **सृष्टि** हमारी परीक्षा लेने या हमारे साथ चालबाज़ी करने के लिए नहीं बनाई गई है। यह तो बस इतना चाहती है कि हम ख़ुश रहें। यह हमारे उपहार हम तक पहुँचाना चाहती है। यह चाहती है कि हमारी परीकथाएँ हक़ीक़त में बदल जाएँ। और यह हर एक से यही अपेक्षा करती है कि हम अपने उच्चतर स्वरूप के अनुरूप हो जाएँ।

जब किसी के जीवन की मझधार में संकट आता है - संभवतः अचानक विवाह, नौकरी या जीवनशैली का छूटना - तो आम तौर पर ऐसा इसलिए होता है, क्योंकि बरसों तक साँचे में ढलने, लीक पर चलने और दूसरों की अपेक्षाओं को पूरा करने के बाद वे 'जाग गए' हैं। शायद वे बीमार पड़ गए हैं या अवसाद का शिकार हो गए हैं और अचानक उन्हें अहसास होता है कि ऐसा क्यों हुआ। उन्हें अहसास होता है कि वे एक ऐसा जीवन जी रहे हैं, जो दूसरे लोगों के चंगुल में है और वे दोबारा पटरी पर आना चाहते हैं। अपनी *ख़ुद की* पटरी पर। भले ही वे कुछ समय के लिए रास्ता भटक गए हों। भले ही दूसरे इस बात को नापसंद करें। वे अपने सामाजिक साँचे में ढले स्वरूप, अपने पालतू स्वरूप से नाता तोड़ रहे हैं। परिजन और मित्रों को ऐसा लग सकता है कि उनका दिमाग़ चल गया है, लेकिन वे शायद जीवन में पहली बार समझदार बन रहे हैं।

हालिया वर्षों में मैं ख़ुद एक ऐसे विवाह से अप्रत्याशित रूप से बाहर आई, जिसने मुझे सुलाए रखा था, जिसने मुझे छोटा व हीन महसूस कराया

था, लेकिन मुझे इस बात का अहसास तक नहीं हुआ था। पूरा अनुभव मुश्किल और दुखद था। बहरहाल, इसने उन बहुत सारी चीज़ों को मुक्त कर दिया, जिन्हें मैंने बरसों से दबाकर रखा था। इसने मेरी पुरानी आदतों और रक्षातंत्र को तोड़ डाला। इसने मेरे जोश, रचनात्मकता, स्वप्नों और विषयासक्ति को दोबारा जगा दिया। इसने गहराई से मुझे ऐसे मायनों में बदल दिया, जिनकी मैं कल्पना भी नहीं कर सकती थी। इसकी बदौलत मैं अपने वास्तविक स्वरूप में आ गई और मैंने प्रेम का सच्चा अर्थ जाना। मुझे एक पल के लिए भी अपने निर्णय का अफ़सोस नहीं हुआ - और मेरे पूर्व-पति मित्र तथा सह-अभिभावक के रूप में आज इतने ख़ुश हैं, जितने जीवनसाथी के रूप में नहीं रहे थे।

जब आप अपनी राह पर होते हैं - जब आप अपने उच्चतर स्वरूप के सामंजस्य में होते हैं - तो आपके भीतर शांति और सही होने का एक गहरा अहसास होता है। जब भी आप अपने सपनों और इच्छाओं से कमतर जीवन से संतुष्ट हो जाते हैं, तो आपको दैवीय असंतुष्टि का अहसास होता है। कोई न कोई चीज़ गड़बड़ महसूस होती है। यह आपको कुतरती है। **सृष्टि** आपको उस स्वर्गिक जीवन की ओर पुकार रही है, जिसे आप बना *सकते* हैं। बशर्ते आप ख़ुद से शर्तरहित प्रेम करते। बशर्ते आपको यक़ीन होता कि जीवन एक उपहार है। बशर्ते आपको याद रहता कि आपके सपने सच हो सकते हैं। और जब तक आप ऐसा नहीं करते हैं, आप **सृष्टि** को विकास का अवसर प्रदान नहीं कर रहे हैं। और अपने साथ जुड़े लोगों को भी।

जब आप अपनी राह पर होते हैं,
तो आपके भीतर शांति और सही
होने का एक गहरा अहसास होता है।

प्रेम और आत्म-प्रेम

आत्म-प्रेम दूसरों से प्रेम करने की पूर्व शर्त है। डर की अवस्था में रहते समय आप प्रेम नहीं कर सकते, क्योंकि आप अपने उच्चतर स्वरूप की

विपरीत दिशा में मुड़ गए हैं - प्रेम के विपरीत मुड़ गए हैं। डर की अवस्था में रहते समय आप आश्रित हो सकते हैं। आप कर्तव्यपरायण या निष्ठावान हो सकते हैं। आप अपना त्याग कर सकते हैं। आप भूमिकाएँ निभा सकते हैं। आप नियंत्रणकारी, अधिकारवादी या शोषक भी हो सकते हैं। लेकिन आप सच्चा प्रेम नहीं कर सकते। डर की अवस्था में आप हृदय-केंद्रित प्रेम, भावनात्मक अंतरंगता या सच्ची भावनाओं को व्यक्त करने में अक्षम होते हैं। आप दिल खोलकर प्रेम नहीं कर सकते। आप तो सिर्फ़ अनुमोदन, नियंत्रण या सुरक्षा की इच्छा रख सकते हैं।

इसीलिए जब आप किसी दूसरे से अपनी माँगों और अपेक्षाओं के अनुसार जीने को कहते हैं - यानी, सशर्त प्रेम का प्रस्ताव रखते हैं - तो इसके अप्रिय परिणाम होते हैं। यदि आप अपराधबोध या डर के ज़रिए किसी को नियंत्रित करते हैं, तो वह आपके सामने झुक तो सकता है, लेकिन आपको इसकी क़ीमत चुकानी पड़ती है। जब भी कोई झुकता है, तो उसकी उच्चतर संभावना में बाधा पड़ती है। इसलिए जब वह **स्रोत** की अपनी सकारात्मक पुकार का अनुसरण करेगा, तो देर-सबेर आपसे द्वेष करने लगेगा और स्वतंत्र होना चाहेगा। (किसी भी किशोर या किशोरी के किसी भी अभिभावक से पूछ लें। या उस व्यक्ति से, जो अपने जीवनसाथी के नियंत्रण या अपराधबोध का शिकार हुआ हो।) सामाजिक साँचे में ढलने से इंकार करना अक्सर आत्म-प्रेम की दिशा में पहला क़दम होता है। यह अपने उच्चतर स्वरूप के साथ दोबारा जुड़ने की दिशा में पहला क़दम होता है।

जब आप प्रेम को अर्जित करने या उसके हक़दार बनने की कोशिश करते हैं, तो आपके कंपन अयोग्यता तथा असुरक्षा के चारों ओर मँडरा रहे होते हैं - और दूसरे लोग आपकी ओर इन्हें ही प्रतिबिंबित करेंगे। आकर्षण के नियम की बदौलत वे आपको हमेशा उतना ही प्रेम और सम्मान देंगे, जितना आप ख़ुद को देते हैं। धर्म ने आपको चाहे जो यक़ीन दिलाया हो, आत्म-त्याग बड़े हीन कंपनों से उत्पन्न होता है। यह प्रेम नहीं, मुक्ति की चाह से उत्पन्न होता है। जब आप दूसरों को अच्छा लगने की ख़ातिर ख़ुद को ढालते हैं, तो आप सशर्त प्रेम सिखाते हैं; और यही आपको मिलेगा। एक बार जब आप

ख़ुद को इतना मूल्यवान मान लेते हैं कि अपनी ख़ुद की भावनाओं व आवश्यकताओं का सम्मान करें और ख़ुद के प्रति सच्चे रहें, तो आप भावनात्मक सीढ़ी पर ऊपर पहुँच जाते हैं। आप **स्रोत** के साथ दोबारा जुड़ जाते हैं - और आपके संबंध परिवर्तित होने लगते हैं।

जब आपको अपने वास्तविक स्वरूप की याद आए, तो हो सकता है कि उसके बाद आपको कुछ संबंध उचित महसूस न हों, जबकि बाक़ी संबंध अच्छे लग सकते हैं। आप अधिक रंगारंग और बहुआयामी बन जाते हैं। आप अपने पंख खोलना शुरू करते हैं। एक बार जब **स्रोत** आपके माध्यम से खुलकर प्रवाहित होने लगता है, तो आप अधिकाधिक प्रेमपूर्ण बन जाते हैं। आपके पास देने के लिए अधिकाधिक रहता है। लेकिन अब आप दूसरों की ख़ातिर त्याग नहीं करते हैं; न ही आपमें किसी दूसरे को नियंत्रित करने की इच्छा होती है। आपकी पहली प्राथमिकता तो अपने अहं को अपने उच्चतर स्वरूप के सामंजस्य में रखने की होती है। आप ख़ुद को पोषण देते हैं और अपनी ख़ुशी के लिए किसी दूसरे को ज़िम्मेदार नहीं ठहराते हैं। आंतरिक संघर्ष विलीन हो जाता है और आप शांति की अवस्था में पहुँच जाते हैं। फिर आप सचमुच प्रेम कर सकते हैं - बिना किसी शर्त के।

हर संबंध स्वयं के साथ आपके संबंध का प्रतिबिंब होता है।

छड़ी और गाजर

जब आप डर और नकारात्मक मूल्यांकन की आवाज़ें सुनते हैं, तो संभवतः आपका उद्देश्य गाजर के बजाय छड़ी की ओर अधिक होता है। आप डर, अपराधबोध या असुरक्षा से संचालित होते हैं। कर्तव्य और दायित्व से। नियमों के अनुसरण से। अच्छे और सार्थक बनने की कोशिश करके। दूसरे लोगों की ख़ुशी के लिए ज़िम्मेदारी महसूस करके। (जैसा मेरी एक सहेली ने हाल ही में मुझसे मज़ाक किया, 'ओह, क्या तुम्हें अहसास नहीं है कि मैं पूरे संसार की ख़ुशी के लिए ज़िम्मेदार हूँ?') किसी दूसरे की

भावनाओं के लिए ख़ुद को ज़िम्मेदार मानना ख़ुद को पगला देने का अचूक तरीक़ा है। यह न सिर्फ़ आपको क़ैद कर देता है, बल्कि सामने वाले को अशक्त भी बना देता है। यदि किसी को यह यक़ीन होता है कि उसकी ख़ुशी या कल्याण आपके व्यवहार पर निर्भर है, तो इससे वह कमज़ोर हो जाता है - इसलिए वह सुरक्षित व आरामदेह महसूस करने के लिए आपको नियंत्रित या शोषित करने की कोशिश करता है। फिर आप दोनों ही उलझ जाते हैं और यह दमनकारी व दमघोंटू महसूस करेंगे।

बस इस बात का ध्यान रखें, आप यहाँ किसी दूसरे को ख़ुश करने के लिए नहीं हैं। आप यहाँ दूसरों की धुन पर नाचने के लिए नहीं हैं। यदि आप ऐसा करने की कोशिश करते हैं, तो आप गुरुत्वाकर्षण के अपने केंद्र को खो देते हैं। यदि आप *अपनी क़ीमत पर* किसी दूसरे को ख़ुश करते हैं, तो आप प्रवाह में नहीं हैं - और न ही वे हैं। कोई दूसरा आपके भावनात्मक मार्गदर्शन के संपर्क में नहीं रह सकता। जब तक कि आप ख़ुद के साथ प्रेमपूर्ण नहीं हैं, तब तक आप **स्रोत** के साथ जुड़े नहीं हैं, इसलिए आपके कार्यों से कोई मदद नहीं मिलेगी। किसी दूसरे को ख़ुश कराना आपका काम नहीं है। यह संभव भी नहीं है, क्योंकि आप किसी दूसरे के कंपनों को नियंत्रित नहीं कर सकते। (न ही कोई दूसरा यहाँ आपको ख़ुश करने के लिए है। यदि आप यह मानते हैं कि आपकी ख़ुशी किसी दूसरे के व्यवहार - या संसार की अवस्था - पर निर्भर है, तो आप अपनी शक्ति गँवा रहे हैं। यह सशर्त प्रेम है।) कोई भी व्यक्ति किसी दूसरे की ख़ुशी के लिए ज़िम्मेदार नहीं है। और कोई दूसरा किस प्रकार व्यवहार करता है, इससे आपका कोई लेना-देना नहीं है। ख़ुशी हमेशा एक आंतरिक अवस्था है।

प्रश्न यह है कि आपको कैसे पता चले कि कोई विकल्प डर की अवस्था से उत्पन्न हो रहा है या प्रेम की अवस्था से? जवाब सरल है। *आपको कैसा महसूस होता है,* उसका विश्लेषण करके मालूम कर लें। हमेशा अपनी भावनाओं के आधार पर निर्णय लें। यदि आप उसे चुनते हैं, जिसे आप अच्छा, सुरक्षित या सम्मानजनक विकल्प मानते हैं (अपने दिमाग़ से), तो इससे शायद ही कभी ख़ुशी और स्वतंत्रता का अहसास होता है (आपके दिल में)। सोच-विचार के आधार पर निर्णय लेने का अर्थ है कि आप दूसरों की आवश्यकताओं, विचारों, लक्ष्यों और सामाजिक

या धार्मिक नियमों द्वारा दिग्भ्रमित हो सकते हैं। इसका अर्थ है कि आप जोखिमों पर ध्यान केंद्रित करके अपनी नाव को डूबने से बचाने की ख़ातिर असीमित प्रज्ञा के मार्गदर्शन को ठुकरा सकते हैं। (यदि आपको किसी निर्णय के बारे में सोचना *ही हो*, तो सिर्फ़ सकारात्मक चीज़ों की सूची बनाएँ; सकारात्मक और नकारात्मक दोनों तरह की सूचियाँ न बनाएँ। इसके बाद देखें कि क्या इससे आगे का रास्ता स्पष्ट होता है। आख़िर, **ब्रह्मांड** कभी भी नकारात्मक शब्दावली में नहीं सोचता है; यह तो सिर्फ़ उपहार देखता है।)

छड़ी नहीं, हमेशा गाजर को चुनें। यदि कोई विकल्प बोझिल या कर्तव्य के भार से दबा महसूस होता है, तो यह डर से उत्पन्न हो रहा है। यदि यह बंधनकारी या अड़चन जैसा महसूस होता है, तो यह डर से उत्पन्न हो रहा है। यदि यह दूसरों से अधिक सदाचारी या आत्म-त्यागपूर्ण महसूस होता है, तो यह डर से उत्पन्न हो रहा है। यदि यह आपके पेट में खलबली मचाता है या इससे आपका दिल डूब जाता है, तो यह डर से उत्पन्न हो रहा है। यदि इससे आप ख़ुद को ज़्यादा छोटा महसूस करने लगते हैं, तो यह डर से उत्पन्न हो रहा है।

जो भी आपके दिल को गुनगुनाने और आपकी आत्मा को नाचने के लिए प्रेरित करे, उसे ही चुनें।

डर की अवस्था में हम अक्सर अपने आंतरिक न्यायाधीश या आलोचक द्वारा शासित होते हैं - जो परीक्षा जैसे शब्दों को पसंद करता है, जैसे अनुशासन, इच्छाशक्ति, आत्म-नियंत्रण, कर्तव्य, वफ़ादारी, त्याग और 'ऐसा होना चाहिए।' यह आत्म-त्याग करने वाले संतों और ख़ुद को सज़ा देने वाले शहीदों के गुण गाता है। यह विषयासक्ति, जोश, ऐंद्रिकता, स्वतंत्रता, इच्छा और कल्पना जैसे उपहार सरीख़े शब्दों पर हिकारत में अपने होंठ सिकोड़ लेता है। यह जीवन की अच्छी चीज़ों के प्रति गहरा अविश्वास दर्शाता है। यह हमारे भावनात्मक मार्गदर्शन को नकारता है और जीवन के प्रति 'अरुचि के नज़रिए' की ओर ले जा

सकता है – जो आत्म-वंचना, तपश्चर्या, अंतरंगता से बचना, अति-उपलब्धि, कठोर श्रम, आदर्शवाद, निर्मम आत्म-अनुशासन और मस्तिष्क के अति-नियंत्रण पर आधारित होता है। यह दैवीय नारीत्व का दमन करता है। यह हमें एक आंतरिक गृह युद्ध की ओर धकेल देता है। (और प्रायः यह भोजन और वज़न के मामले में हमें मनोरोगी बना देता है।) यह अच्छा *महसूस करने* के बजाय अच्छा *बनने* की ओर ले जाता है – और इस तरह यह हमें **स्रोत** से पृथक कर देता है।

शर्तरहित प्रेम पर आधारित ब्रह्मांड में हम हमेशा कृपामय अवस्था में रहते हैं। हमें मुक्ति की कोई ज़रूरत नहीं है, क्योंकि हम दैवीय ऊर्जा की पवित्र चिंगारियाँ हैं। हमारा हर हिस्सा अच्छा और योग्य है। कोई नकारात्मक मूल्यांकन नहीं है, इसलिए कोई पाप, ग़लत कार्य या अपूर्णता भी नहीं हो सकती। हमारा आंतरिक न्यायाधीश या आलोचक बुराई को लगातार खोजता रहता है - लेकिन बुराई का विचार जीवन-के-लिए-परिक्षण है यह पौराणिक कथाओं में व्याप्त सबसे विषैली धारणा है। यह हमारी ऊर्जा को बाँट देता है और हमें अपराधबोध, दोषारोपण तथा शर्म के कंपनवादी गटर में घसीट लेता है। 'अच्छे बनकर' मोक्ष पाने की इच्छा डरे हुए अहं को आकर्षित करती है, क्योंकि खुद को न्यायसंगत समझना अपराधबोध या शर्म से बेहतर महसूस होता है। लेकिन हम अब भी डर में ही जी रहे होते हैं और हमेशा अच्छे व आदर्श बनने की कोशिश कर रहे होते हैं। एक बार जब आप प्रेम के साथ दोबारा जुड़ जाते हैं, तो आप देखते हैं कि अपराधबोध और न्यायसंगतता दोनों ही भ्रम हैं। कोई ग़लत विकल्प, मार्ग, भावनाएँ या इच्छाएँ नहीं हैं। और चूँकि हर घटना आकर्षण के नियम से शासित होती है, इसलिए कोई शिकार या पीड़ित भी नहीं है।

जब आप नकारात्मक मूल्यांकन के परे हट जाते हैं, सिर्फ़ तभी आप आंतरिक-बाहरी रणभूमि को छोड़ते हैं और कृपा की स्वर्गिक अवस्था में दाखिल होते हैं। आप सही और ग़लत के

continued...

मिथ्या द्वैत से परे हो जाते हैं। अपराधबोध, कष्ट, दंड या प्रायश्चित की कभी कोई आवश्यकता नहीं होती। आपको खुद की रक्षा करने या स्वयं को तर्कसंगत साबित करने की कोई ज़रूरत नहीं होती। न ही आप दूसरों से डरते हैं, उन पर हमला करते हैं या उन्हें दोष देते हैं। आपकी चेतना शर्तरहित प्रेम के असीम संसार में फैल जाती है। आप हर एक को (जिसमें आप स्वयं भी शामिल हैं) हमेशा मासूम और अच्छे के रूप में देखते हैं। फिर आप ऐसे विकल्प चुनते हैं, जो आपके सपनों और इच्छाओं के तालमेल में होते हैं। आप एक देहमय आत्मा बन सकते हैं - और जीवन एक खुशनुमा रोमांचक यात्रा बन जाती है।

जब तक आप कृपामय संसार में नहीं रहते हैं, तब तक आप ख़ुश और स्वतंत्र नहीं रह सकते।

प्रेम की आवाज़ हमेशा आपको धरती पर आपके अपने स्वर्ग की ओर पुकारती है। जब आप भावनाओं द्वारा प्रवाह तक पहुँचते हैं, तो आपके उद्‌देश्य जीवन की पुष्टि करने वाले, सुखद और हृदय-केंद्रित होते हैं। आपको अनुमोदन खोजने, ख़ुद को सुरक्षित रखने या दूसरों को नियंत्रित करने की कोई आवश्यकता नहीं होती। आप जानते हैं कि आप सुरक्षित हैं और **सृष्टि** आपसे प्रेम करती है। आप ईमानदार और वास्तविक होते हैं। चाहे दूसरे लोग कुछ भी सोचते रहें, आप ख़ुद का अनुमोदन करते हैं। एक बार जब आप प्रवाह में होते हैं, तो अनिर्णय या दुविधा काफ़ूर हो जाते हैं और स्पष्ट निर्णय के लिए रास्ता छोड़ देते हैं। यह स्पष्ट हो जाता है कि आपको क्या करना है। क्या अच्छा महसूस होता है, इस आधार पर आप विकल्प चुनते हैं : जोश, उत्साह, स्वतंत्रता, रचनात्मकता, विस्तार, प्रेम के साथ बढ़ना। आप ऐसे विकल्प चुनते हैं, जिनसे आपका दिल गुनगुनाने लगता है। ऐसे विकल्प, जो ऊर्जावान, सुखद और मौज-मस्ती भरे महसूस होते हैं, जो आपको ख़ुशी से उछलने के लिए प्रेरित करते

हैं। जैसे-जैसे आपकी चेतना का विस्तार होता है और आप भावनात्मक सीढ़ी पर ऊपर चढ़ते हैं, आपका डर पृष्ठभूमि में खो जाता है - और एक स्वस्थ अहं तथा आपके उच्चतर स्वरूप के लिए राह बना देता है।

स्वस्थ व्यक्तित्व

स्वस्थ अहं (या व्यक्तित्व) अनिवार्य है। यह आपको आत्मसम्मान देता है, स्पष्ट सीमाएँ प्रदान करता है, नहीं कहने की योग्यता, अपने विचारों तथा भावनाओं के प्रति जागरूकता और वैयक्तिकता का अहसास प्रदान करता है। यह आपको अनूठा बनने की अनुमति देता है। यह आपको संसार में पूरी तरह उपस्थित रहने की अनुमति देता है। और एक बहुत महत्वपूर्ण बात यह है कि यह अपनी ख़ुद की आवश्यकताओं और इच्छाओं का सम्मान करने में आपकी मदद करता है। जैसे ही आपके अहं की कोई इच्छा होती है, आपका उच्चतर स्वरूप उस इच्छा की ऊर्जा जुटाना शुरू कर देता है; यह तत्काल भावी स्वरूप *बन जाता* है। अब एकमात्र प्रश्न यही है कि क्या आप इसमें शामिल होने जा रहे हैं - क्या आपका अहं ऊर्जा के स्तर पर आपके उच्चतर स्वरूप के साथ सामंजस्य स्थापित कर सकता है - ताकि आपके सपने साकार हो सकें।

आपका अहं आपका शत्रु नहीं है (हालाँकि जीवन-एक-परीक्षा-है जैसी पौराणिक धारणाएँ आपको ऐसा यक़ीन दिलाने की कोशिश करती हैं)। न ही कोई दूसरा आपका शत्रु है। आपका सबसे क़रीबी शत्रु है ख़ुद डर की अवस्था में रहना। जब आपके कंपन हीन होते हैं, तो अहं डर की अवस्था से संचालित होता है और आपको रक्षात्मकता तथा आत्म-विनाश की ओर ले जाता है। यह इस चीज़ को सुनिश्चित करना चाहता है कि आप सुरक्षित हैं और आपसे प्रेम किया जाता है - लेकिन लड़ना, भागना, किंकर्तव्यविमूढ़ होना और बुरी लतें ही इसके तरीक़े हैं। यह नियंत्रित करता है या त्याग करता है। यह संघर्ष करता है। यह शिकार या शहीद जैसा महसूस होता है। यह अपराधबोध या अयोग्यता महसूस करता है। यह जोखिमों से कतराता है। यह आपकी भावनाओं और इच्छाओं को कुचल देता है। यह अपनी तरफ़ से मदद करने की पूरी कोशिश कर रहा होता है, लेकिन यह आपके पैर में चाकू घोंप देता है।

आपके अहं और आपके उच्चतर स्वरूप के बीच एक दर्दनाक खाई होती है। लेकिन जब आप क्रोध और चिढ़ के परे भावनात्मक सीढ़ी पर आशा तथा उसके आगे के पायदान पर पहुँचते हैं, तो आपका अहं स्वस्थ अहं में बदल जाता है। आप जान जाते हैं कि आप सुरक्षित हैं और **सृष्टि** आपसे प्रेम करती है। आप अपने प्रति सच्चे हैं। स्वस्थ अहं (या व्यक्तित्व) प्रेम की अवस्था से संचालित होता है और आपके उच्चतर स्वरूप के साथ साझेदारी में काम करता है।

स्वस्थ अहं प्रेम की अवस्था से काम करता है।

डर और नकारात्मक मूल्यांकन का कोलाहल सुनने के बजाय, सामाजिक नियमों और अपेक्षाओं के भारी बोझ को सुनने के बजाय अपने दिमाग़ को शांत करें - और प्रेम की आंतरिक आवाज़ को सुनें। यह डर की आवाज़ जितनी तेज़ या लगातार सुनाई देने वाली नहीं होती, लेकिन यह हमेशा पृष्ठभूमि में मौजूद होती है। स्वस्थ अहं कभी भी छड़ी से आपकी पिटाई नहीं करता; यह तो केवल गाजर या पुरस्कार दिखाता है। यह शांत और नम्र होता है। यह तसल्ली देने वाला और आरामदेह होता है। यह जोड़ने वाला और विस्तार करने वाला महसूस होता है। यह हल्का और स्वतंत्रतादायक महसूस होता है। यह आपको सुरक्षा, योग्यता और आत्म-गौरव का अहसास कराता है। यह आपको प्रवाह में आने के लिए पुकारता है। और यह आपको ख़ुद से, दूसरों से तथा संसार से शर्तरहित प्रेम करने की अनुमति देता है। बिना चिंता, अपराधबोध या रक्षात्मकता के। बिना दोषारोपण, आक्रमण या माँगों के। किसी व्यक्ति या वस्तु के 'आदर्श' बनने की आवश्यकता के बगैर। किसी के आपके हिसाब से ढलने की आवश्यकता के बिना। जब आप प्रेम की आवाज़ सुनते हैं, तो आपका हृदय **ब्रह्मांड** की ओर खुल जाता है। आप दूसरों के भीतर प्रकाश तथा सौंदर्य को देखते हैं और आपके ख़ुद के सपने व्यापक हो जाते हैं। यूनानी मिथकों में वर्णित एरियेड्ने के लाल धागे की तरह यह आवाज़ डरावनी भूलभुलैया से बाहर निकलने में आपका मार्गदर्शन कर सकती है और आपको दोबारा प्रकाश की ओर ला सकती है।

अब बताएँ - आपकी पवित्र इच्छा क्या है? प्रेम की आंतरिक आवाज़ आपको किस ओर पुकार रही है?

सिर्फ़ आपके लिए

अपनी छाया के स्वामी बनना

आपको अपने किन गुणों पर सबसे अधिक गर्व है? कड़ी मेहनत और आत्म-अनुशासन? नैतिक दृष्टि से सही होने पर? आध्यात्मिक जागरूकता? दूसरों के प्रति करुणा? कर्तव्यपरायण और वफ़ादार होने पर? दयालुता और परवाह करने पर? तार्किक और तटस्थ होने पर? ठोस और विश्वसनीय होने पर? स्वप्नदर्शी और सहज बोध वाला होने पर? दूसरों की आवश्यकताओं के प्रति संवेदनशील होने पर? आप किसी गुण पर जितना ज़्यादा गर्व करते हैं, उसके विपरीत गुण आपकी छाया में उतने ही ज़्यादा रहेंगे। (यदि आप स्वार्थी होने या बेपरवाह होने के लिए किसी का नकारात्मक मूल्यांकन करते हैं, तो आप शायद अपनी क़ीमत पर दूसरों की बहुत ज़्यादा परवाह करते हैं। यदि आप आलसी होने के लिए किसी की नकारात्मक आलोचना करते हैं, तो शायद आप मेहनती और अत्यधिक काम करने वाले हैं। जब हम संतुलन से बाहर होते हैं, तो हमारी शक्तियाँ ही हमारी कमज़ोरियाँ बन जाती हैं।

आप दूसरों में किस चीज़ का नकारात्मक मूल्यांकन करते हैं, किस चीज़ से घृणा करते हैं या किस चीज़ की निंदा करते हैं (चाहे कितने भी सूक्ष्म रूप में)? क्या कोई ऐसा व्यक्ति है, जिससे आप कतराते या घबराते हैं? या कोई ऐसा है, जिसकी आप प्रशंसा करते हैं, ईर्ष्या करते हैं या जिसके क़रीब रहने की हसरत रखते हैं? एक बार फिर, इससे आपको संकेत मिल जाएगा कि आपकी छाया में क्या निहित है - आपके छोड़े हुए स्वरूपों में या छिपी हुई संभावना में - वे आवश्यकताएँ, गुण, शक्तियाँ और इच्छाएँ जिनका दमन किया गया है और जो अभिव्यक्ति चाह रही हैं, ताकि आप अधिक संतुलित और पूर्ण बन जाएँ। आप दूसरों में जो भी देखते हैं, जब तक आप उसे स्वीकार नहीं करते हैं, ये अस्वीकृत स्वरूप मौक़े-बेमौक़े फूट पड़ेंगे या दूसरों पर थोप दिए जाएँगे - या फिर

आप उनका दमन करने में बहुत सारी ऊर्जा बर्बाद करेंगे और उनके क़ीमती उपहारों को नहीं पहचान पाएँगे। आपको क्या अभिव्यक्त करने की आवश्यकता है? अपनी शक्ति वापस पाएँ और ख़ुद को याद दिलाएँ कि कोई भी आपके साथ कुछ नहीं 'कर' सकता। किसी को भी अच्छे या बुरे, सही या ग़लत के रूप में देखने से इंकार कर दें। द्वैतवाद के संसार से परे क़दम रखें - और भावनाओं के माध्यम से प्रवाह तक पहुँचने का रास्ता महसूस करें।

प्रेम की आंतरिक आवाज़

जब भी आप ख़ुद को अपनी, दूसरों की या संसार की आलोचना करते देखें अथवा किसी चीज़ को बुरी या ग़लत के रूप में देखें, तो हर बार ख़ुद से पूछें, 'प्रेम की आवाज़ क्या कहेगी?' जब भी आप अपूर्ण होने के लिए ख़ुद को फटकारें या अपने जीवन के अद्‌भुत से कम होने की चिंता करें, तो हर बार ख़ुद से पूछें, 'प्रेम की आवाज़ क्या कहेगी?' जब भी आप दूसरों की माँगों के सामने झुक जाएँ, या अपनी मनचाही चीज़ ख़ुद को देने से इंकार कर दें, तो हर बार ख़ुद को याद दिलाएँ कि प्रेम का अर्थ त्याग नहीं है - और पूछें कि प्रेम की आवाज़ क्या कहेगी। आप बिना डर या रक्षात्मकता के खुले हृदय से कैसे सुन सकते हैं? क्या हो, यदि **ब्रह्मांड** *हर एक की आवश्यकताओं और इच्छाओं को पूरा कर सके? आप इस स्थिति में ख़ुद का सम्मान कैसे कर सकते हैं? आपकी पवित्र इच्छा क्या है? जब भी आप भयभीत, अपराधी या द्वेषपूर्ण महसूस करें, तो हर बार प्रेम की आवाज़ से कहें कि यह आपसे बातचीत करे। यह किसी मांसपेशी का व्यायाम करने जैसा है। आप इस प्रेमपूर्ण आंतरिक आवाज़ - आपके उच्चतर स्वरूप की आवाज़ - के साथ जितना ज़्यादा जुड़ती हैं, यह उतनी ही ज़्यादा शक्तिशाली बन जाती है। यही नहीं, आप इसकी ऊर्जा के साथ अधिकाधिक सराबोर होंगे और हर व्यक्ति तथा वस्तु को मित्र के रूप में देखेंगे।*

अध्याय पाँच

लेज़र बीम बनना

आप उस रेडियो स्टेशन की तरह हैं, जो कई स्टेशनों को पकड़ सकता है। आप कौन सा स्टेशन पकड़ते हैं, यह इस बात पर निर्भर करता है कि आप किस ओर ध्यान देते हैं। ***ओरिन***

हाल ही में एक टी.वी. प्रतिभा खोज प्रतिस्पर्धा में मैंने गायिका लिओना लुइस की लोकप्रियता में अचानक भारी उछाल देखा। मैं यह देखकर प्रभावित हुई कि उसने वास्तविकता के सृजन के कुछ साधनों का बहुत अच्छा इस्तेमाल किया था। उसने बचपन में गायिका बनने के बारे में लगातार दिवास्वप्न देखे थे। ऑफ़िस में अपने टेलीफ़ोन हैंडसेट को पकड़ते समय वह कल्पना करती थी कि यह रेडियो माइक है और वह विशाल जनसमूह के सामने गा रही है। जब उसे अचानक लाखों लोगों के सामने गाने का अवसर मिला – जो किसी भी युवा गायक के लिए काफ़ी दहशत भरा काम होता है – तब तक वह इतने व्यापक ऊर्जा स्तर की अच्छी तरह रिहर्सल कर चुकी थी और उसने त्रुटिहीन व ज़बर्दस्त प्रदर्शन किया। जैसी एक निर्णायक की टिप्पणी थी, उसने 'अपनी आत्मा से गाया।' गाते समय उसकी ऊर्जा पूरी तरह सामंजस्य में थी – हर कोशिका प्रेम की अवस्था में थिरक रही थी – जिससे वह मंच पर करिश्माई और मनमोहक बन गई तथा उसने अपनी आवाज़ की पूरी

शक्ति और अंतर्निहित संभावना को मुक्त कर दिया। जब प्रतिस्पर्धा के दौरान उसे टॉन्सिलाइटिस हो गया, तो उसने ख़ुद को दोष नहीं दिया। इसके बजाय उसने यह सोचकर ख़ुद को तसल्ली दी कि हर व्यक्ति बीमार पड़ता है। उसने अपनी कल्पना में गीतों की रिहर्सल की (जैसा वह बरसों से करती आ रही थी)। जब दूसरे प्रतिस्पर्धी कंपनों में अकस्मात हुए परिवर्तन से दहशत में नज़र आ रहे थे, जो रातोरात शोहरत से निपटने के लिए ज़रूरी था, तो लुइस को इस बात से कोई दिक्क़त नहीं हुई। वह तो लंबे समय से इसी के सपने देख रही थी - और वह आकाशदीप की तरह चमक उठी।

आपकी कल्पना वास्तविकता के सृजन का एक सशक्त औज़ार है। **ब्रह्मांड** आपको वही भेजेगा, जो आपकी तरंगों से मेल खाता होगा - इसलिए अगर आप हर दिन अपने भविष्य के सुखद दिवास्वप्न देखते हैं, तो आप चुंबक बनकर उसे अपनी ओर आकर्षित कर लेंगे। आप नौकरी के लिए सफल इंटरव्यू देने की, अपनी प्रियतमा के हाथ में हाथ डालकर टहलने की, मैराथन दौड़ने या अपने नए घर में रहने की कल्पना कर सकते हैं। यह जितना ज़्यादा वास्तविक महसूस होगा, आप उसे उतनी ही प्रबलता से आकर्षित करेंगे। **ब्रह्मांड** वास्तविक और काल्पनिक अनुभव में भेद नहीं करता; यह तो बस आपके कंपनों पर प्रतिक्रिया करता है। यदि आप किसी भावी स्वरूप की ऊर्जा को निरंतर थामे रहते हैं, तो देर-सबेर वास्तविकता को इसके तालमेल में आने के लिए जगह *बनानी ही होगी।*

यदि आप किसी भावी स्वरूप की ऊर्जा को क़ायम रखते हैं, तो वास्तविकता को इसके अनुरूप बनना ही होगा।

अपनी ऊर्जा को सामंजस्यपूर्ण बनाना

आपने कभी सोचा है कि लेज़र बीम में इतनी अधिक शक्ति क्यों होती है - यह धातु को भेदने वाला प्रकाश कैसे उत्पन्न करती है? लेज़र बीम

का रहस्य इसकी बेहद सामंजस्यपूर्ण और एकाग्र ऊर्जा है। यानी, इसके प्रकाश की तरंगें एक समय में एक ही दिशा में जाती हैं और तालमेल में काम करती हैं - ताकि वे एक-दूसरे को बेअसर करने के बजाय आपसी शक्ति बढ़ाएँ। वे एक छोटे क्षेत्र पर अत्यधिक केंद्रित होती हैं। इसके विपरीत, बिजली के बल्ब से निकलने वाली अधिकांश ऊर्जा विनाशकारी बिखराव में बर्बाद हो जाती है। फ़िलामेंट से ऊपर की ओर जाने वाली लगभग हर प्रकाश तरंग के साथ एक दूसरी तरंग नीचे की ओर जाती है और इसे बेअसर कर देती है, जबकि बाक़ी तरंगें सभी दिशाओं में फैल जाती हैं - इसलिए बिजली का बल्ब बहुत अकार्यकुशल होता है। इसकी अधिकांश ऊर्जा बिखरी हुई और सामंजस्यरहित होती है। यह मोमबत्ती से ज़्यादा प्रकाश नहीं देता।

लेज़र बीम कहती है हाँ-हाँ, हाँ-हाँ, हाँ-हाँ, जबकि बिजली का बल्ब कहता है हाँ-नहीं, हाँ-नहीं, हाँ-नहीं या शायद यह, शायद वह - यह तो एक प्रकार का आत्म-विनाशी है। बिजली का बल्ब एक फूहड़ नर्तक है, जो चा-चा कर रहा है - एक क़दम आगे, एक क़दम पीछे, एक क़दम तिरछे - मगर हैरान हो रहा है कि यह इतनी कम तरक़्क़ी क्यों कर रहा है। दूसरी ओर, लेज़र बीम उस धावक की तरह है, जो अपनी निगाह लक्ष्य से ज़रा भी हटाए बिना विजय रेखा की ओर तेज़ी से दौड़ रहा है। यदि बिजली के बल्ब की ऊर्जा सामंजस्यपूर्ण होती, तो यह हज़ार या लाख गुना अधिक शक्तिशाली होती।

मानव ऊर्जा तंत्र में लेज़र बीम के बजाय बिजली के बल्ब की नक़ल की प्रवृत्ति होती है। हम किसी विषय पर **सृष्टि** को जो रेडियो संकेत भेजते हैं, वे प्रायः कहते हैं हाँ-नहीं, हाँ-नहीं, हाँ-नहीं। हम अपनी इच्छाओं और अपने प्रतिरोध के बीच आगे-पीछे, आगे-पीछे नाचते रहते हैं - प्रेम की अवस्था और डर की अवस्था के बीच झूलते रहते हैं। हमारी ऊर्जा बँटी हुई होती है। हमारा उच्चतर स्वरूप हाँ कह रहा है और हमें अपनी ओर पुकार रहा है, लेकिन हमारा डरा हुआ अहं नहीं कह रहा है। इसलिए जीवन काफ़ी कुछ पहले जैसा ही बना रहता है, भले ही हम चेतन रूप से इसे बदलना चाहते हों। यहाँ तक कि कई बार हम हाँ-नहीं-नहीं, हाँ-नहीं-नहीं, हाँ-नहीं-नहीं कह देते हैं - जिससे स्थिति और बिगड़ जाती है। हम एक क़दम आगे बढ़ते हैं और इसके

बाद दो क़दम पीछे हटते हैं। ('हाँ, मैं इसे चाहता हूँ - लेकिन मैं तुम्हें बता दूँ कि जीवन इस वक़्त कितना भयंकर है *और* मेरे साथ कितना बुरा सलूक किया गया है।') प्रेम-डर-डर। लेकिन अगर आप यह कह सकें, हाँ-हाँ-नहीं, हाँ-हाँ-नहीं, तो स्थितियाँ धीरे-धीरे सुधरने लगेंगी। 'हाँ, मैं इसे चाहता हूँ और मुझे विश्वास है कि मैं वहाँ पहुँच जाऊँगा - लेकिन इसके बावजूद कई बार मुझे ख़ुद पर शक होता है।' प्रेम-प्रेम-डर।

यदि आप जानते-बूझते हुए ख़ुद को प्रेम की अवस्था में क़ायम रखकर लगातार हाँ-हाँ-हाँ कह सकें, तो वास्तविकता उल्लेखनीय रूप से बदलने लगेगी। अब आप एक लेज़र बीम बन चुके हैं और अपनी व्यापक रचनात्मक संभावना की ओर क़दम बढ़ा रहे हैं। तब **सृष्टि** आपकी ओर वह भेज सकती है, जिसकी आपने माँग की है - कई बार तो आश्चर्यजनक तीव्रता से।

यदि आप हाँ-हाँ संकेत भेजते हैं, तो ब्रह्मांड आपकी इच्छाएँ पूरी कर सकता है।

कुछ लोग प्रकृति से ही सकारात्मक होते हैं। यदि आप एक ख़ुशहाल, प्रेमपूर्ण परिवार में बड़े हुए हैं, जिसमें हर एक की आवश्यकताओं व भावनाओं का सम्मान किया जाता था, जहाँ माता-पिता आपको बहुत प्रेम करते थे और चाहते थे कि आप ख़ुश रहें न कि 'अच्छे' बनें, जो जीवन को एक अनुपम उपहार मानते थे तथा यक़ीन करते थे कि सपने सच हो सकते हैं और होते हैं, तो आपके विचारों में लेज़र बीम बनने की प्रवृत्ति होगी। आपकी कोशिकाएँ अधिकांशतः प्रेम की अवस्था में कार्य करेंगी। आप प्रेम से ओत-प्रोत होंगे और स्वयं तथा दूसरों को स्वीकार करेंगे। आप अपनी भावनाओं पर विश्वास करेंगे। आप संसार में सुरक्षित महसूस करेंगे। आप अपनी इच्छाएँ पूरी होने की उम्मीद करेंगे। **सृष्टि** हर दिन आपके क़दमों में तोहफ़े डाल देगी और आप हर अनुभव में आनंदित होंगे।

यदि आपका जीवन आदर्श से कमतर था - जैसा कि अधिकांश

लोगों के साथ होता है – तब भी आप लेज़र बीम जैसे *बन* सकते हैं। आपको तो बस थोड़ी ज़्यादा मेहनत करनी होगी। आपको अपने विचारों के बारे में ज़्यादा चेतन बनना होगा। आप शायद सोचने के चा–चा तरीक़े के साथ बड़े हुए थे, जो आपकी ऊर्जा को असामंजस्यपूर्ण बना देता है – जैसे यह मूल धारणा कि आपको प्रेम अर्जित करना पड़ता है या उसका अधिकारी बनना होता है, कि आप सुरक्षित नहीं हैं, कि आप परिस्थितियों के शिकार हो सकते हैं, कि आप ग़लत या बुरे विकल्प चुन सकते हैं, कि आप अपनी भावनाओं पर भरोसा नहीं कर सकते, कि आपको दूसरों के बनाए नियमों पर चलना होगा, कि आपको अपने कर्तव्य का पालन करना होगा या दूसरों की अपेक्षाओं के अनुरूप काम करना होगा। ऐसी मान्यताएँ आपको किसी भी प्रकार के जोखिम या नापसंदगी के संकेत पर ही डर की अवस्था में धकेल देंगी और **स्रोत** से दूर कर देंगी।

यदि आप नियंत्रण और शोषण के साए में बड़े हुए हैं, तो आप दूसरों की आवश्यकताएँ पूरी करने और उन्हें ख़ुश करने पर केंद्रित हो जाते हैं, जिससे अपने भावनात्मक मार्गदर्शन से आपका संपर्क टूट जाता है। 'ऐसे बनो, ताकि मुझे तुम पर गर्व हो।' 'रोओ मत।' 'क्या तुम मेरी ख़ातिर यह नहीं खा सकते?' 'रोना बंद करो, वरना मैं तुम्हारी धुनाई कर दूँगा।' 'मददगार बनो।' 'अच्छे लड़के/लड़की बनो।' 'यदि तुमने ऐसा किया, तो मेरा दिल टूट जाएगा।' दूसरे शब्दों में, 'अगर तुम इस तरह व्यवहार करते हो, तो मैं ख़ुश महसूस करूँगा – इसलिए मैं चाहता हूँ कि तुम इस तरह व्यवहार करो, बजाय वैसा करने के, जो *तुम* करना चाहते हो।' यह सशर्त प्रेम है। इस प्रकार के संदेश सुनने का अर्थ है कि आप ख़ुद को खो देते हैं। आप अपनी शक्ति दूसरों के हाथ में सौंप देते हैं। आप दूसरों की ख़ुशी के लिए ज़िम्मेदार महसूस करते हैं। फिर आप तंद्रा में पहुँच जाते हैं और भूल जाते हैं कि आप वाक़ई कौन हैं। इसके बाद आप **सृष्टि** को ऐसे मिले-जुले संदेश भेजते हैं कि आपके सपने पहुँच से दूर और दूर होते जाते हैं।

दूसरों का अनुमोदन चाहने से आपकी ऊर्जा बँटी हुई होती है।

प्रवाह में पहुँचना

आपको यह कैसे पता चलेगा कि आपकी ऊर्जा कब सामंजस्यरहित हो गई है? सबसे पहले, तो आप कोई नकारात्मक भावना या तनाव महसूस करते हैं। यह तय है। यह चेतावनी का संकेत है कि ऊर्जा आपकी इच्छाओं की ओर खुलकर प्रवाहित नहीं हो रही है। आप स्वयं के साथ सामंजस्य में नहीं हैं। आपके वर्तमान विचार हमेशा प्रेम की अवस्था में रहने वाले आपके उच्चतर स्वरूप के विचारों के विरोध में हैं। उन विचारों पर ग़ौर करें – और उन्हें पलट दें! दूसरे, आपको थकान महसूस हो सकती है या किसी प्रकार के शारीरिक लक्षण उभर सकते हैं – चेतावनी की एक और घंटी। तीसरे, आप दुविधा या ऊहापोह महसूस कर सकते हैं। आप इस बारे में निश्चित नहीं होते हैं कि आप दरअसल चाहते क्या हैं या आपको कौन सी दिशा चुननी चाहिए। आप अपने दिल की बात सुनने या दूसरों की उम्मीद के मुताबिक़ काम करने के बीच बँटा हुआ महसूस करते हैं। निर्णय लेने की कोशिश में आप बहुत सारी ऊर्जा बर्बाद करते हैं और महीनों या वर्षों तक किसी ऐसी स्थिति में फँसे रह सकते हैं, जो असंतोषजनक या दर्दनाक महसूस होती है। आपके सपने बाधित नज़र आते हैं, आप फँसे हुए व अशक्त महसूस करते हैं – और आप जितनी कड़ी कोशिश करते हैं, उतना ही बुरा महसूस करते हैं। आप अपनी ख़ुद की इच्छाओं को तबाह कर रहे होते हैं। प्रेम और डर की अवस्थाओं के बीच झूलते हुए आप बिजली के टिमटिमाते बल्ब बनकर रह जाते हैं।

आइए मान लेते हैं कि आपके ऑफ़िस में एक प्रमोशन होने वाला है या आपने एक नए पद का विज्ञापन देखा है – और आप उसे हासिल करना चाहते हैं। आप एक लेज़र बीम कैसे बन सकते हैं? यह आकलन करके कि क्या इस पद को लेकर आपके भीतर कोई प्रतिरोध है। यदि इसके बारे में सोचते वक़्त आप तनाव या शंका के किसी भी चिन्ह के बिना ख़ुश, रोमांचित और आरामदेह अनुभव करते हैं, तो इसका अर्थ है कि

आपकी ऊर्जा इसके सामंजस्य में है। आप आत्मविश्वासी महसूस करेंगे और पद का आपके पास आना लगभग तय है। यदि इस बारे में सोचने से आपके पेट में कोई तनाव महसूस होता है, तो यह प्रतिरोध है। इसका अर्थ है कि आपकी ऊर्जा असंगत और बँटी हुई है। आप जितने ज़्यादा निराश या नकारात्मक महसूस करते हैं, आपका प्रतिरोध उतना ही ज़्यादा होता है - और आपको उतना ही ज़्यादा आंतरिक कार्य करना होता है।

उस पद के लिए आवेदन करते वक़्त अपने भीतर उठने वाले विचारों पर ग़ौर करें। शायद आप ख़ुद से कहते हैं कि आपके पास पर्याप्त अनुभव नहीं है, आप पर्याप्त अच्छे नहीं हैं या आपका बॉस आपको पसंद नहीं करता है, आप साक्षात्कार में बुरा प्रदर्शन करते हैं या फलाँ-फलाँ व्यक्ति को शर्तिया वह पद मिलेगा, किसी दूसरे को इसकी आपसे ज़्यादा ज़रूरत है या वह इसका आपसे ज़्यादा हक़दार है। ये सभी चा-चा विचार हैं, जो आपकी इच्छा का विरोध करते हैं। याद रखें, **सृष्टि** ने पहले ही वह पद आपके लिए सुरक्षित रख दिया है। जिस पल आपने इच्छा का ज्वार महसूस किया था, **सृष्टि** ने हाँ कह दिया था! माँगो और दिया जाएगा। एकमात्र अनिश्चितता यह है कि क्या आप हाँ-नहीं संकेतों के बजाय हाँ-हाँ संकेत प्रेषित कर सकते हैं - यानी, क्या आप अपनी इच्छा को अपनी धारणाओं और अपेक्षाओं के सामंजस्य में ला सकते हैं। हर बार जब आप एक क़दम पीछे की ओर उठाते हैं, तो आपको चेतावनी देने वाला एक नकारात्मक भाव महसूस होगा कि आपकी ऊर्जा बँटी हुई है। चिंता, शंका या असुरक्षा के किसी भी प्रकार के विचार का यह अर्थ है कि आप ख़ुद को नुक़सान पहुँचा रहे हैं। दूसरी ओर, इच्छा, विश्वास, आस्था, आत्मविश्वास या आशा का विचार आपकी ऊर्जा को अधिक सामंजस्यपूर्ण बनाने में मदद करेगा।

माँगो और दिया जाएगा।
इसमें कोई अपवाद नहीं है।

शायद आपने कुछ नकारात्मक विचारों और विश्वासों को पहचान लिया है। आप वहाँ से किस ओर जाते हैं? उन विचारों को 'सच' मानने और

दूसरों को अपने डर, शंकाएँ तथा नकारात्मक भाव बताने के बजाय - जिससे वे ज़्यादा शक्तिशाली बनेंगे - आप जान-बूझकर ऐसे विचार चुनते हैं, जो आपको बेहतर महसूस कराते हैं, जो राहत का अहसास देते हैं। आप भावनाओं द्वारा प्रवाह तक पहुँचने का रास्ता बनाते हैं। आप ऐसे मौक़े याद करते हैं, जब आपके बॉस या दूसरों ने आपकी प्रशंसा की थी। आप ख़ुद को याद दिलाते हैं कि अनुभव की कमी के बावजूद कई लोगों को तरक़्क़ी मिली है। आप उन सभी कारणों की सूची बनाते हैं कि वह पद आपके लिए आदर्श क्यों है और आप उसके लिए आदर्श क्यों हैं। आपको वह पद मिल सकता है, इसे लेकर किसी भी तरह की शंकालु विचार पर आप धीरे से हँस देते हैं - जैसे आप अंदरूनी *बच्चे* को बाँहों में ले रहे हों, उसे प्रेम कर रहे हों और आश्वस्त कर रहे हों। आप लगातार लेज़र बीम बनने की याद रखते हैं, जो इस अवसर को लेकर सिर्फ़ सकारात्मक संकेत ही बाहर की ओर भेजे।

आप सोच सकते हैं, 'अगर कोई दूसरा व्यक्ति भी उस पद को सचमुच चाहता हो, तो क्या होगा? **सृष्टि** हम दोनों से हाँ कैसे कह सकती है?' पद उस व्यक्ति को मिलेगा, जो **स्रोत** के साथ अधिक सामंजस्य में होगा। और यदि आप दोनों **स्रोत** के सामंजस्य में हों, तो **सृष्टि** आप दोनों की ही आवश्यकताएँ पूरी करने का कोई चमत्कारी तरीक़ा खोज लेगी। बहरहाल, यदि आप किसी दूसरे को हराने की प्रतिस्पर्धी भावना में उलझ जाते हैं या आपके मन में यह भाव आता है कि सामने वाला इससे वंचित रह जाएगा, तो इससे आपकी ऊर्जा विभक्त हो जाएगी। (ख़ास तौर पर यदि आप मेरी तरह अँग्रेज़ हों, क्योंकि हमें बहुत विनम्र और शालीन बनने का प्रशिक्षण दिया जाता है!) यह कहने से मदद मिल सकती है 'यदि मुझे यह पद नहीं मिलता, तो इससे भी बेहतर पद मुझे जल्द ही मिल जाएगा।' या 'यदि यह मेरे लिए सही पद है, तो यह मेरे पास आएगा।' ख़ुद से कोई भी ऐसी बात कहें, जिससे आपको चैन से रहने में मदद मिलती हो। यदि कोई विचार राहत भरा या मुक्तिदायक महसूस होता है, तो इसका अर्थ है कि आप प्रवाह में पहुँच रहे हैं।

सृष्टि के संसाधन असीमित हैं। यह हर एक के लिए अद्भुत पद (या घर या संबंध या पुरस्कार) का निर्माण कर सकती है! यह हमारी

इच्छाओं के अनुपात में विस्तार करती है। जब भी आप कमी, अभाव या प्रतिस्पर्धा में विश्वास करते हैं, तो आप **स्रोत** की ऊर्जा से अलग हो रहे होते हैं। आप डर की अवस्था में फिसल रहे होते हैं। आप यह भूल रहे होते हैं कि आप सपनों जैसी वास्तविकता का सृजन कर रहे हैं - और आप अपनी मनचाही हर चीज़ पा सकते हैं।

मेरी सहेली चार्लोट लुटी-पिटी महसूस कर रही थी, जब डाउन पेमेंट के लिए अपनी बचत को एकत्रित करने की व्यवस्था करने से पहले ही उसके सपनों का मकान बिक गया। कुछ समय तक हताश और निराश महसूस करने के बाद उसने ख़ुद को याद दिलाया कि हर चीज़ आदर्श तरीक़े से होती है तथा उसे कोई बेहतर मकान मिलने वाला होगा। उसने कल्पना की कि इससे भी बेहतर मकान कैसा होगा। निश्चित रूप से, कुछ ही महीनों के भीतर उसका सपनों का मकान बाज़ार में बिकने आ गया - इसकी जगह उसके मान से बेहतर थी, क़ीमत भी पहले वाले मकान से कम थी और बगीचे में एक पहाड़ी झरना भी था, जिससे उसके बचपन का सपना पूरा हो गया।

***सृष्टि पर विश्वास करें।
आप जितना जानते हैं,
यह उससे कहीं अधिक जानती है।***

यदि आप लंबे समय से कोई सपना देख रहे हैं और यह अब तक साकार नहीं हुआ है, तो आप गारंटी दे सकते हैं कि आप चा-चा कर रहे हैं यानी आगे-पीछे हो रहे हैं। आपकी इच्छा आपके विश्वास और अपेक्षाओं के तालमेल में नहीं है। या शायद आप इस बात पर ग़ौर करते रहते हैं कि यह अब तक साकार नहीं हुआ है - जो संशय, अविश्वास या असुरक्षा के भाव जगा देता है। आपको ख़ुद को याद दिलाना चाहिए कि **सृष्टि** प्रेमपूर्ण है। आपको आकर्षण के नियम को याद रखना चाहिए। आपको विश्वास करना चाहिए और यह *जान* लेना चाहिए कि यदि आप ख़ुशहाल मनोदशा में किसी सपने के साकार होने की उम्मीद करते हैं, तो यह अवश्य साकार होगा। हो सकता है कि उस रूप में न हो, जिसकी

आपको उम्मीद हो या काफ़ी हद तक आपकी उम्मीद के मुताबिक़ हो या पूरी तरह से आपकी आशा के अनुरूप हो - लेकिन देर-सबेर वास्तविकता को आपके द्वारा भेजे रेडियो संकेतों के समान ढलना ही पड़ता है। (और यदि आपके रेडियो संकेत सामंजस्यपूर्ण हैं, तो यह देर से नहीं, जल्दी होगा।)

स्वास्थ्य और प्रतिरोध

क्या इसका मतलब यह है कि आप किसी आनुवंशिक रोग से उबर सकते हैं या शरीर के किसी कटे अंग को दोबारा उगा सकते हैं? यदि आपको विश्वास है कि आप ऐसा कर सकते हैं, तो संभवतः हाँ। ऐसे चमत्कार असंभव लग सकते हैं - लेकिन यह मनोऊर्जा द्वारा उत्पन्न वास्तविकता है। ऊर्जा आपके मनचाहे किसी भी आकार में ढल सकती है। किसी तरह की कोई सीमाएँ नहीं हैं, सिवाय उनके जिनमें आप विश्वास करते हैं। आकर्षण का नियम ही एकमात्र अटल नियम है। एक बार जब रॉजर बैनिस्टर ने चार मिनट में एक मील दौड़ने का अवरोध तोड़ दिया, तो कुछ समय में ही कई धावकों ने उनका अनुसरण करते हुए इस कीर्तिमान की बराबरी कर ली। रॉजर ने धारणा के *मनोवैज्ञानिक* अवरोध को तोड़ दिया था। इसी तरह, यह भी संभव है कि अगर किसी आनुवंशिक रोग से उबरने या किसी कटे हुए अंग के दोबारा उगने का कोई सच्चा प्रकरण सामने आए, जिस पर दूसरे यक़ीन करें, तो वे भी ऐसा ही कर लेंगे - लेकिन यह सैद्धांतिक दृष्टि से संभव है। मिसाल के तौर पर, अब नया जीवविज्ञान यह विश्वास करता है कि हमारी *चेतना* से ही यह तय होता है कि हमारे शरीर के भीतर कौन से जीन्स सक्रिय होते हैं। दूसरे शब्दों में, हम अपनी आनुवंशिकी के शिकार नहीं हैं। शरीर अच्छे स्वास्थ्य के लिए बनाया गया है और सिर्फ़ हमारी ऊर्जा-चेतना ही इसे क्षतिग्रस्त या रोगी अवस्था में 'रख' सकती है - जैसा कुछ डॉक्टर और वैज्ञानिक अब पुष्टि कर रहे हैं। अपनी चेतना को बदल लें; आपके स्वास्थ्य की दशा अपने आप बदल जाएगी।

आप बीमार हैं, यह यक़ीन आपके शरीर को उसी स्थिति में रखेगा और यहाँ तक कि इसे बढ़ा भी देगा, क्योंकि हमें वही मिलता है, जिस

पर हम अपना ध्यान केंद्रित करते हैं। इसीलिए रोग की पहचान से प्रायः मदद नहीं मिलती है। दीपक चोपड़ा ने एक मित्र के बारे में लिखा है, जिसके एक्सरे में एक छोटा ट्यूमर मिला और दो महीने के भीतर ही वह फेफड़े के कैंसर से मर गया। उसकी मृत्यु के बाद पाँच साल पहले का उसका एक पुराना एक्सरे सामने आया - जिसमें उसके फेफड़े में वही छाया दिखाई दे रही थी। उसकी जान फेफड़े के कैंसर की वजह से नहीं गई थी, बल्कि इस ज्ञान से गई थी कि उसे फेफड़े का कैंसर था। (या शायद इस ज्ञान पर उसकी *प्रतिक्रिया* की वजह से।) रोचक बात यह है कि वह आदमी डॉक्टर से मिलने से कतरा रहा था, क्योंकि उसे डर था कि कैंसर का निदान 'दहशत पैदा करके उसकी जान ले लेगा,' और उसका विश्वास सही साबित हुआ।

रोग की पहचान या निदान कई बार मददगार हो सकता है - मिसाल के तौर पर, जब आप चिंतित हों, लेकिन डॉक्टर आपको आश्वस्त करे कि यह समस्या बड़ी आसानी से ठीक हो सकती है। यदि आप 'विशेषज्ञ' की बातों पर यक़ीन करते हैं, तो समझदारी इसी में है कि आप उसी डॉक्टर से परामर्श लें, जो आशावादी हो और आपके शरीर की चमत्कारी उपचार-क्षमता में यक़ीन करता हो - या कम से कम उसे यह विश्वास हो कि उसकी दवाओं से काम हो जाएगा!

आपका शरीर अच्छे स्वास्थ्य के लिए बनाया गया है।

शरीर कोई तयशुदा और ठोस वास्तविकता नहीं है। यह तो एक विकासशील ऊर्जा तंत्र है। यह आपकी चेतना को प्रतिबिंबित करता है। यह अपने स्वास्थ्य तथा उम्र के बारे में आपकी मान्यताओं और आत्मछवि का सटीक प्रतिबिंब दिखाता है - साथ ही प्रतिरोध की आपकी वर्तमान दशा भी। यदि आपकी ऊर्जा अधिकांशतः सामंजस्यपूर्ण है, तो रोग होने की आशंका न के बराबर है। दूसरी ओर, यदि आप कुंठा या चिढ़ में रहने के आदी हैं, प्रतिरोध के मध्यम स्तर पर हैं, तो आप सिर दर्द, अपच, एग्ज़ीमा या एलर्जी जैसी छुटपुट समस्याओं से पीड़ित हो

सकते हैं। लेकिन अगर आप प्रवाह का प्रतिरोध अधिक शक्ति से कर रहे हैं और प्रायः क्रोधित, आलोचनात्मक, दोष मढ़ने वाले या स्वयं को दूसरों से ज़्यादा नेक महसूस करते हैं, तो आपको अल्सर, ओस्टियोआर्थ्राइटिस, माइग्रेन, हाई ब्लड प्रेशर या दिल की धड़कनों में अनियमितता जैसे थोड़े गंभीर रोग हो सकते हैं। यदि आप अक्सर अपराधबोध से ग्रस्त, शर्मिंदा, अक्षम, फँसे हुए या हताश महसूस करते हैं - या लगातार बुरी, ग़लत या ख़तरनाक चीज़ों पर ध्यान केंद्रित करते हैं - तो आपके भीतर की युद्ध-ऊर्जा अंततः आपके शरीर को कैंसर, हृदयाघात, ल्यूपस या हृदय रोग जैसे घातक रोगों का शिकार बना सकती है।

यह बीमार होने के लिए ख़ुद को कोसने का बहाना नहीं है - ख़ुद को दोष देने तथा शर्मसार करने से तो आपकी स्थिति और बिगड़ जाएगी। (याद रखें कि दोषारोपण से हमेशा बुरा लगता है और शक्ति कम होती है, जबकि ज़िम्मेदारी सकारात्मक व सशक्तिकारक होती है।) कई लोगों के लिए रोग व्यक्तिगत और आध्यात्मिक विकास की बहुत बड़ी प्रेरणा होते हैं। यह जागरूकता और स्वतंत्रता का स्वर्ग से भेजा गया अवसर है। कोई भी रोग असाध्य नहीं होता - हालाँकि घातक रोग मृत्यु का 'चुनाव करने' का तरीक़ा हो सकता है (और मरने में कुछ भी ग़लत नहीं है)। लेकिन यदि आप बीमार हैं और अच्छे होना चाहते हैं, तो स्वास्थ्य लाभ की यात्रा भी वही है, जो किसी भी सपने को साकार करने की यात्रा है : प्रतिरोध को मुक्त करना।

रोग का अंतर्निहित कारण हमेशा आपके द्वारा भेजे रेडियो संकेत होते हैं - सोच-विचार की कमज़ोर आदतें, अपने भावनात्मक मार्गदर्शन पर विश्वास न करना और अपने वास्तविक स्वरूप के सामंजस्य में न रहना। स्वस्थ बनने का उपाय प्रतिरोध को मुक्त करना है - ख़ुद को शांत और आश्वस्त करना, स्वयं से तथा जीवन से शर्तरहित प्रेम करना, सकारात्मक भविष्य की ओर आगे बढ़ना, भावनाओं के माध्यम से प्रवाह तक पहुँचने का रास्ता बनाना और अपनी इच्छाओं को अपने विश्वासों तथा अपेक्षाओं के तालमेल में लाना।

रोग का अंतर्निहित कारण हमेशा आपके द्वारा भेजे रेडियो संकेत होते हैं।

कई लोग मानते हैं कि जीवन के प्रति जादुई नीति का अर्थ है कि आपको एलोपैथिक चिकित्सा नहीं करानी चाहिए, क्योंकि यह रोग के मनोऊर्जा संबंधी कारणों को नज़रअंदाज़ कर देती है, कारणों के बजाय लक्षणों का उपचार करती है, पूरे शरीर के बजाय सिर्फ़ रोगग्रस्त अंगों पर ध्यान देती है – और उपचार के लिए भीतर देखने के बजाय 'विशेषज्ञों' की ओर बाहर देखने की शिक्षा देती है। लेकिन ऐसे किसी नियम की कोई ज़रूरत ही नहीं है, क्योंकि हर व्यक्ति के पास अपना अनूठा भावनात्मक मार्गदर्शन होता है। यदि आपको कोई स्वास्थ्य संबंधी समस्या है, तो जो भी चिकित्सा पद्धति *आपको* राहत दिलाए, आशा बँधाए और आशावाद का अहसास दे, उसी को आज़माएँ। चिकित्सा पद्धति उतनी महत्वपूर्ण नहीं है; अधिक महत्वपूर्ण तो यह है कि इससे आपको कैसा *महसूस* होता है। जो भी अच्छा महसूस होता है, उसी का इस्तेमाल करें! आधुनिक चिकित्सा के पास देने के लिए बहुत कुछ है और कई डॉक्टर सच्चे उपचारक की श्रेणी में आते हैं। बहरहाल, किसी भी उपचार को स्वीकार करते समय यह न सोचें कि इससे आपको नुक़सान होगा, क्योंकि आपका शरीर इसी अनुरूप प्रतिक्रिया करेगा। ख़ुद को शांत और आश्वस्त करें। अपने शरीर को सकारात्मक संदेश दें, चाहे आपका चुनाव जो भी हो। और जहाँ तक संभव हो, उन चिकित्सकों से परामर्श लें, जो किसी भूमिका के पीछे छिपने के बजाय समानता के स्तर पर आपके साथ सम्मानजनक बर्ताव करते हों। ऐसे चिकित्सकों से परामर्श लें, जो आपके शरीर के बारे में आपको सुपोषित, सुरक्षित और आत्मविश्वासी महसूस कराएँ। ऐसे चिकित्सकों से परामर्श लें, जो आपको शक्ति प्रदान करें। संक्षेप में कहें तो ऐसे चिकित्सक, जो डर के बजाय प्रेम की अवस्था में हों।

चा-चा करना

आप जो चाहते हैं, उसे आपको बार-बार नहीं माँगते रहना है। **सृष्टि** ने आपकी बात पहली बार ही सुन ली है। आपको तो बस चा-चा

करना छोड़ना है। चा-चा का अर्थ है अपनी अनचाही चीज़ को दूर धकेलते रहना - 'मैं इस रोग को नहीं चाहता, मैं इस कर्ज़ को नहीं चाहता, मैं इस दुखदायी संबंध को नहीं चाहता, मैं मध्य पूर्व में युद्ध नहीं चाहता।' इसके बजाय अपनी मनचाही चीज़ पर ध्यान केंद्रित करें। यह बहुत सीधा और सटीक लगता है - और यह अच्छा महसूस होता है - बहरहाल, हम ऐसा करने के आदी नहीं होते हैं! हमें उस चीज़ पर ध्यान केंद्रित करने का प्रशिक्षण दिया गया है, जो बुरी, ग़लत या कम है, जिसे ठीक करने की ज़रूरत है। या फिर हम इस बात पर ध्यान केंद्रित करने के आदी होते हैं कि दूसरे लोगों या संसार को किस प्रकार बदलना चाहिए। हम समस्याओं पर ध्यान केंद्रित करने के आदी होते हैं। लेकिन हर बार जब आप कराहते हैं, आपत्ति जताते हैं, शिकायत करते हैं या यहाँ तक कि हालात का विश्लेषण करते हैं, तो आप यथास्थिति के रेडियो संकेतों को क़ायम रखते हैं - और परिणाम यह होता है कि आप वैसी ही चीज़ों को आकर्षित करते हैं। (और यह कैसे पता चले कि आप *अनचाही* चीज़ पर ध्यान केंद्रित कर रहे हैं? क्योंकि इससे आपको बुरा महसूस होता है।)

तो आप लेज़र बीम जैसे कैसे बनते हैं? अपने प्रतिरोध को छोड़ दें। अपनी नदी पर बाँध बनाना छोड़ दें। जो भी बुरा, ग़लत या कम है, उस पर ध्यान केंद्रित करना छोड़ दें। ख़ुद को यह बताना छोड़ दें कि आपके पास वह क्यों नहीं हो सकता, जो आप चाहते हैं। ख़ुद के लिए अफ़सोस करना छोड़ दें या दूसरों को अपनी इस बात से सहमत कराना छोड़ दें कि स्थिति कितनी बुरी है। आपके या दूसरों के साथ क्या 'ग़लत' है, इसका विश्लेषण करना छोड़ दें। इस बारे में सोचना छोड़ दें कि कौन आपका रास्ता रोक रहा है, किस दूसरे व्यक्ति को अपना व्यवहार बदलना चाहिए या यह किसकी ग़लती है। आप इतने फँसे, असहाय, रोगी या ग़रीब क्यों हैं - या वर्तमान स्थिति में आपको बुरा क्यों महसूस होता है, इस बात को तर्कसंगत साबित करना या इसकी व्याख्या करना छोड़ दें। आप जो नहीं चाहते हैं, उसके बारे में बातें करना छोड़ दें। अतीत को दोष देना छोड़ दें। शिकार या पीड़ित जैसा महसूस करना छोड़ दें। अपनी शक्ति को कम करना छोड़ दें और ख़ुद को प्रशिक्षु देवी/देवता बनने की अनुमति दें।

आप जो चाहते हैं, उस पर ध्यान केंद्रित करें। जो भी आपको अच्छा महसूस कराए, उसी पर ध्यान केंद्रित करें।

दूसरे शब्दों में, समस्याओं के बारे में सोचना छोड़ दें और समाधानों पर ध्यान केंद्रित करें। इस बात पर ध्यान केंद्रित करें कि आप कहाँ जाना चाहते हैं। यह कहना छोड़ दें, 'हाँ, लेकिन...' – और बस हाँ कह दें। इस बात पर ध्यान केंद्रित करें कि आप कौन से परिणाम चाहते हैं – और अपने ध्यान के केंद्र को किसी लेज़र बीम जितना एकाग्र व स्थिर रखें। किसी दूसरे की राय या सलाह चाहे जितनी 'विशेषज्ञतापूर्ण' या अच्छे इरादों वाली क्यों न हो, उसे नज़रअंदाज़ कर दें, *जब तक कि उससे आपको अच्छा महसूस न हो।* शंकालु या नकारात्मक आलोचना करने वाले लोगों को अपने सपने तब तक न बताएँ, जब तक कि आप उनकी टिप्पणियों को सहजता से परे न झटक सकते हों। भविष्य को लेकर किसी भी प्रकार के तनाव या शंका को छोड़ दें। इस वक़्त जो भी हो रहा हो या अतीत में जो भी हुआ है, उसकी ओर देखने का कोई सकारात्मक तरीक़ा खोजें। उसके साथ शांति स्थापित करें। (कार दुर्घटना के लिए ख़ुद को कोसते रहने के बजाय ख़ुद को बधाई दें कि यह बहुत छोटी थी या आप ज़िंदा बच गए। अत्याचार और अपमान से भरे संबंध को लेकर आत्म-करुणा महसूस करने के बजाय ग़ौर करें कि इसने आपकी आंतरिक शक्ति और आत्म-जागरूकता को किस तरह बढ़ाया।) यदि कोई विचार अब भी आपके भीतर तनाव उत्पन्न करता है, तो इसकी ओर देखने का कोई दूसरा तरीक़ा खोजें। इसी तरह आप वास्तविकता का सचेतन सृजन करते हैं।

जब आप किसी मुद्दे – जैसे धन, रिश्ते-नाते, स्वास्थ्य या कामकाज – के बारे में सोचते समय लगातार ख़ुश, आरामदेह और आत्मविश्वासी महसूस करते हैं, तो इसका अर्थ है कि आपकी मनचाही चीज़ राह में है। हो सकता है कि इसके प्रमाण इस वक़्त आपको अपने आस-पास की भौतिक वास्तविकता में दिखाई न दे रहे हों, लेकिन यह बस वक़्त की बात है। यह ज़मीन के नीचे बीज के प्रस्फुटित होने जैसा है; आप इसे अब तक देख नहीं सकते हैं, लेकिन आपकी *भावनाएँ*

आपको बताती हैं कि यह अच्छी तरह बढ़ रहा है। आपकी भावनाएँ (जो आपके रेडियो संकेतों की जानकारी देती हैं) **स्रोत** से जुड़ी आपकी सीधी फ़ोन लाइन हैं। अब्राहम के अनुसार, किसी भी प्रकार के 99 प्रतिशत प्रकटीकरण उनके भौतिक प्रमाण दिखने के पूर्व ही पूरे हो चुके होते हैं। इसीलिए आपको इस बारे में विश्वास और ज्ञान रखने की ज़रूरत है। शंका या हताशा (डर की अवस्था) में वापस न गिरें। यदि किसी चीज़ के बारे में सोचते वक़्त आपको अच्छा महसूस होता है, तो यह अपनी राह पर है।

जब किसी चीज़ के बारे में सोचते समय
आपको अच्छा महसूस होता है,
तो आपका सपना साकार होने की राह पर है।

चाहत और विरोधी ऊर्जा

एक समस्या यह है कि आप किसी चीज़ को जितनी ज़्यादा उग्रता से चाहते हैं, आपका प्रतिरोध प्रायः उतना ही ज़्यादा प्रबल होता है। क्यों? क्योंकि किसी भी प्रकार की *प्रबल* इच्छा का एक अर्थ यह भी होता है कि आप जो चाहते हैं, वह आपकी वर्तमान तरंगों की पहुँच से काफ़ी दूर है। यदि यह क़रीब होता, तो आप बस इसकी इच्छा और अपेक्षा करते - और यह हो जाता। कोई मेहनत नहीं। लेकिन जब **स्रोत** आपको सोने की धूल में ढँके किसी बड़े सपने की ओर पुकारता है और आप उस भावी स्वरूप की तस्वीर को जकड़ लेते हैं और उस जीवन बदलने वाली सुंदर वास्तविकता में साँस लेने, उसे साकार करने, उसमें रहने की हसरत रखते हैं - लेकिन इस बारे में गंभीर शंका भी रखते हैं कि क्या यह संभव है या क्या आपको इसकी 'अनुमति' है - तो आप संघर्ष के मकड़जाल में उलझ जाते हैं। यह प्रतिरोध का दर्द है - यह आपके अहं (या व्यक्तित्व) और आपके उच्चतर स्वरूप के बीच की खाई है। आपके सामाजिक साँचे में ढले स्वरूप और आपके वास्तविक स्वरूप के बीच की खाई। इसलिए अब आपके पास करने के लिए कुछ काम है - ख़ुद को

अपने उच्चतर स्वरूप के सामंजस्य में ले आएँ, ताकि आपका सपना भौतिक वास्तविकता में बदल जाए।

अक्सर किसी ऐसी चीज़ का सृजन करना अधिक आसान होता है, जिसे आप ज़्यादा शिद्दत से न चाहते हों। एक सहेली बताती है कि एक जाड़े में उसने अपनी खिड़की से बाहर निहारा और सोचा कि काश उसके पास जंगली पक्षियों को डालने के लिए कुछ बीज होते। यह विचार उसके मन में यूँ ही आया था। कुछ मिनट बाद एक पड़ोसन का फ़ोन आया, जो मकान बदलने के लिए सामान पैक कर रही थी। पड़ोसन ने कहा कि क्या वह पक्षियों को डालने वाले बीजों का एक बड़ा बैग पसंद करेगी। माँगो और यह दिया जाएगा! प्रायः हमारी मनचाही चीज़ तुरंत ही प्रकट हो जाती है, जब हम इच्छा का प्रतिरोध नहीं करते हैं - या जब हमारे रेडियो संकेत बहुत उच्च होते हैं। प्रतिरोध जितना ज़्यादा होता है, हमें उतना ही ज़्यादा इंतज़ार करना पड़ता है।

उत्कंठा या बेसब्री हमेशा प्रबल विरोधी ऊर्जा का लक्षण होती है : बड़ी इच्छा और दुखदायी प्रतिरोध का मिश्रण। बिना प्रतिरोध वाली बड़ी इच्छा राजमार्ग पर आनंददायक सवारी की ओर ले जाती है - पल भर भी डरे या शंका किए बिना सुखद रूप से अपने सपने की ओर चलना। लेकिन किसी भी प्रकार का प्रतिरोध भावनाओं की उथल-पुथल की ओर ले जाता है, जब आप कभी तो यह सोचते हैं कि आप क्या चाहते हैं और यह क्यों होगा (इसके प्रति हाँ कहते हैं), और फिर यह चिंता करने लगते हैं कि यह क्यों नहीं हो सकता, या ख़ुद को बताते रहते हैं कि यह संभव नहीं है, इससे दूसरे विचलित हो सकते हैं या आप इसके हक़दार क्यों नहीं हैं या आपको इसकी इच्छा भी नहीं करनी चाहिए (इसके प्रति नहीं कहते हैं)। यदि यह चा-चा बहुत दर्द भरा नृत्य बन जाए या थकाकर चूर कर दे, तो आप आह भरकर अपने सपने का गला घोंटने का विकल्प चुन सकते हैं और ख़ुद से कह सकते हैं कि यह एक असंभव सपना था; यह 'इतना अच्छा था कि सच नहीं हो सकता था।' या आप इसकी ओर बढ़े बिना ही इस विचार से ख़ुद को सताना जारी रख सकते हैं। लेकिन कोई भी चीज़ इतनी अच्छी नहीं होती कि सच नहीं हो सकती। याद रखें, वास्तविकता मनोऊर्जा से निर्मित है। यह स्थायी और ठोस नहीं है। आप सपने देखकर अपने जीवन को अस्तित्व में ला रहे हैं। कोई भी स्वप्न

असंभव नहीं हैं – बस वास्तविकता के घटिया या आलसी सृजनकार हैं। बस ऐसे लोग हैं, जो डर की अवस्था में फिसल गए हैं।

उत्कंठा हमेशा विरोधी ऊर्जा का संकेत है।

अपना सपना छोड़ने के बजाय आप अपनी मान्यताओं और अपेक्षाओं को अपनी इच्छा के सामंजस्य में लाने के लिए मेहनत कर सकते हैं। इसमें अपनी इच्छा को छोड़ने से अधिक समय लगता है। इसमें इसे एक हाथ दूर रखने या यह नाटक करने से अधिक समय लगता है कि आप दरअसल इसे चाहते ही नहीं थे। बहरहाल, जब आप यह सामंजस्य स्थापित कर लेते हैं, तो यह बहुत अधिक संतुष्टिदायक और सशक्तिकारक होता है! आपको **सृष्टि** के साथ सचेतन सह-निर्माता बनने की ख़ुशी मिलती है। और सच्चाई तो यह है कि दिल से महसूस की गई किसी इच्छा को त्याग देने से आपको हमेशा ख़ालीपन तथा शून्यता का अहसास होता है। एक बार जब आप उस सपने की तस्वीर को जकड़ लेते हैं, तो फिर उसके बाद पीछे लौटने का सवाल ही नहीं उठता है। आप ख़ुद को बता सकते हैं कि आप यथार्थवादी, व्यावहारिक या ज़िम्मेदार बन रहे हैं – जबकि सच तो यह है कि आपने अपनी ख़ुद की आत्मा को धोखा दिया है। आप मन ही मन हमेशा उस सपने की हसरत रखेंगे। आख़िर, वह उपहार आपका था और आप उसे ले सकते थे। **सृष्टि** पहले ही हाँ कह चुकी थी। आपको तो बस ऊर्जा के स्तर पर उस भावी स्वरूप में क़दम भर रखना था। इसके बजाय आप इसे न पाने के अपने कारणों से ही चिपके रहे। आप डर और नकारात्मक मूल्यांकन के संसार में पलटकर चले गए – और बिजली के टिमटिमाते बल्ब बनकर रह गए।

मेरी एक ग्राहक पाँच साल से किसी बच्चे को गोद लेने की कोशिश कर रही थी। जैसे ही वह मेरे सामने बैठी, उसने शिकायतों का पुलिंदा खोल दिया कि सामाजिक कार्यकर्ता कितने अक्षम थे, गोद लेने संबंधी तंत्र कितना बुरा तथा ख़राब था और यह कितनी ग़लत बात थी कि उसे बच्चा गोद लेने से रोका जा रहा था। और (हैरानी, हैरानी) वह ऐसे

बहुत से लोगों को जानती थी, जो उसी के जैसा महसूस करते थे! चूँकि उसने मेरी पुस्तकें पढ़ रखी थीं, इसलिए मुझे पॉज़ बटन दबाकर उसे याद दिलाना पड़ा कि उसने ख़ुद अपनी वास्तविकता का सृजन किया था और उसे बच्चा गोद लेने से ख़ुद उसके सिवाय कोई नहीं रोक रहा था। फिर वह तत्काल *ऐसा* करने के लिए ख़ुद को कोसने लगी और अपने सारे 'मुद्दे' बताने लगी। उसने यह भी बताया कि दोष उसके समस्याग्रस्त बचपन का था! मैंने कुछ देर तक उसकी बात सुनी, फिर मुझे हँसी आ गई। फिर हम इस तथ्य पर मिलकर हँसे कि हो सकता है कि उसका होने वाला बच्चा इंतज़ार कर रहा हो और उसके जीवन में आने का रास्ता देख रहा हो, जब तक कि पहले वह अधिक सकारात्मकता से सोचना न सीख ले! ऐसी माँ कौन चाहता है, जो शिकायतें करती हो, आहें भरती हो और पीड़ित जैसी महसूस करती हो?!

हममें से अधिकांश लोग ख़ुद को पराजित करने वाली इसी प्रकार की आदतों में फिसल सकते हैं। (निश्चित रूप से मैं भी - हालाँकि मैं इससे बचना सिखाती हूँ!) जब भी हमारे मन में प्रबल इच्छा होती है, तो हम यह व्याख्या करने की वैचारिक आदतें डाल लेते हैं कि यह क्यों पूरी नहीं हो रही हैं तथा यह कितना ग़लत है - और बार-बार इन्हीं विचारों को दोहराते रहते हैं - बजाय ऐसे विचार खोजने के, जिनसे हमें अच्छा महसूस हो, जिनसे हमें शक्ति मिले, जिनसे वह इच्छा हमारी वास्तविकता में आ जाए। इच्छा जितनी ज़्यादा प्रबल होती है, उतनी ही ज़्यादा सावधानी से आपको अपने भावनात्मक मार्गदर्शन को सुनने की ज़रूरत है, क्योंकि ज़रा सा प्रतिरोध भी आपको दुःखी कर देगा। *और* आपके सपने को साकार होने से रोक देगा।

सकारात्मक पर ध्यान केंद्रित करें

आप जो चाहते हों, वर्तमान वास्तविकता या सच्चाई पर तब तक ग़ौर न करें, *जब तक कि* यह उस इच्छा का समर्थन न करती हो। वास्तविकता हमेशा बदलने वाले केलीडोस्कोप की तरह है, जो आपके हाथों में है। आप अपने हर विचार से इसे गीली मिट्टी की तरह ढाल रहे हैं और आकार दे रहे हैं। वास्तविकता किसी भी विश्वास के समर्थन

में प्रमाण दिखा सकती है, क्योंकि आकर्षण का नियम इसी तरह काम करता है।

आप अपनी ख़ुद की वास्तविकता को आकार दे रहे हैं।

वास्तविकता के सृजन का कार्य 'सत्य' के उन पहलुओं पर ध्यान केंद्रित करना है, जो आपके सपनों और इच्छाओं का समर्थन करते हों - और बाक़ी को नज़रअंदाज़ करना है। या इसका नाटक करें और अपनी मनचाही चीज़ की बस *कल्पना* करें। अतीत को ज़ाने दें, जब तक कि आप आनंदित करने वाली सुखद यादों के लिए इसका दोहन न कर रहे हों। मददग़ार बातचीत या पुस्तकों के उपयोगी उद्धरण याद करें। लक्ष्य हासिल करने वाले लोगों की इंटरनेट सर्च करें या फ़िल्म व डॉक्युमेंट्री देखें। फिर रोल मॉडल के रूप में उनका इस्तेमाल करें। कल्पना करें कि वे कैसा महसूस करते हैं। उनके रेडियो संकेतों के सामंजस्य में पहुँचें। फ़ोटो, अख़बार के लेखों और तस्वीरों का समुच्चित चित्र बनाएँ, जो आपको अपनी इच्छा की याद दिलाता रहे। ऐसे लोगों से ख़ुद को घेर लें, जिन्होंने आपके जैसे स्वप्न को साकार किया हो। यदि आप एक प्रेमपूर्ण जीवनसाथी की तलाश में हैं, तो ऐसे दंपतियों के साथ उठना-बैठना छोड़ दें, जो अपने वैवाहिक जीवन में दुखी हैं या अकेले हैं और अपने भाग्य को कोसते हैं। यदि आप दौलतमंद बनना चाहते हैं, तो ऐसे लोगों से बचें, जो बिलों, कर्ज़ और आर्थिक सीमाओं का रोना रोते रहते हैं - कम से कम तब तक, जब तक कि आप उनके विश्वास से अप्रभावित हुए बिना उनकी बात न सुन सकें। कल्पना करें कि आपका स्वप्न पहले ही साकार हो चुका है। अब आप कितना अलग सोचते, महसूस करते और कार्य करते हैं? अपने भावी स्वरूप की ऊर्जा को क़ायम रखना शुरू करें।

यह रेत में सिर छिपाने या चिर-आशावादी होने जैसा लग सकता है, लेकिन इसी से आपका भविष्य बदलेगा। जब तक आप नहीं बदलते हैं, तब तक कुछ भी नहीं बदलता। बहरहाल, इसका अर्थ ख़ुश होने का *नाटक करना* और किसी भी नकारात्मक भावना को नज़रअंदाज़ करना

नहीं है। आपके विचारों और शब्दों को आपके रेडियो संकेतों के अनुरूप होना चाहिए (यानी कि सच्चा)। नाटक और अस्वीकृति आपको कभी अपने सपनों की ओर नहीं ले जाएगी। **सृष्टि** आपके झूठ या नक़ली मुस्कान से कभी मूर्ख नहीं बनती है। यह तो आपके रेडियो संकेतों की सच्चाई पर प्रतिक्रिया करती है - *जैसा आप महसूस करते हैं।* आपको लगातार और संवेदनशीलता से समझना चाहिए कि आप कैसा महसूस करते हैं और फिर अपनी भावनाओं के मार्गदर्शन से ऐसे विचार, यादें, बातचीत, स्थितियाँ और निर्णय खोजने चाहिए, जिनसे आपको अच्छा महसूस हो।

जब तक आप नहीं बदलते हैं,
तब तक कुछ भी नहीं बदलता।

अपने सपनों का निर्माण करना

यदि कोई सपना पहुँच से बहुत ज़्यादा दूर महसूस होता हो - यदि इसकी वजह से आप अविश्वास में सिर हिलाते रहते हों - तो फिर शुरुआत में कोई कम चुनौतीपूर्ण लक्ष्य बनाएँ। रेडियो संकेतों में रातोरात ऊँची छलाँग का लक्ष्य न बनाएँ, वरना आपके चेहरे के बल गिरने की आशंका है। अपने सपनों के घर की कल्पना करने के बजाय हाल-फ़िलहाल बगीचे वाला एक थोड़ा बड़ा घर कैसा रहेगा? बेस्टसेलर लिखने के लक्ष्य के बजाय अपना पहला लेख या कविता प्रकाशित कराना कैसा रहेगा? जीवनसाथी को आकर्षित करने के बजाय हाल-फ़िलहाल एक आनंददायी साथी से मिलना और यह देखना कैसा रहेगा कि आगे क्या होता है? यदि आप गंभीर रूप से बीमार हैं, तो आदर्श स्वास्थ्य का लक्ष्य बनाने के बजाय, हर सप्ताह थोड़े ज़्यादा फ़िट या गतिशील होने का लक्ष्य बनाएँ। इससे आप कहीं कम प्रतिरोध महसूस करेंगे और सही दिशा में चलेंगे।

यदि आप किसी विषय के बारे में सोचते वक़्त उस अति महत्त्वपूर्ण राहत का अहसास - या सुखद प्रतीक्षा का अहसास - नहीं पा सकते, तो एक विकल्प है। किसी दूसरी चीज़ पर अपना ध्यान केंद्रित करें। कोई

ऐसी चीज़, जो आपको ख़ुश और प्रशंसित महसूस कराती हो। कोई ऐसी चीज़, जो **स्रोत** ऊर्जा के आपके माध्यम से प्रवाहित होने में मदद करती हो। कोई ऐसी चीज़, जो आपके प्रतिरोध को मुक्त करती हो। जब भी आप आनंदित होते हैं और ख़ुशी महसूस करते हैं, तो आप एक लेज़र बीम होते हैं। जब तक कि आपको अच्छा महसूस होता रहे, तब तक इससे कोई फ़र्क़ नहीं पड़ता कि आप किस बारे में सोच रहे हैं या क्या कर रहे हैं। **सृष्टि** जानती है कि आप क्या चाहते हैं और यह वह चीज़ आपके पास जल्द ही भेज देगी, जैसे ही आपका प्रतिरोध कम हो जाएगा; जैसे ही आपके रेडियो संकेत लगातार ऊँचे रहेंगे। आपको आदर्श लेज़र बीम होने की ज़रूरत नहीं है। **सृष्टि** कोई कठोर सुपरवाइज़र नहीं है। बस यह ध्यान रखें कि आप जितने नकारात्मक संकेत भेज रहे हों, उनसे अधिक सकारात्मक संकेत भेजें। और इसमें ज़्यादा समय नहीं लगता है।

जो विचार और गतिविधियाँ अच्छी महसूस होती हैं, उन्हें अगर आप सिर्फ़ तीन दिन तक जान-बूझकर चुनते हैं, तो आपको कोई न कोई ऐसा संकेत या संयोग मिल जाएगा, जिससे इस बात की पुष्टि हो जाएगी कि आप सही दिशा में बढ़ रहे हैं। तीन सप्ताह के भीतर आपके जीवन में नाटकीय परिवर्तन शुरू हो सकते हैं।

क्या हो, अगर आप यह सोचते हों, 'मैं तब तक ख़ुश नहीं रह सकता, जब तक कि मेरे पास वह पद/पैसा/पुरस्कार/उपलब्धि/ संबंध/मकान/ स्वास्थ्य न हो, जिसे मैं बहुत ज़्यादा चाहता हूँ?' विरोधाभास यह है कि आपको वह चीज़ तब तक नहीं मिल सकती, जब तक कि आप वर्तमान में ही ख़ुश न हों, क्योंकि हताशा या दुःख के मनोभाव के साथ जुड़ी उत्कंठा उस चीज़ को आपके पास नहीं आने देगी! जब तक आप लगातार यह पुष्टि करते रहेंगे कि वह चीज़ अब तक नहीं आई है, तब तक वह आपके पास नहीं आ सकती। अगर आप इस बात पर ध्यान केंद्रित करते हैं कि क्या ग़लत या कम है, तो यही आपके द्वारा भेजा गया रेडियो संकेत है। मुक्तिदायक सत्य यह है कि आपको इस वजह से कभी बुरा महसूस नहीं होता है, क्योंकि कोई सपना

continued...

अब तक साकार नहीं हुआ है - न ही इसलिए, क्योंकि कोई बुरी घटना हो गई है या इस वक़्त हो रही है। आप बुरा सिर्फ़ इसलिए महसूस करते हैं, क्योंकि आप प्रवाह के विरुद्ध जा रहे होते हैं। और यह प्रतिरोध ही है, जो आपके सपने को साकार होने से रोक रहा है और आपको बुरा महसूस करा रहा है।

आप किसी भी अवस्था में खुश रह *सकते* हैं। आप अपने जीवन में बिना कोई बदलाव किए बेहतर महसूस कर *सकते* हैं। (और फिर यह बदल जाएगा।) आप इस वक़्त जहाँ हैं, उससे समझौता करना अनिवार्य है। आप अपनी शाश्वत यात्रा पर हैं। आप अच्छा कर रहे हैं। जीवन जैसा भी हो, उससे लड़ना छोड़ दें। हल्के हो जाएँ और इसे लेकर हँसें। फिर अपनी इच्छा के बारे में ऐसे तरीक़े से सोचें, जिससे आपको आशा का अहसास हो; या किसी दूसरी चीज़ पर ध्यान केंद्रित करें, जिससे आपको अच्छा महसूस हो। आपको तो बस तराजू का पलड़ा सकारात्मक दिशा में झुकाना है। जैसे ही आप प्रवाह के साथ जाने लगेंगे, राहत की भावना तत्काल आ जाएगी।

आपको कभी इसलिए बुरा महसूस नहीं होता, क्योंकि कोई सपना अब तक साकार नहीं हुआ। आप तो सिर्फ़ इसलिए बुरा महसूस करते हैं, क्योंकि आप प्रवाह का प्रतिरोध कर रहे होते हैं।

यदि आप उस विशेष विषय के बारे में सकारात्मक विचार नहीं खोज सकते, तो अपने जीवन की सभी अद्भुत चीज़ों के बारे में सोचें। अपने चारों ओर बिखरे सौंदर्य को देखें। अपने जीवन को छोटे-छोटे आनंदों से भर लें। ध्यान करें। अपने मकान या ऑफ़िस से अटाला साफ़ करें। मिट्टी का पुराना गमला फेंक दें। सब्ज़ियाँ उगाएँ। वाटरकलर पेंटिंग करें। पियानो बजाएँ। कॉमेडी फ़िल्म या सीरियल देखें। पार्क में जॉगिंग

करें। अपने कुत्ते को लाड़ करें। किसी ऐसे व्यक्ति को फ़ोन करें, जो आपसे प्रेम करता है और आपकी क़द्र करता है। या एक पत्र लिखकर उसमें अपनी भड़ास निकाल दें और फिर उसे जला दें। या फिर अगर इससे आपको अच्छा महसूस होता हो, तो तकिए में चिल्लाएँ या प्लेट्स को दीवार पर फेंककर तोड़ दें। आपको जिस भी चीज़ की ज़रूरत हो, वह करें, ताकि आपको राहत, स्वतंत्रता, आराम, आसानी से साँस लेने की क़ाबिलियत का सुखद एहसास दोबारा मिल जाए। इसी अहसास से इस बात की पुष्टि होती है कि आप सही दिशा में बढ़ रहे हैं।

अब आप प्रवाह के साथ जा रहे हैं। पीछे न मुड़ें। पीछे न देखें। अतीत के बारे में भूल जाएँ। विचार की पुरानी आदतों में न उलझें। चा-चा न करें। दिन भर खुद से पूछते रहें, 'इस वक़्त मेरे लिए यह प्रतिरोधक विचार है या प्रवाहमय विचार है? यह कैसा महसूस होता है?'

बस प्रवाह के साथ जाते रहें - और आपके सपने जल्द ही आपकी वास्तविकता में साकार हो जाएँगे।

सिर्फ़ आपके लिए

दिवास्वप्न देखने वाला बनना

दिवास्वप्न देखने से आपके भावी स्वरूप के सृजन में मदद मिलती है। यह अपनी मनचाही चीज़ की कल्पना करने की क्षमता है, जो आपको ***स्रोत*** *के साथ सक्रिय सह-निर्माता बना देती है। कल्पना करें कि आपकी मनचाही चीज़ इसी वक़्त आपके पास है। काल्पनिक दृश्य को सजीव करने के लिए अपनी सारी इंद्रियों का उपयोग करें। इसे महसूस करें। इसमें साँस लें। इससे प्रेम करें। या बस आनंद देने वाली सुखद यादों की धूप सेंकें। आनंद लें!*

मानसिक चित्र देखने के दो रहस्य हैं। पहला, सुखद स्थान से शुरू करें। यदि आप उत्कंठा या निराशा में चित्र देखने की कोशिश करते हैं, तो इससे आप अंततः अधिक निराशा महसूस कर सकते हैं। इससे आपकी ऊर्जा और अधिक बँट जाती है। इसलिए ऐसा समय चुनें, जब आप अच्छा महसूस कर रहे हों - या शिथिल होकर शुरू करें या सुखद

याद जगाकर या अलाव के सामने बैठकर या बगीचे में सनबाथ करते समय। (मैं गर्म बबल बाथ में बहुत सारे दिवास्वप्न देखती हूँ।)

दूसरी बात, बस इसका आनंद लें। किसी सुखद दिवास्वप्न में डूब जाएँ और उससे मिलने वाली ज़ायक़ेदार भावनाओं का आनंद लें। यदि आप 'किसी चीज़ को घटित करवाने की कोशिश' के तयशुदा इरादे से दिवास्वप्न देखते हैं, तो आप यथास्थिति (जिसका आप वर्तमान में प्रतिरोध कर रहे हैं) और भावी मनचाही स्थिति के बीच अपनी ऊर्जा को विभक्त कर देते हैं। दिवास्वप्न का बस आनंद लेने से आप अपनी ऊर्जा को अधिक सामंजस्यपूर्ण बना देते हैं - और उस भावी स्वरूप के साथ सामंजस्य में थिरकने लगते हैं।

एक लेज़र सूची बनाएँ

ध्यान केंद्रित करने के लिए एक इच्छा चुनें - और यह लिख लें कि आप ऐसा क्यों चाहते हैं। (आपको अपनी इच्छा को तर्कसंगत बनाने की ज़रूरत नहीं है। **सृष्टि** ने पहले ही हाँ कह दिया है! लेकिन 'क्यों' पर ध्यान केंद्रित करने से आपको लेज़र बीम बनने में मदद मिल सकती है।) अब उन सारे कारणों की सूची तैयार करें कि यह सपना क्यों सच होने जा रहा है। वे विचार, विश्वास और यादें, जो इसे सहारा देती हों। वे संकल्प, जो अच्छे महसूस होते हों। मित्रों या परिजनों की सहायक व सकारात्मक टिप्पणियाँ। दूसरों के जीवन के प्रासंगिक उदाहरण। यह जानना कि **सृष्टि** आपकी हर इच्छा का समर्थन करती है। हर वह चीज़, जो आपको महसूस कराए, 'हाँ, यह होने वाला है!'

अलग-अलग वक़्त पर अलग-अलग विचार आनंददायक लगेंगे, इसलिए मन में आने वाली हर चीज़ को लिख लें। यदि कोई नकारात्मक विचार उत्पन्न हो, तो उसे उदासीन करने के लिए सकारात्मक प्रतिक्रियाएँ लिख लें। उस स्थिति को देखने के ऐसे तरीक़े खोजें, जिनसे आपको बेहतर महसूस हो। ख़ुद को लेज़र बीम बनने की याद दिलाते रहें। अपनी लेज़र सूची को अपने साथ ही रखें, ताकि जब कभी भी आप अपनी इच्छा के बारे में सोचते वक़्त आशावादी तथा आनंददायी से कम महसूस करें, तो आप इसे देख सकें।

अध्याय छह

हल्के हों और छोड़ दें

अहं के स्तर पर हम अपनी समस्याओं को सुलझाने के लिए संघर्ष करते हैं। आत्मा देखती है कि संघर्ष ही समस्या है। **दीपक चोपड़ा**

सत्रह वर्ष पहले मैंने आस्था की एक छलाँग लगाई, जिसने मेरी ज़िंदगी बदल दी। मैंने क्लिनिकल साइकोलॉजिस्ट की नौकरी से इस्तीफ़ा दे दिया, ताकि मैं अपनी पहली पुस्तक *लिविंग मैजिकली* लिख सकूँ। मेरे पास इसके प्रकाशन का कोई अनुबंध नहीं था और कोई स्पष्ट विचार भी नहीं था कि मैं भविष्य में अपनी आजीविका कैसे कमाऊँगी - लेकिन मैंने प्रेमपूर्ण **सृष्टि** पर विश्वास किया। मैंने अपने दिल का अनुसरण किया, क्योंकि मैं जानती थी कि मुझे सही दिशा में क़दम दर क़दम मार्गदर्शन मिलेगा। पुस्तक पूरी होने से पहले ही मेरे पूर्व सहकर्मियों ने मुझसे आग्रह किया कि मैं अपने विचारों को लेकर एक वर्कशॉप आयोजित करूँ। 'संयोगों' की एक शृंखला के ज़रिए उस वर्कशॉप की बदौलत मुझे लंदन रेडियो स्टेशन पर एक कार्यक्रम देने का अवसर मिला, जिससे इस विषय पर जनरुचि का सैलाब उमड़ पड़ा - और कुछ महीनों के भीतर ही मैं लंदन में रहने लगी, लगातार लोकप्रिय होती *लिविंग मैजिकली* वर्कशॉप्स करने लगी तथा मुझे प्रकाशक मिल गया।

एक बार जब आप आकर्षण के नियम और भावनात्मक मार्गदर्शन की प्रकृति को समझ लेते हैं, तो उसके बाद आपको दोबारा कभी संघर्ष करने की ज़रूरत नहीं होगी। संघर्ष और प्रयास का हमेशा अर्थ होता है कि आप प्रतिरोध की अवस्था में हैं। जब आप शिथिल हो जाते हैं, हल्के हो जाते हैं और नियंत्रण छोड़ देते हैं, तो हर चीज़ प्रवाहित होने लगती है। जब आप वह करते हैं, जिससे आपको प्रेम है, तो आप अपने उच्चतर स्वरूप में क़दम रखते हैं। पौराणिक कथाओं के विशेषज्ञ जोसेफ़ कैंपबेल ने कहा था, 'अपने आनंद का अनुसरण करो... और द्वार खुल जाएँगे।' मैंने असंख्य अवसरों पर यह होते देखा है। जब आप अपने आनंद का अनुसरण करते हैं - अच्छा लगने वाला काम करते हैं, स्वयं को पोषण देते हैं, ख़ुद को तथा दूसरों की सराहना करते हैं, अपने दिन को प्रियजनों, आनंददायक गतिविधियों और इंद्रियगत ख़ुशियों से भर लेते हैं - तो आप **सृष्टि** की ख़ुशी और कल्याण के साथ गूँजने लगते हैं। और एक बार जब आप **सृष्टि** की शक्तियों के सामंजस्य में आ जाते हैं, तो उपहार और मददग़ार संयोग दूर नहीं होते हैं।

क्या इसका अर्थ है कि आपको उस नौकरी से कल ही इस्तीफ़ा दे देना चाहिए, जिससे आप नफ़रत करते हैं? बिलकुल नहीं। (मैंने जब इस्तीफ़ा दिया था, तो मुझे अपनी नौकरी से प्रेम था; मैं तो बस विकास करके उससे आगे निकल चुकी थी।) यदि आप ऐसी नौकरी में हैं, जिससे आप नफ़रत करते हैं, तो शायद आपके पास आमदनी का दूसरा कोई स्थायी ज़रिया नहीं है, वरना आप इसे पहले ही छोड़ चुके होते - इसलिए इसे छोड़ने से नई समस्याएँ उत्पन्न हो सकती हैं। आप जिसे पसंद नहीं करते हैं, उससे दूर न जाएँ; इसके बजाय अपनी मनचाही चीज़ को पहचानें और उसकी ओर बढ़ें। क़दम उठाने से *पहले* हमेशा अपनी ऊर्जा को बदलें। धन और कामकाज के बारे में अपनी धारणाओं की पड़ताल करें। एक ऐसी जीवनशैली खोजने का स्पष्ट इरादा तय करें, जिससे आप सचमुच प्रेम करते हों। स्पष्ट करें कि किस चीज़ की वजह से आपका दिल गुनगुनाने लगता है। इस दौरान, आपको अपने वर्तमान पद, अपने सहकर्मियों, अपने कार्यस्थल और अपनी सीखी तथा हासिल की सारी चीज़ों के बारे में जो भी पसंद है, उस पर ध्यान केंद्रित करें। आप पद का प्रतिरोध करने के बजाय उसमें सुकून महसूस करने लगेंगे - शायद

दोबारा इसका आनंद भी लेने लगेंगे - और इससे नए अवसरों के द्वार खुल जाएँगे। शायद इसकी बदौलत आप साल भर के लिए पूरे संसार की यात्रा पर चले जाएँगे। शायद किसी नए कैरियर के लिए दोबारा प्रशिक्षण लेने लगेंगे। शायद अपना ख़ुद का व्यवसाय खड़ा करने लगेंगे। या शायद कोई दूसरी कंपनी आपको नौकरी दे देगी। और जब वह अवसर या प्रेरणा आएगी, तो आपको कोई शंका या चिंता महसूस नहीं होगी। यह किसी साहसिक निर्णय जैसा महसूस नहीं होगा। यह अवश्यंभावी और सही दिखेगा - और आपके शरीर की हर कोशिका आनंद से थिरक रही होगी।

क़दम उठाने से पहले अपनी ऊर्जा को हमेशा सामंजस्य में ले आएँ।

आपको इस बारे में कभी चिंता करने की ज़रूरत नहीं है कि कोई चीज़ कैसे या कब हो सकती है। बस अपना इरादा बना लें। **सृष्टि** आदर्श समय पर सारी आवश्यक घटनाओं और परिस्थितियों को तालमेल में ला सकती है। साकार होने का समय पूरी तरह आपके उच्चतर स्वरूप के सामंजस्य में आने पर निर्भर करता है। यह कहने से कतराएँ 'मैं चाहता हूँ कि यह अगले सप्ताह या अगले माह हो जाए।' यदि आपका एक हिस्सा इस बात पर यक़ीन न करता हो कि यह इतनी जल्दी हो सकता है, तो निश्चित समयसीमा से प्रतिरोध उत्पन्न होता है। आप ख़ुद को संघर्ष में धकेल सकते हैं। (दूसरी ओर, यदि यह बेहतरीन *महसूस* होता है, तो इसे कर दें!) इसी तरह, आपको यह पता लगाने की ज़रूरत नहीं है कि सही जीवनसाथी, आदर्श नौकरी या मकान को *कैसे* खोजा जाए, अपना कर्ज़ कैसे उतारा जाए, रचनात्मक राह कैसे खोजी जाए या किसी मुश्किल मुद्दे को कैसे सुलझाया जाए। कैसे, कब और कहाँ के सारे विस्तृत विवरण **सृष्टि** सुलझा लेती है। अपने लक्ष्य की ओर पहुँचने की जल्दबाज़ी न मचाएँ, क्योंकि जब हर चीज़ आपके लिए तय हो जाएगी, तो प्रवाह आपको वहाँ ले जाएगा। यदि आप किसी इच्छा के कंपनों के सामंजस्य में पहुँच जाते हैं, तो **सृष्टि** इसे साकार करने का कोई न कोई तरीक़ा ख़ोज *लेगी*। पक्की गारंटी है। यह जादुई वास्तविकता इसी तरह

काम करती है। आपका काम तो बस प्रवाह में पहुँचना है।

इसे आसानी से लेना

जब संयोग से चीज़ें एक साथ होने लगें, तो यह इस बात का संकेत है कि आप प्रवाह में पहुँच रहे हैं। जैसे आप रेडियो स्टेशन बदलें और आपको वही गाना सुनाई दे, जिसे आप कुछ समय पहले गुनगुना रहे थे। या आप किसी पुराने मित्र से टकरा जाएँ, जिसे आपने बरसों से नहीं देखा था और कुछ समय पहले ही उसका पता लगाने का इरादा किया था। या जब आप पिरामिडों की यात्रा करने की योजना बना रहे थे, तभी आपको मिस्र की यात्रा के बारे में चर्चा सुनाई दी। या शायद आपके कुछ व्यक्तिगत संकेत आपको बता सकते हैं कि आप **स्रोत** के सामंजस्य में आ चुके हैं – जैसे भाग्यशाली नंबर या प्रतीक, जो **सृष्टि** के हाँ कहते समय प्रकट हो जाता है, 'हाँ, तुम सही दिशा में बढ़ रहे हो।' (मेरे लिए 7 और 33 अंक इस बात की पुष्टि करते हैं कि मैं प्रवाह में हूँ। इसी तरह इंद्रधनुष, तितलियाँ या छोटे सफ़ेद पंख दिखने से भी इस बात की पुष्टि होती है।)

एक बार जब आप प्रवाह में पहुँच जाते हैं – यानी, आप अद्‌भुत महसूस कर रहे होते हैं और शायद एक साथ होने वाली कुछ घटनाओं को देखते हैं – तो आपको किसी आवश्यक कार्य को करने की अंतःप्रेरणा महसूस होगी। जैसे अख़बार ख़रीदना, ट्रैवल एजेंट के पास जाना, किसी बुकस्टोर में जाना, किसी पूर्व सहकर्मी को फ़ोन करना, पक्षी अवलोकन का प्रशिक्षण लेना या फ़ोटोग्राफ़ी सीखना। उस अंतःप्रेरणा पर भरोसा करें!

कुछ समय पहले मैं लंदन में एक वर्कशॉप के लिए सामान पैक कर रही थी। अचानक मुझे यह संकेत महसूस हुआ कि मैं अपने बैग में दो एए बैटरियाँ रख लूँ। मैंने कंधे उचकाए, क्योंकि मैं कोई इलेक्ट्रॉनिक उपकरण नहीं ले जा रही थी – लेकिन फिर भी मैंने इस आंतरिक प्रेरणा का अनुसरण किया। वर्कशॉप देते समय पीए सिस्टम का रेडियो माइक अचानक जवाब दे गया। निश्चित रूप से इसे दो एए बैटरियों की ज़रूरत थी। मैंने अपने बैग में हाथ डाला और दो मिनट के भीतर ही दोबारा बोलना शुरू कर दिया। जब हम असीमित प्रज्ञा का दोहन करते हैं, तो यह बड़ा आश्चर्यजनक होता है कि हम सहज बोध से कितना कुछ जान जाते हैं!

जो भी कार्य संसार की शक्तियों के सामंजस्य में होता है, उसे करने पर हमें अच्छा महसूस होता है। उससे आप ऊर्जावान होते हैं। वह आपको स्वतंत्र कर देता है। वह सरल और सही महसूस होता है। या फिर वह आपको राहत देता है। यदि वह भारी महसूस हो, तो उसे न करें। भारीपन प्रतिरोध है, चेतावनी का संकेत है। जब आपको ऐसा महसूस हो, जैसे आप काँटों पर चल रहे हैं, तो क़दम उठाने में ज़्यादा तुक नहीं होती। आप **स्रोत** के सामंजस्य में नहीं हैं, इसलिए इसमें सिर्फ़ आपका समय व प्रयास ही बर्बाद होगा। शायद टाइमिंग सही नहीं है, शायद कार्य बुद्धिमत्तापूर्ण नहीं है, शायद आपके मन में विरोधी विचार हैं, जिनका परीक्षण करने की ज़रूरत है या फिर शायद आप दूसरी ज़रूरतों व इच्छाओं को नज़रअंदाज़ कर रहे हैं। आप जो भी करेंगे, उससे शायद स्थिति बिगड़ जाएगी।

यदि कोई काम भारी महसूस हो, तो उसे न करें!

मान लें, आप किसी प्रोजेक्ट को समय पर पूरा करने की कोशिश कर रहे हैं। आप लंच ब्रेक नहीं लेते हैं या सामाजिक आमंत्रण स्वीकार नहीं करते हैं। और तभी आपका कंप्यूटर ख़राब हो जाता है, आप कार दुर्घटना के शिकार हो जाते हैं या सीढ़ियों से फिसलने के कारण आपके पैर में फ्रैक्चर हो जाता है। ये दुर्घटनाएँ कुंठा और हताशा के आपके कंपनों का ही प्रतिबिंब हैं। प्रतिरोध के ख़िलाफ़ कोशिश करने या दबाव डालने से हमेशा नुक़सान होता है। इसका अर्थ है कि आप चा-चा कर रहे हैं। ख़ुद पर ज़्यादा दबाव डालने के बजाय आपको यह करना चाहिए कि अपने प्रतिरोध को मुक्त करने और दोबारा प्रवाह में पहुँचने में कुछ समय लगाएँ। इससे आपको बहुत लाभ होगा। किसी मुश्किल लगने वाली फ़ोन कॉल को करने से पहले अपने विचारों को सकारात्मक दिशा में केंद्रित करें और स्पष्ट परिणामों का इरादा कर लें। जब तक अच्छा महसूस न होने लगे, तब तक फ़ोन न उठाएँ।

यदि आप सचेतन सह-सृजनकर्ता बनना चाहते हैं, तो इस बात पर

नज़र रखें कि आप भावनात्मक सीढ़ी पर कहाँ हैं (देखें अध्याय 3)। निरंतर ऊपर चढ़ने व नीचे आने की निगरानी करें। ('हम्मम, उस टिप्पणी को सुनते ही मैं गिरकर कुंठा में पहुँच गया। मैं ऊपर के पायदानों पर दोबारा कैसे पहुँच सकता हूँ?') यदि आप अपनी ऊर्जा को उम्मीद से कम किसी पायदान पर पाएँ या कंपनों में अचानक कोई कमी नज़र आए, तो किसी भी प्रकार की गतिविधि को रोक दें, जब तक कि आप दोबारा सीढ़ी पर ऊपर न पहुँच जाएँ - या कम से कम राहत का अहसास महसूस न करने लगें। प्रवाह से बाहर रहने पर कोई भी क़दम उठाना हानिकारक, आत्म-विनाशकारी या (सबसे अच्छी सूरत में भी) समय की बर्बादी हो सकता है।

मनोऊर्जा से निर्मित वास्तविकता में किसी भी और हर समस्या का समाधान कंपन में निहित है। यह भिन्न विचार चुनने में निहित है, जिनसे भिन्न भाव उत्पन्न होते हैं, जिनसे भिन्न वास्तविकताओं का सृजन होता है। आप पर कभी भी इस बात का बुरा असर नहीं पड़ता कि कोई दूसरा क्या कर रहा है या 'जीवन कैसा है।' आपको अपनी परिस्थितियों या दूसरे लोगों के व्यवहार को बदलने की कोई ज़रूरत नहीं है, क्योंकि जब आप अपने कंपन बदल लेंगे, तो 'बाहर' की हर चीज़ बदल जाएगी - या आप इसे अलग नज़रिए से देखने लगेंगे। और यदि आपको कोई कार्य करने की ज़रूरत है, तो आप इसे करने के लिए स्वतः ही प्रेरित हो जाएँगे। आप ही एकमात्र व्यक्ति हैं, जो अपने सपनों के साकार होने की राह में आड़े आ सकते हैं।

हर समस्या का समाधान आपके कंपनों में निहित है।

अपने आदर्श जीवनसाथी की तलाश

मिसाल के तौर पर, मान लेते हैं कि आप एकाकी व असुरक्षित महसूस कर रहे हैं तथा किसी संभावित जीवनसाथी की तलाश कर रहे हैं। ऐसे में आप चाहे हर शाम नाइट क्लब्स और बार में तलाशें, इंटरनेट पर

सर्फ़िंग करें या वैवाहिक विज्ञापनों में खोजें, लेकिन आपको कोई उपयुक्त साथी नहीं मिलेगा। इसके बजाय संभावना किसी ऐसे व्यक्ति के मिलने की है, जो आपको एकाकी और असुरक्षित महसूस कराएगा या आपके नकारात्मक विश्वासों की पुष्टि करेगा।

जब आप **स्रोत** से अच्छी तरह जुड़े होते हैं, तो एकाकी महसूस करना लगभग असंभव है - इसलिए किसी संभावित नए जीवनसाथी को खोजने से *पहले* अपनी ऊर्जा के प्रवाह को बेहतर बनाएँ। ख़ुश और आत्मविश्वासी बनने तथा जीवन से प्रेम महसूस करने का लक्ष्य बनाएँ। इस तरह जिएँ, जैसे आप पागलों की तरह प्यार में हैं। ख़ुद के साथ ऐसा व्यवहार करें, मानो आपसे अत्यधिक प्रेम किया जा रहा हो। अपने सबसे अच्छे मित्र बनें। (इसके लिए सचेतन और जागरूक प्रयास की ज़रूरत होती है। आपको नए विचार चुनने होते हैं और भावनाओं के माध्यम से प्रवाह में पहुँचना होता है।) अपने अहं को अपने उच्चतर स्वरूप के सामंजस्य में लाएँ।

एक बार जब आप **स्रोत** के सामंजस्य में आ जाते हैं, तो फिर आपको अपना आदर्श जीवनसाथी बिना कोशिश किए ही मिल जाएगा। आप ख़ुद को सही समय पर सही जगह महसूस करेंगे या आपको सही क़दम उठाने का मार्गदर्शन मिलेगा। आपको सुखद संभावना का रोमांचकारी अहसास हो सकता है। या फिर आप ट्रेन, व्यावसायिक सम्मेलन या डिनर पार्टी में किसी से टकरा सकते हैं या रॉन्ग नंबर की फ़ोन कॉल के ज़रिए भी। (हाँ, कई लोग 'रॉन्ग नंबर' फ़ोन कॉल के ज़रिए अपने जीवनसाथी से मिल चुके हैं।) या आप ऐसे किसी शख़्स पर अचानक 'ग़ौर' कर सकते हैं, जो बरसों से आपके सामाजिक या कार्यालयीन दायरे में ही है, लेकिन अब आप उसे एक नई रोशनी में देख रहे हैं।

सृष्टि सटीकता से जानती है कि आप और आपका संभावित जीवनसाथी कहाँ हैं। यदि आप प्रवाह में हैं, तो वह उस मिलन-स्थल की ओर आपका मार्गदर्शन करेगी। और यदि आप सहज बोध के आवेग को नज़रअंदाज़ कर देते हैं या उस आकर्षक अजनबी की उपस्थिति में आपकी बोलती बंद हो जाती है और वह दूर चला जाता है, तब भी चिंता न करें। यह कभी भी आपका एकमात्र अवसर नहीं होता। ऐसे बहुत से अवसर आएँगे।

मैंने इतने सारे लोगों की 'चमत्कारी' कहानियाँ सुनी हैं कि मैं उनकी गिनती ही भूल गई हूँ, जिन्होंने मेरे *अट्रैक्टिंग अ सोलमेट* टेप को सुना और उसके बाद उनकी अपने जीवनसाथी से मुलाक़ात हो गई। यह टेप आपको मार्गदर्शन देता है कि आप अपनी मनचाही चीज़ को स्पष्ट कर दें, किसी भी प्रकार के प्रतिरोध को छोड़ दें और अपने भावी स्वरूप में आ जाएँ। एक ब्रिटिश महिला मेरे टेप को सुनते समय इंटरनेट पर सर्फ़िंग कर रही थी, तभी उसका होने वाला अमेरिकी पति अटलांटिक पार से ऑनलाइन प्रकट हुआ। कई लोगों ने बताया कि वे अपने भावी जीवनसाथी से तब मिले, जब टेप डाक से उन तक पहुँचने ही वाला था और वे स्पष्ट इरादा कर चुके थे! यह ज़रूरी नहीं है कि प्रतिरोध को मुक्त करना कोई बहुत बड़ा काम हो। आपको बरसों की मनोचिकित्सा की ज़रूरत नहीं होती। (दरअसल, मनोचिकित्सा आपके प्रतिरोध को बढ़ा सकती है, अगर यह इस बात पर ध्यान केंद्रित करे कि क्या 'ग़लत' है या आपकी समस्याएँ क्या हैं।) आपको इसे लेकर इतनी कड़ी मेहनत करने की कोई ज़रूरत नहीं है। आप तो बस सुकून से रहें, शिथिल हो जाएँ और विश्वास करें – क्योंकि **सृष्टि** काम में जुटी हुई है।

सुकून से रहें, विश्वास करें और ख़ुश रहें – सृष्टि काम में जुटी हुई है।

छोड़ने की शक्ति

एक डॉक्टर ने मुझे बताया कि वह एक संपूर्णतावादी स्वास्थ्य केंद्र के लिए पूरक योग्यताओं वाला एक व्यावसायिक साझेदार खोजना चाहता था। उपयुक्त व्यक्ति के लिए उसने एक व्यापक और सुनियोजित तलाश शुरू की। इसके लिए उसने चिकित्सक संस्थाओं, टेलीफ़ोन डायरेक्ट्रीज़ और इंटरनेट का इस्तेमाल किया – फिर उसे अहसास हुआ कि वह कुछ ज़्यादा ही कोशिश कर रहा था। यह उसके ख़ाली समय को निचोड़ लेती थी और इसमें उसे बुरा महसूस होता था। इसके बाद वह यह विश्वास

करने लगा कि किसी को पाने की उसकी योजनाओं ने **सृष्टि** को संदेश भेज दिया है। फिर वह बैठकर इंतज़ार करने लगा। कुछ सप्ताह बाद उसके मन में एक स्वास्थ्य संबंधी पत्रिका ख़रीदने की प्रेरणा जागी - और उसमें उसे एक ऐसे व्यक्ति का लेख मिल गया, जो उसकी सभी आवश्यकताओं को पूरा करता था, उसके विचार समान थे और वह पास वाले क़स्बे में ही रहता था। तीन साल के भीतर उन्होंने मिलकर एक फलता-फूलता केंद्र बना लिया।

इसे-आराम-से-लो का यही सिद्धांत हर रचनात्मक प्रोजेक्ट या इच्छा पर लागू होता है। यदि मैं कोई अध्याय लिखते वक़्त ख़ुद को संघर्ष की स्थिति में पाती हूँ, तो मैं झील तक टहलने चली जाती हूँ, बगीचे में पानी देने लगती हूँ, मोमबत्तियों की रोशनी वाले बाथ में लेट जाती हूँ या कुछ समय तक बिस्तर में घुस जाती हूँ। झपकी लेना कड़ी कोशिश करने से कहीं अधिक कार्यकुशल होता है - बशर्ते आप इसे लेकर अपराधी महसूस न करें! इससे प्रतिरोध मुक्त होता है। आराम करने के बाद जब मैं अपने कंप्यूटर पर बैठती हूँ, तो मुझे हमेशा पता होता है कि आगे क्या कहना है - या मुझे कुछ समय के लिए किसी दूसरे अध्याय या प्रोजेक्ट पर काम करने का मार्गदर्शन महसूस होता है। यह दोबारा सरल, प्रयासरहित और आनंदमय लगने लगता है।

नियंत्रण छोड़ने और समर्पण करने से शक्ति मिलती है। जब हम किसी मुद्दे से जूझते हैं, तो हमारा प्रतिरोध अक्सर अधिक गहरा हो जाता है। हम गोल-गोल घूमते रहते हैं और जहाँ हम खड़े हैं, वहाँ ज़्यादा गहरा गड्ढा खोद लेते हैं। हमारे नकारात्मक विचार बारंबार हमारे मन में उठते हैं और आकर्षण के नियम के ज़रिए समान कंपन वाले अधिक विचारों को आकर्षित करते हैं। इसीलिए हमारी मनचाही चीज़ हमारे पास नहीं आ सकती। दूसरी ओर, जब हम छोड़ देते हैं और सिर्फ़ विश्वास करते हैं - ध्यान रहे, आपको अपनी इच्छा को नहीं छोड़ना है, बल्कि इसकी बागडोर **सृष्टि** को सौंपना है - तो हमारा प्रतिरोध पिघल जाता है। इसीलिए 'बाँझ' दंपति जब बच्चा गोद ले लेते हैं, तो उसके बाद उन्हें संतान हो जाती है।

यदि आप लंबे समय से किसी चीज़ को चाहते हैं और यह अब

तक साकार नहीं हुई है, तो इसे 'छोड़ने और ईश्वर के हवाले करने' का अभ्यास करें। समाधान या रास्ता खोजने का संघर्ष छोड़ दें। इसे मुक्त कर दें। इसके बारे में भूल जाएँ। जो है, उसके साथ शांति बनाएँ। कई बार तो बस इसी की ही ज़रूरत होती है - यह अंतिम कार्य है - ताकि **सृष्टि** आपका उपहार आप तक पहुँचा सके।

आपको इसे घटित नहीं कराना है। आपको तो बस इसे घटित होने देना है।

डर पर आधारित विश्व-दर्शन आपको आश्वस्त करेगा कि हमें सिर्फ़ कड़ी मेहनत, संघर्ष और त्याग के ज़रिए ही पुरस्कारों की फ़सल मिल सकती है। कष्ट नहीं, तो लाभ नहीं। या आपको चैन से बैठने की अनुमति तभी है, जब आपने काम के पहाड़ को निपटाकर इसे पूरी तरह अर्जित किया हो। यह जीवन-एक-परीक्षा-है वाले विश्व-दर्शन या प्यूरिटन संप्रदाय की कार्य-नैतिकता का धर्मनिरपेक्ष संस्करण है। लेकिन यह दृष्टिकोण प्रेम व जुड़ाव के जादुई संसार से नहीं, बल्कि डर के सीमित संसार से उत्पन्न होता है। डर पर आधारित अहं समझ ही नहीं सकता कि कम कोशिश से बेहतर परिणाम कैसे मिल सकते हैं। इसे यह अहसास नहीं होता कि अपनी ऊर्जा को बदलने व **स्रोत** के सामंजस्य में लाने - और इस तरह नए रेडियो संकेत भेजना और प्राप्त करने - का काम ही सबसे महत्वपूर्ण है। यह आपके द्वारा *किए* किसी भी अन्य कार्य से कहीं अधिक प्रभावी होता है। जब आप अपने उच्चतर स्वरूप की ओर विस्तार करते हैं, तो आप असीमित प्रज्ञा का निरंतर दोहन कर सकते हैं। आप कहीं अधिक कार्यकुशल और उत्पादक बन जाते हैं। समय फैल सा जाता है और असीमित बन जाता है। यह तो वैसा ही लगता है, जैसे आप डायल-अप इंटरनेट से ब्रॉडबैंड कनेक्शन पर पहुँच गए हों; हर चीज़ अधिक सुगमता से प्रवाहित होती है।

ब्रह्मांड को इस तरह बनाया गया है, ताकि यह आपके मन में मौजूद हर इच्छा पूरी करे - बशर्ते आप अपने आंतरिक मार्गदर्शन पर भरोसा करें तथा राहत, खुशी और सुकून वाले भावनात्मक मार्ग पर चलें। तो फिर हम इतना अधिक प्रयास क्यों करते हैं और प्रवाह के ख़िलाफ़ क्यों जाते रहते हैं? क्योंकि सशर्त प्रेम का पुराना विश्व-दर्शन हम पर हावी हो जाता है और हमारी ब्रेनवॉशिंग कर देता है। इसी वजह से हम यह यक़ीन करने लगते हैं कि हमें अपने अस्तित्व को तर्कसंगत साबित करना है। कि हमें खुद को अच्छा और योग्य साबित करना है। कि हमें पुरस्कारों को अर्जित करना है या उनका अधिकारी बनना है। कि हमें खुशी, सफलता, धन या यहाँ तक कि प्रेम की भी क़ीमत चुकानी पड़ती है। कि हमें दूसरों को खुद से पहले रखना चाहिए। कि ग्लानि और कष्ट आत्मा के लिए अच्छे होते हैं। कई लोगों के मन में बचपन से ही यह विश्वास भर दिया जाता है कि आत्म-त्याग, क़ुर्बानी और दूसरों की अतिशय परवाह करने से संसार एक बेहतर स्थान बन जाता है। या कि एक व्यस्त दिनचर्या और आपके सिर पर लदे काम से ही यह साबित होता है कि आप महत्वपूर्ण हैं और लोगों को आपकी ज़रूरत है। जब मन में इस प्रकार के विश्वास होते हैं, तो संघर्ष की आदत पड़ सकती है।

आप तर्क दे सकते हैं, 'लेकिन आप समझ नहीं पा रही हैं। मुझ पर ढेर सारे दायित्व और ज़िम्मेदारियाँ हैं।' क्या सचमुच? क्या आपकी ज़िम्मेदारियाँ वाक़ई उतनी अनिवार्य हैं, जितना कि आप मानते हैं? क्या पृथ्वी सूर्य के चारों ओर घूमना छोड़ देगी, अगर वह प्रोजेक्ट एक-दो सप्ताह बाद पूरा हो या किचन का फ़र्श तीन सप्ताह से साफ़ न हुआ हो या आपने अपने ईमेल्स कुछ समय के लिए नज़रअंदाज़ कर दिए हों या लोगों के आग्रहों को ठुकरा दिया हो? या फिर इसका मतलब यह है कि आप जीवन-एक-परीक्षा-है के कठोर पौराणिक धारणा से संचालित हो रहे हैं, जो आपको बताता है कि आपको कड़ी मेहनत करनी

continued...

चाहिए और व्यस्त रहना चाहिए? यह पौराणिक धारणा आपको प्रवाह के बाहर ही रखेगा। (और यह अगर कोई ऐसी चीज़ है, जिसे करने का आप *चुनाव करते* हैं - जैसे अपने प्रिय मकान में रहने के लिए क़िस्त चुकाना या अपनी मनचाही योग्यता व उपाधि हासिल करने के लिए अध्ययन करना - तो इसे चिढ़कर करने के बजाय ज़्यादा बड़ी तस्वीर को याद करते रहें।)

अधिक प्रयास का अर्थ है कि आप प्रवाह के ख़िलाफ़ जा रहे हैं।

आप कड़ी मेहनत और लगन के ज़रिए परिणाम प्राप्त कर *सकते* हैं, ख़ास तौर पर तब जब आपका लक्ष्य स्पष्ट हो और आप एकाग्र हों - लेकिन इसके बावजूद इसमें बहुत सारा समय और ऊर्जा बर्बाद हो जाएगा। जब भी आप अपने दाँत पीसते हैं, दबाव महसूस करते हैं, समय की कमी या अधीरता महसूस करते हैं, तो जान लें कि आप प्रवाह के विरुद्ध जा रहे हैं। सच तो यह है कि **सृष्टि** आपको समाधान देने और आप पर उपहारों की बारिश करने के लिए बनाई गई है। इसलिए नहीं, क्योंकि आप उनकी ख़ातिर कड़ी मेहनत करते हैं। इसलिए नहीं, क्योंकि आप उनके हक़दार हैं। इसलिए नहीं, क्योंकि आप उनके योग्य हैं। (आपकी योग्यता पर कहीं कोई प्रश्नचिन्ह है ही नहीं।) सिर्फ़ इसलिए क्योंकि आपने माँगा है - और **सृष्टि** ने हाँ कह दिया है।

पाने के लिए खुलना

ग़ौर करें कि आप प्रशंसाओं या मुफ़्त उपहारों पर कैसी प्रतिक्रिया करते हैं। इससे आपको अपने विश्व-दर्शन का काफ़ी अच्छा अंदाज़ा लग जाएगा। जब कोई मित्र कहता है कि आप कमाल के दिख रहे हैं या आपका बॉस आपके किसी काम पर आपको बधाई देता है, तो आप क्या करते हैं? क्या आप कंधे उचकाते हैं या इसे नकार देते हैं? क्या आप मन ही मन ख़ुद से कहते हैं कि उन्हें ग़लतफ़हमी हुई है या बस

औपचारिकतावश भले बने रहते हैं? शायद आप तत्काल 'भुगतान' करने के लिए प्रशंसा को लौटा देते हैं? या फिर आप सहज कृतज्ञता के साथ इसे स्वीकार करते हैं? आप किसी अप्रत्याशित उपहार या किसी मित्र के मदद के प्रस्ताव को कैसे स्वीकार करते हैं? जब कोई कहता है कि वह आपसे प्रेम करता है, तो आप किस तरह प्रतिक्रिया करते हैं? इन सभी मामलों में आपकी प्रतिक्रिया जैसी होती है, शायद **सृष्टि** के उपहारों के साथ भी वैसी ही होती है। आप उन्हें दूर ढकेल देते हैं। उनकी ख़ातिर भुगतान करते हैं। या बस हाँ कह देते हैं - कृतज्ञता और सराहना के साथ।

सृष्टि आपको उपहार देती है; कृतज्ञतापूर्वक उसे स्वीकार करना वह उपहार है, जो आप **सृष्टि** को देते हैं। इससे **सृष्टि** के विस्तार में मदद मिलती है। क्या यह अद्‌भुत विचार नहीं है? **सृष्टि** *आपके माध्यम से* (आंशिक रूप से) विकसित हो रही है। आप सपना देखते हैं और इच्छा करते हैं। **सृष्टि** हाँ कह देती है। आप अपने उपहार स्वीकार करते हैं। फिर संसार बदलता और विकसित होता है। आपके द्वारा अपने उपहारों को नहीं कहने से किसी को मदद नहीं मिलती। फँसे रहने या परिवर्तन से कतराने से किसी को मदद नहीं मिलती। आपके कष्ट और त्याग से किसी को लाभ नहीं होता। अगर आपके पास कम पैसा है, तो इससे कोई दूसरा ज़्यादा दौलतमंद नहीं बन जाता है। अगर आप बीमार रहते हैं, तो कोई ज़्यादा स्वस्थ नहीं होता है। **सृष्टि** के संसाधन असीमित हैं। यह आपके सपनों, इच्छाओं, विश्वास और अपेक्षाओं के अनुपात में ही फैलती है।

जब हम सामूहिक रूप से ऊर्जा के सस्ते, नवीनीकरण योग्य और प्रचुर स्रोतों की इच्छा, कल्पना और अपेक्षा करते हैं, तो ऐसा ही होगा। जब हम सामूहिक रूप से सस्ती, सुरक्षित और प्रभावी स्वास्थ्य सुविधाओं की इच्छा, कल्पना और अपेक्षा करते हैं, तो ऐसा ही होगा। जब हम सामूहिक रूप से प्रदूषणरहित कारों, ट्रेनों और वायुयानों की इच्छा, कल्पना और अपेक्षा करते हैं, तो ऐसा ही होगा। वास्तविकता निश्चित या ठोस नहीं होती। हम संसार को अस्तित्व में लाने वाला स्वप्न देख रहे हैं। यह वास्तविकता मनोऊर्जा से निर्मित है - जिसकी सीमा सिर्फ़ हमारी कल्पना और इच्छा द्वारा ही तय होती है।

पुरस्कार अर्जित करने की कोशिश के बजाय उपहार पाने के लिए खुले रहें।

क्या इसका अर्थ यह है कि आपको कुछ करने की ज़रूरत नहीं है? बस बैठे रहें और सपने देखें, अंगूर खाएँ और अपने उपहारों का इंतज़ार करें? इसके विपरीत, आप यहाँ पर जीवन का आनंद लेने आए हैं! अपने दिनों को अद्भुत अनुभवों, प्रेरक बातों, प्रेमपूर्ण संबंधों और ऐंद्रिक आनंदों से भरने के लिए आए हैं। अपने सपनों की जीवनशैली का सृजन करने आए हैं। किसी भी प्रकार के सुखद आवेगों का अनुसरण करने और रोमांचक या महत्वाकांक्षी प्रोजेक्ट्स में ख़ुद को जोश से झोंकने के लिए आए हैं। जो भी आनंददायक और प्रेरक महसूस होता है, उससे संसार के प्रति योगदान देने आए हैं। ख़ुद को जीवन और प्रेम के प्रति पूरी तरह से खोल लें। लेकिन आपको नियंत्रण में रहने की ज़रूरत नहीं है। आप नियंत्रण **सृष्टि** के हवाले कर सकते हैं। नियंत्रित करने की कोशिश का आम तौर पर यह अर्थ होता है कि आप प्रवाह के ख़िलाफ़ जा रहे हैं – इसलिए आप अपनी मनचाही चीज़ से दूर जा रहे हैं। ऐसा करने पर आप तनावपूर्ण, आंदोलित, चिंतित, आलोचनात्मक, क्रोधित, थके हुए, ऊबे हुए या शक्तिहीन महसूस कर सकते हैं। आपके लिए ट्रैफ़िक लाइट्स लाल रंग की हैं। इसलिए यह सुकून से रहने का समय है। गहरी साँस लें और ख़ुद को याद दिलाएँ कि **सृष्टि** प्रभारी है। सब कुछ ठीक है। बस कल्पना करें कि आप क्या चाहते हैं – फिर इसे प्रकट होने दें। सुकून से बैठें। हल्के हो जाएँ। और हाँ, कुछ अंगूर भी खा सकते हैं।

नियंत्रण छोड़ना

क्या आपने कभी ग़ौर किया है कि जो लोग डाइटिंग करते हैं या कैलोरियाँ गिनते हैं, उनका वज़न ज़्यादा बढ़ जाता है? जबकि जो लोग अपने वज़न की चिंता नहीं करते, उनमें छरहरे रहने की प्रवृत्ति होती है, चाहे वे कुछ भी खाते रहें? ऐसी बात नहीं है कि छरहरे लोग 'ख़ुशक़िस्मत' होते हैं और उनका चयापचय तीव्र होता है। बात बस इतनी है कि वे

शरीर के ख़िलाफ़ युद्ध लड़ने के बजाय उस पर भरोसा करते हैं। आप किसी चीज़ (या व्यक्ति) को नियंत्रित करने की जितनी ज़्यादा कोशिश करते हैं, आप स्वयं को उतना ही ज़्यादा अनियंत्रित महसूस करेंगे – क्योंकि नियंत्रण की कोशिश विश्वास व आस्था की कमी से उत्पन्न होती है। यह डर और अलगाव से उत्पन्न होती है। यह आपको हमेशा उल्टे परिणाम देती है। शरीर को सेहतमंद वज़न रखने के लिए बनाया गया है, बशर्ते आप इसे 'हे मेरे भगवान, यह खाने से मैं मोटा हो जाऊँगा' वाले संदेश भेजना छोड़ दें, क्योंकि आपका शरीर उन संदेशों की पुष्टि करने के लिए विवश महसूस करता है! हमें वही मिलता है, जिस पर हम ध्यान केंद्रित करते हैं। वज़न की समस्या पर ध्यान केंद्रित करेंगे, तो आपको यही मिलेगी। इसके बजाय अपनी वज़न नापने की मशीन फेंक दें, अपने शरीर पर भरोसा करें और अपने आदर्श वज़न की तस्वीर देखें। या यदि आप नैसर्गिक रूप से मांसल हों, तो ख़ुद से पूछें कि क्या आप छरहरा बनने के सामाजिक दबावों के आगे झुकना *चाहती हैं।*

जीवन-एक-परीक्षा-है की पौराणिक धारणा हमें भोजन संबंधी डर और नकारात्मक मूल्यांकन से भर सकता है। यह सुझाव देता है कि हम शरीर या अपनी इच्छाओं पर भरोसा नहीं कर सकते। यह हमें 'अस्वस्थ' या 'मोटा करने वाले' भोजन के ख़तरों के बारे में चेतावनी देता है। यह हमें अपने ही ख़िलाफ़ युद्ध लड़ने के लिए प्रेरित करता है और आत्म-दमन को सद्‌गुण के रूप में देखता है। कोई हैरानी नहीं कि इतने सारे लोगों में खान-पान संबंधी विकृतियाँ या वज़न संबंधी समस्याएँ हैं! जब आप जीवन-एक-उपहार-है के दर्शन को अपनाते हैं, तो आप चैन से रहते हैं और खान-पान संबंधी सारा मार्गदर्शन *अपने भीतर से* ख़ुदबख़ुद होने देते हैं – अपनी स्वाभाविक और स्वास्थ्यवर्धक क्षुधा से – न कि डाइट पुस्तकों, कैलोरी चार्ट्स या नवीनतम आहार संबंधी फ़ैशन्स व सिद्धांतों से। आप भोजन को अच्छे (स्वास्थ्यवर्धक) और बुरे (फ़ास्ट-फ़ूड) में विभाजित करना छोड़ देते हैं, क्योंकि इससे आपकी ऊर्जा बँट जाती है, जब भी आप कोई 'बुरे' लेबल वाली चीज़ खाते हैं या ख़ुद को कोई चीज़ खाने के लिए इसलिए मजबूर करते हैं, क्योंकि वह 'आपके लिए अच्छी' है। आप अपने शरीर पर भरोसा करते हैं कि यह स्वस्थ रहेगा और आवश्यकता पड़ने पर आपको संदेश दे देगा। अब आप आहार के

साथ अपनी भावनाएँ जोड़कर अपने भावनात्मक मार्गदर्शन को बाधित नहीं कर रहे हैं। आप बस वह खाते हैं, जो भी अच्छा महसूस होता है और उसका *आनंद लेते* हैं। आप इसे बड़ा मुद्दा नहीं बनाते हैं। आपका शरीर अनूठा है और यह हमेशा आपका मित्र होता है - और भोजन भी ऐसा ही है - जब तक कि आप इसके साथ शत्रु जैसा बर्ताव न करें।

नियंत्रण करने की कोशिश से हमेशा आपको उल्टे परिणाम मिलते हैं।

इसी तरह आप **सृष्टि** पर भरोसा कर सकते हैं कि यह आपकी परवाह करेगी, आपकी इच्छाओं को जानेगी - और आपके उपहार आप तक पहुँचाने के सैकड़ों संभावित तरीक़े खोज लेगी। **सृष्टि** तो बस आपको बेहद ख़ुश बनाना चाहती है। यह दिल से आपका सर्वश्रेष्ठ हित चाहती है। आपको तो बस अपने प्रतिरोध को छोड़ना है। शिथिल हो जाएँ, हल्के हो जाएँ - और बस छोड़ दें।

संसार के तराजू को संतुलित करना

मैं अक्सर जीवन को संसार का तराजू मानती हूँ, जिसमें एक ओर आपका रोज़मर्रा का वर्तमान स्वरूप होता है और दूसरी ओर आपका उच्चतर स्वरूप - जो आप बन रहे हैं। जब आप अपने उच्चतर स्वरूप की तरह सोचते हैं, तो तराजू के पलड़े संतुलित हो जाते हैं और आप अद्‌भुत महसूस करते हैं। आपका जीवन संतुलन में महसूस होता है। आप प्रवाह में होते हैं। आपकी हर मनचाही चीज़ आपके पास आसानी से आ जाती है। जब आपके विचार आपके उच्चतर स्वरूप से अधिक भारी होते हैं - जब आप डर या नकारात्मक मूल्यांकन द्वारा ख़ुद को नीचे गिराते हैं - तब आपके पलड़े असंतुलित हो जाते हैं। आप भारी, अशक्त, फँसे हुए, बेचैन या विचलित महसूस करते हैं। शायद आप ख़ुद को कोस रहे हैं, किसी दूसरे को दोष दे रहे हैं, अतीत पर अफ़सोस कर रहे हैं, निराश व फँसे हुए महसूस कर रहे हैं या यथास्थिति के ख़िलाफ़ बुरा-भला कह रहे हैं। यानी आप प्रेम की आंतरिक आवाज़ नहीं सुन रहे

हैं। ये भारी या असहज करने वाली भावनाएँ आपके तथा आपके उच्चतर स्वरूप के बीच की दर्दनाक खाई हैं। आप **सृष्टि** की तरह नहीं सोच रहे हैं – जो आपको एक शक्तिशाली सह-सृजनकार के रूप में देखती है, एक जोशीले स्वप्न-बुनकर के रूप में, जो निरंतर प्रकट होने वाली एक जादुई और सुखद वास्तविकता में अन्य अद्‌भुत लोगों से घिरा हुआ है। **सृष्टि** जानती है कि आप कोई ग़लती नहीं कर सकते। यह जानती है कि कोई चीज़ ग़लत नहीं हो सकती। यह आपसे, दूसरों से और जगत की सारी चीज़ों से बिना किसी शर्त के प्रेम करती है। यह आपके सबसे ऊँचे सपनों को पूरा करना चाहती है।

आपका उच्चतर स्वरूप हमेशा आप पर गर्व करता है। हमेशा।

जब जीवन चुनौतीपूर्ण हो और आप अपने तराजू के पलड़े पर हाथी की तरह बैठे हों, तब भी आप हल्के होने तथा छोड़ देने का विकल्प चुन सकते हैं। जैसे ही आप सही दिशा में बढ़ने लगते हैं – नए विचार चुनकर या नए निर्णय लेकर – आपको 'ओह-इतना-बढ़िया!' राहत का अहसास होता है। अब आपका उच्चतर स्वरूप कह रहा है, 'हाँ, हाँ, बढ़ते रहो, ख़ुद से प्रेम करो, ख़ुश रहो, इसे आराम से लो, अपने सपनों में यक़ीन करो। आपके उपहार राह देख रहे हैं। इस रास्ते आओ! इस रास्ते आओ!' देवदूत इसलिए उड़ते हैं, क्योंकि वे ख़ुद को हल्केपन से लेते हैं – इसलिए संघर्ष छोड़ दें। नियंत्रण छोड़ दें। आस्था और विश्वास रखें। 'कोई बड़ी बात नहीं' कहने का अभ्यास करें। अक्सर हँसें। अपने आनंद का अनुसरण करें – और द्वार खुल जाएँगे।

सिर्फ़ आपके लिए

उपहार प्राप्त करना

ग़ौर करें कि जब कोई मित्र या आपका बॉस आपकी प्रशंसा करता है या आपको कोई बोनस या उपहार देता है या लंच का भुगतान करने की

पेशकश करता है, तो आप किस तरह प्रतिक्रिया करते हैं। क्या आप स्वचलित रूप से उस प्रशंसा को लौटा देते हैं, चाहे आपका यह आशय हो या न हो? क्या आप अटपटा महसूस करते हैं या इसे अस्वीकार कर देते हैं? ('ओह नहीं, मैं भयंकर दिखता हूँ।' 'मैं ये कपड़े बरसों से पहन रहा हूँ।' 'नहीं, आप इसके लिए भुगतान नहीं कर सकते।') क्या आप उन्हें असहज महसूस कराते हैं या बदले में किसी तरह का भुगतान किए बिना कोई उपहार स्वीकार करने से इंकार कर देते हैं? या फिर आप सहजता और शालीनता से उपहार स्वीकार कर लेते हैं? क्या आप उपहारों के योग्य महसूस करते हैं? क्या आप पाने के प्रति खुले हैं? क्या आप **सृष्टि** के उपहार स्वीकार करते हैं?

हल्के होना

यदि कोई प्रोजेक्ट या स्थिति भारी, बोझिल या फँसी हुई महसूस होती है, तो हल्के होने का कोई उपाय खोजें। थोड़ा अवकाश लें। मालिश कराएँ। चॉकलेट ख़रीदें। पार्क में बुलबुले छोड़ें। किसी हँसमुख मित्र से मिलें, जो आपको हँसाता हो। ख़ुद से पूछें कि क्या आप आकर्षण के नियम का उपयोग करके अपनी मनचाही चीज़ को पास आने की अनुमति देने के बजाय इसे भारी काम बना रहे हैं। यह सोचते रहें कि किस तरह यह समस्या वर्तमान से ज़्यादा बुरी हो सकती थी, जब तक कि आप हँसने न लगें और आपको चैन न आ जाए। कल्पना करें कि आप चाँद पर बैठकर इस अजीब प्राणी (स्वयं) को देख रहे हैं, जो एक छोटे से प्रोजेक्ट या चिंता पर तनावग्रस्त नज़र आ रहा है। भविष्य में जाएँ और आज से पाँच साल बाद अपनी तस्वीर देखकर यह अहसास करें कि तब यह चीज़ कितनी तुच्छ या भुला देने योग्य लगेगी - या कम से कम आप उसे पार कर चुके होंगे। किचन की अलमारी का कचरा साफ़ करके या अपने पुराने कपड़े दान में देकर पुरानी ऊर्जा से मुक्ति पाएँ। जोकर की लाल नाक लगाएँ, ख़ुद को आईने में घूरें - और हँस दें।

अध्याय सात

हर चीज़ आदर्श तरीक़े से प्रकट हो रही है

बादल जितना स्याह होता है, उसके चारों ओर
की लकीर हमेशा उतनी ही उजली होती है।

जॉन एफ़ डेमार्टिनी

यदि आप जीवन के आदर्श होने की अपेक्षा करते हैं, तो शायद आप ग़लत ग्रह पर आ गए हैं - या शायद ग़लत **ब्रह्मांड** में भी। जीवन आदर्श तभी हो सकता है, जब यह एक ही जगह पर ठहरा हुआ हो - काल्पनिक स्वर्ग की तरह, जिसमें रहने वाले देवदूत पंख फड़फड़ाते हैं और वाद्ययंत्र बजाते हैं तथा सारी मानव आत्माएँ चिर शांति में विश्राम करती हैं। उह! ज़रा कल्पना करके देखें, यह कितना बोझिल होगा। ऐसी जगह रहकर कौन मुर्दा दिखना चाहेगा?

पृथ्वी पर स्वर्ग बनाने का अर्थ यह नहीं है कि जीवन को आदर्श बनाएँ और फिर उसे छोड़कर घर लौट जाएँ - लक्ष्य पूर्ण। न ही जीवन अच्छा और आदर्श बनने के बारे में है (जिसमें यह अर्थ निहित है कि आपके साथ कोई चीज़ बुरी या ग़लत है)। धरती पर अपना स्वर्ग बनाने का तरीक़ा यह है कि पहले तो आप यह स्पष्ट करें कि आप चाहते क्या

हैं और फिर अपनी ऊर्जा पर ध्यान केंद्रित करें - या कम से कम अपनी राह में बाधा न बनें - ताकि आप इसका सृजन कर सकें। जब आप इसका सृजन कर लेंगे, तो इसके बाद आपके मन में नई इच्छाएँ आएँगी और आप दोबारा काम में जुट जाएँगे। इस दौरान, आपका वर्तमान जीवन इस वक़्त जैसा भी है, उसका आनंद लें - भले ही यह आपके मनचाहे स्वरूप में न हो। आप जानते हैं कि यह प्रक्रिया कभी पूरी नहीं होगी, क्योंकि जीवन मंज़िल नहीं, यात्रा है, इसलिए आप राह के हर क़दम का आनंद लेना सीखते हैं। यह प्रशिक्षु देवी/देवता बनने की ख़ुशी है - और यदि आप चेतन रूप से तथा जानते-बूझते हुए इसका निर्माण कर सकें, तो यह और भी ज़्यादा आनंददायक होता है!

आप एक शाश्वत जीव हैं, जो सतत विकास की प्रक्रिया में हैं और आपकी यात्रा कभी ख़त्म नहीं होगी। आपके पास हर दिन अपनी राह ख़ुद चुनने की स्वतंत्र इच्छा होती है - और आपसे कोई ग़लती नहीं हो सकती। चाहे इस वक़्त आपके सामने जो भी हो, हर चीज़ आदर्श ढंग से प्रकट हो रही है। वास्तव में, परिस्थिति जितनी ज़्यादा बुरी होती है, उतना ही भव्य भविष्य आपका इंतज़ार करता है, बशर्ते आप अपने ख़ुद के रास्ते से हट सकें। चाहे आपका जीवन कितना ही अस्त-व्यस्त और अव्यवस्थित नज़र आए, **सृष्टि** बड़े सुंदर ढंग से आपको अपने सपनों तथा इच्छाओं की ओर ले जाने के लिए बनाई गई है - अक्सर अप्रत्याशित तरीक़ों से। हो सकता है कि आपके मकान की छत गिर रही हो, आप पर भारी कर्ज़ हो, अदालत में आप पर कोई मुकदमा चल रहा हो या आपका जीवनसाथी हाल ही में आपको अकेला छोड़कर चला गया हो। हो सकता है कि आपकी नौकरी चली गई हो, कमर की डिस्क स्लिप हो गई हो या आपके पुरस्कार-विजेता बगीचे में गायों का झुंड घुस आया हो। हाँ, आपके साथ जो भी घटना होती है, उसका सृजन आप ही ने किया है। बहरहाल, कोई भी चीज़ कभी ग़लत नहीं होती। कोई मार्ग ग़लत नहीं है। कोई चुनाव ग़लत नहीं है। ऊपर बैठकर कोई सुनहरे सितारे या काले ठप्पे नहीं बाँट रहा है। कोई जजमेंट डे नहीं होगा। आपको अपराधबोध या अफ़सोस की - कभी - कोई ज़रूरत ही नहीं है। और आप जहाँ हैं, वहाँ से हमेशा उस जगह तक पहुँच सकते हैं, जहाँ आप पहुँचना चाहते हैं। हमेशा। (आपका उच्चतर स्वरूप यह बात पहले

से ही जानता है। मैं तो बस आपको याद दिला रही हूँ।)

आप यहाँ से अपनी मनचाही जगह तक हमेशा पहुँच सकते हैं।

विषमता के उपहार

यह **सृष्टि** आदर्श ढंग से अपूर्ण है। इसलिए बुरी ख़बर यह है कि आपको अक्सर ऐसे अनुभवों से टकराना पड़ता है, जिन्हें आप पसंद नहीं करते और तभी यह स्पष्ट हो पाता है कि आप किसे पसंद करते हैं। यदि आप 'आदर्श रूप से' ख़ुश और संतुष्ट होते, तो आपके मन में कोई इच्छाएँ और वरीयताएँ नहीं होतीं - इसलिए कुछ भी नहीं बदलता। विषमता, विविधता और फ़र्क़ नई इच्छा के जन्म के लिए अनिवार्य हैं, जो हमेशा विस्तार करती **सृष्टि** की बुनियादी ईंटें हैं। **सृष्टि** आपको कोई उपहार तब तक प्रदान नहीं कर सकती, जब तक कि आप नए उपहार न माँगते रहें। और यह चाहती है कि आप माँगते रहें, क्योंकि चेतना का विकास इसी प्रकार होता है! इसलिए कई बार आपको वह अनुभव करने की ज़रूरत होती है, जिसे आप नहीं चाहते हैं, ताकि आप जीवन में नए चुनाव कर सकें। विषमता वह खाई है, जो आपकी यथास्थिति और भविष्य के व्यक्तिगत या वैश्विक स्वप्नों के बीच होती है। विषमता सीपी का वह कण है, जिससे बेशक़ीमती मोती प्राप्त होता है। यह वह उत्तेजना है, जो विकास और परिवर्तन की इच्छा को प्रेरित करती है। और उत्तेजना जितनी ज़्यादा होती है, मोती भी उतना ही बड़ा होता है।

कोई प्रताड़ित बचपन, ग़रीबी, बेघरबार अवस्था, दिवालिएपन, दुखद दांपत्य जीवन, शारीरिक विकलांगता या डरावने चिकित्सकीय निदान अनुभव करने का चुनाव क्यों करेगा? हमारे सीमित व्यक्तित्व के दृष्टिकोण से यह पागलपन नज़र आ सकता है - लेकिन ज़्यादा व्यापक दृष्टिकोण से देखने पर हम जान जाते हैं कि ऐसे अनुभव हमारे मन में अलग जीवन की आकांक्षा को जन्म देते हैं। उनकी वजह से हमारे मन में प्रेमपूर्ण संबंधों, समृद्धि, स्वस्थ शरीर, स्वतंत्रता, ख़ुशी और सुकून की

चाह पैदा होती है। प्रेम से जुदा होने की अनुभूति से दर्द उत्पन्न होता है।

और जब हम **स्रोत** से अलग महसूस करते हैं, तो हम दोबारा जुड़ने के लिए बेकरार होते हैं। और यह बेकरारी ही गोता लगाने का वह तख़्ता है, जो हमें एक उज्ज्वल नए भविष्य की ओर उछालता है। एक ऐसा भविष्य, जिसका सृजन आपके उच्चतर स्वरूप ने पहले ही कर दिया है और वह आपको उस ओर बुला रहा है। कोई भी चीज़ तब तक उत्पन्न नहीं होती, जब तक कि पहले उसकी इच्छा और कल्पना न की जाए - और जब आप फँसे हुए या क़ैद में महसूस करें, तो आपके मन में स्वतंत्रता की कितनी प्रबल चाह होती है। जब आप नियंत्रित होते हैं, आपकी आलोचना होती है या आपको दूर रखा जाता है, तो आप प्रेम और अंतरंगता के लिए किस क़दर छटपटाते हैं। जब सरकारी या बैंक अधिकारी आपको घर से बाहर निकाल देते हैं, आपका व्यवसाय डूब जाता है या कर्ज़ का पहाड़ आपको दबा देता है, तो आप स्थायी मकान या आर्थिक सुरक्षा को कितनी शिद्दत से चाहते हैं। जब आप बोझिल, दोहराव भरी या निरर्थक नौकरी कर रहे हों, तो आप प्रेरक और मनचाहे काम के लिए कितने लालायित होते हैं। जब चिकित्सक आपको कोई चिंताजनक बीमारी बता देता है, तो आप अच्छा स्वास्थ्य पाने के लिए कितने ज़्यादा आतुर होते हैं। दिल की गहराई में आप जानते हैं कि जीवन को इस तरह नहीं बनाया गया है। जीवन को अद्‌भुत बनाया गया है। विषमता आपको जाग्रत करती है और उनींदा तथा दंभी बनने से रोकती है। यह आपके सामने परिवर्तन की कठिन परीक्षा पेश करती है - इसीलिए पुनर्जागरण के इस काल में हममें से कई इस वक़्त अतिशयोक्तिपूर्ण विषमता के दौर से गुज़र रहे हैं।

उत्तेजना जितनी ज़्यादा होती है, मोती भी उतना ही ज़्यादा बड़ा होता है।

'कष्ट आत्मा के लिए अच्छा है,' इस कहावत का यही अर्थ है। कष्ट आत्मा के लिए अच्छा *नहीं है* - बल्कि यह आपको ख़ुशी, अपने सपनों,

अपने उच्चतर स्वरूप की ओर आगे बढ़ा सकता है। यह आपको प्रेम, आत्म-सशक्तिकरण, **सृष्टि** में विश्वास, अपने प्रति ईमानदार होने का ज्ञान प्रदान कर सकता है। यह इसके अलावा भी कई अमूल्य अनुभव व ज्ञान प्रदान कर सकता है। एक बार जब आप दुःख, दर्द, आतंक या आत्मघातक निराशा की गहराइयों में चले जाते हैं, तो आप जान जाते हैं कि इससे बुरा कुछ नहीं हो सकता, क्योंकि आप इतनी गहराई में जाने के बाद भी बच गए हैं - इसलिए अब डरने की कोई ज़रूरत नहीं है। जब संघर्ष या चुनौती से सामना हो, तो रक्षात्मक होने और डर की अवस्था में पीछे हटने के बजाय प्रेम में मौजूद रहना ज़्यादा आसान होता है। यदि आप मुश्किल दौर से गुज़र चुके हैं, तो आप जानते होंगे कि उनसे कितना कायाकल्प हो सकता है - बशर्ते आप एक उच्चतर दृष्टिकोण अपनाएँ और नियामतों की तलाश शुरू कर दें। फिर इस बात पर ध्यान केंद्रित करें कि आप कहाँ जा रहे हैं। अपने व्यक्तित्व और उच्चतर स्वरूप के बीच की खाई भरने पर ध्यान केंद्रित करें।

ख़तरा यह है कि आप काँटों पर अटक सकते हैं और गुलाबों की तलाश करना भूल सकते हैं। फिर आप उन्हीं अनुभवों को बार-बार दोहरा सकते हैं - उस महिला की तरह, जिसने एक के बाद एक कई संबंध बनाए, जिनमें से प्रत्येक में उसके साथ दुर्व्यवहार हुआ; या उस आदमी की तरह, जो शराब की लत तो छोड़ देता है, लेकिन काम, जुए या व्यायाम की लत पकड़ लेता है। या जब आप एक बीमारी से ठीक हो जाते हैं, तो आपको दूसरी बीमारी हो जाती है। या आपको मनोचिकित्सा की लत लग जाती है और अपने बचपन से मुक्त होने के निरर्थक प्रयास में आप उसे अंतहीन रूप से दोहराते रहते हैं।

जब तक आप गुलाबों की ख़ुशबू लेना नहीं सीख लेते - कष्टकारी विषमता के ज़रिए अपनी इच्छाओं को स्पष्ट नहीं कर लेते, अपनी जागरूकता नहीं बढ़ा लेते और अपने रेडियो संकेतों को नहीं बदल लेते - तब तक कुछ नहीं बदलने वाला है। **सृष्टि** भावनात्मक रूप से सही दिशा में मार्गदर्शन देती रहेगी, लेकिन अगर आप आत्म-करुणा और पीड़ित महसूस करने, दूसरों को दोष देने, अतीत के निर्णयों या वर्तमान परिस्थितियों द्वारा क़ैद महसूस करने या विचार व व्यवहार के पुराने तौर-तरीक़ों को दोहराने में ही उलझे रहें - तो आप उन्हीं अनुभवों को आकर्षित करते रहते हैं।

विषमता ख़ुद को कोसने का बहाना नहीं है। न ही यह गर्व से लगाने वाला सम्मान का बिल्ला है। ('देखो मैंने कितना कष्ट उठाया है!') विषमता तो विकासशील **सृष्टि** में अवश्यंभावी है। जीवन कभी ठीक वैसा नहीं होगा (या लंबे समय तक नहीं रहेगा), जैसा आप इसे बनाना चाहते हैं। इसलिए नहीं, क्योंकि सृष्टि आपको सबक़ सिखाना चाहती है। इसलिए नहीं, क्योंकि वास्तविकता के सृजनकार के रूप में आपने गड़बड़ कर दी है। सिर्फ़ इसलिए, क्योंकि परिवर्तन और विकास जीवन में निरंतर चलने वाली प्रक्रिया है - और यदि जीवन जस का तस बना रहता है, तो आपका विकास थम जाता है।

आध्यात्मिक जागरण के इस वर्तमान युग में कई लोग असाधारण चुनौतियों तथा गहरे अंधकार से गुज़र रहे हैं, क्योंकि अतिशय विषमता चेतना की लंबी छलाँगों की ओर ले जा सकती है। विषमता जितनी गहरी होती है, विकास की संभावना भी उतनी ही ज़्यादा होती है। कोई भी ग़लती नहीं होती। हर मुश्किल या कष्टकारी अनुभव अवसरों से भरा हुआ है - बशर्ते आप इसकी ओर डर या नकारात्मक मूल्यांकन नहीं, बल्कि प्रेम की निगाह से देखें।

विकासशील सृष्टि में विषमता अनिवार्य है। यह स्पष्टता और इच्छा को उत्पन्न करती है।

कुछ समय पहले मैं दो साल के गहन और गहरे दुख से गुज़री, जब मेरा एक व्यक्ति से अलगाव हो गया - हालाँकि वह क़रीब ही रहता था, लेकिन मैं उसे देखने या उससे बात करने में असमर्थ थी। कोई भी उसकी अनुपस्थिति में इतना अधिक उपस्थित नहीं हो सकता था, क्योंकि वह ऐसा व्यक्ति था, जिससे मैंने शर्तरहित प्रेम किया था, अपने जीवन में पहली बार। गहरा और असीमित प्रेम। इस पगलाने वाले दौर में मैं ख़ुशी के बस चंद लम्हे ही हासिल कर पाई। जो लोग शामिल थे, उन्होंने विभिन्न सृजन मिथकों के पुतलों की तरह अभिनय किया - मेरे संघर्षरत पहलुओं का प्रतिबिंबन किया - जबकि मैं बीच में छटपटाती रही, स्वस्थ

व खुले समाधान की तलाश करती रही और साथ ही दूसरों की आवश्यकताओं का सम्मान करने की कोशिश करती रही। मुझे अहसास था कि मैंने अपना कितना जीवन अच्छा तथा आदर्श बनने की कोशिश में लगाया था और कितनी बार अपने असली स्वरूप में आने से ख़ुद को रोका था। यह ऐसा अनुभव नहीं है, जिसे मैं कभी दोहराना चाहूँ, लेकिन यह मेरे जीवन की सबसे कायाकल्पकारी यात्रा थी।

पुनरावलोकन करते समय मैं पाती हूँ कि मैं इसमें से अधिकांश दर्द से बच सकती थी – अगर मैं ख़ुद का नकारात्मक मूल्यांकन करना, दूसरों के सामने झुकना, क्या ग़लत है इसका विश्लेषण करना, अन्याय के इतने प्रबल अहसास को महसूस करना और स्थिति के 'ख़िलाफ़ प्रतिरोध करना' छोड़ देती। या अगर उस संबंध की अहमियत मेरे लिए कम होती। लेकिन यदि मैं उस कष्टकारी दर्द से पार पाने और प्रेम से दोबारा जुड़ने के लिए इतनी गहराई से प्रेरित नहीं होती, तो क्या मैं इतना कुछ सीख पाती? क्या मेरा हृदय इतना ज़्यादा खुल पाता? क्या मैं अपने भावनात्मक मार्गदर्शन के प्रति इतनी संवेदनशील बन पाती? या प्रेमपूर्ण संबंधों और ईमानदार संप्रेषण के लिए इतनी स्पष्ट व्यक्तिगत तथा वैश्विक इच्छाओं को साकार कर पाती? क्या मैं यह पता लगा पाती कि अच्छे और आदर्श बनने से हम *क्यों* सुखी नहीं होते हैं? या वास्तविकता के निर्माण और शर्तरहित प्रेम के बीच की क़रीबी कड़ियों को समझ पाती? क्या मैं अंततः यह सीख पाती कि मेरी ख़ुशी दूसरे लोगों या परिस्थितियों पर निर्भर नहीं होती है? क्या एक प्रेमपूर्ण **सृष्टि** में मेरी आस्था और विश्वास किसी महासागर जितना गहरा बन पाता? शायद नहीं!

जब मैं आख़िरकार उस अंधकारमय और दमघोंटू कोठरी से बाहर निकली, तो मुझे ऐसा महसूस हुआ, जैसे मैं बिलकुल ही अलग बन गई हूँ। एक तितली, जो हवा में उड़ने लगी है। मैंने आश्चर्यजनक रूप से जाग्रत और जीवंत महसूस किया – और मैं इस सबके लिए दिल की गहराई से कृतज्ञ थी। कई बार हमें सबसे गहरे अंधकार में गोते लगाने का इच्छुक होना होता है, तभी हम उस पर दोबारा दावा कर सकते हैं, जो हमारा वास्तविक स्वरूप है। जैसा कवि रिल्के ने कहा था, 'रातों में मेरी आस्था है।'

कायाकल्प अक्सर अव्यवस्था और परेशानी से जन्म लेता है; यह पुरानी व्यवस्था को हिलाकर रख देने से उत्पन्न होता है। ऐसे समय जीवन एक मिथकीय स्वरूप ले सकता है, जब हम अपनी महाकाव्यात्मक यात्रा में नायक और नायिका बन जाते हैं – और स्थिति से गुज़रने के बाद ही अक्सर हमें अपनी नियामतें नज़र आती हैं, क्योंकि उस दौरान दर्द और दुख हमारी चेतना को कुंद कर देते हैं। जैसा कवि और दार्शनिक जॉन ओ'डोनोह्यू ने लिखा है, 'कष्ट द्वारा लाया गया प्रकाश हमेशा एक उपहार है, जो यह जाते समय छोड़ जाता है।' लेकिन आप विश्वास कर सकते हैं कि उपहार अपने समय पर प्रकट हो जाएँगे – जैसे तूफ़ान के बाद इंद्रधनुष प्रकट होता है।

आपका उच्चतर स्वरूप कभी
अफ़सोस नहीं करता।
यह केवल उपहार देखता है।

हर चीज़ बदलती है

अभिभावकों के रूप में हममें से कई लोग विषमता से अपने बच्चों की रक्षा करना चाहते हैं – उन्हें ऐसी स्थितियों से बचाना चाहते हैं, जो उनके पंखों को बिखरा दें; ऐसी चुनौतियों से, जिनका सामना करने के लिए वे तैयार न हों; ऐसे लोगों से, जो उन्हें चोट पहुँचा सकते हैं; ऐसे परिवर्तन से, जिनसे वे असुरक्षित महसूस करें। लेकिन परिवर्तन और विविधता हमारे विकास के लिए अनिवार्य हैं। और हम एक सुरक्षित तथा प्रेमपूर्ण **सृष्टि** में जितना ज़्यादा विश्वास करते हैं, हमारे बच्चे भी उतना ही ज़्यादा विश्वास करेंगे। वे संसार को एक ख़तरनाक स्थान मानने के बजाय प्रेम, विश्वास और सशक्तिकरण के वही रेडियो संकेत भेजेंगे। हम क्या कहते हैं, बच्चे उस पर कम ध्यान देते हैं; उनका ज़्यादा ध्यान तो इस ओर होता है कि हम कैसा महसूस और व्यवहार करते हैं। बच्चों को नाटक करके मूर्ख नहीं बनाया जा सकता; उनमें तरंगों की काफ़ी समझ होती है।

अधिकांश अभिभावक मानते हैं कि उन्हें अपने बच्चों को सिखाना चाहिए और उनका मार्गदर्शन करना चाहिए, जबकि सच्चाई तो यह है कि हमें उनसे सीखना चाहिए। जब बच्चे नियंत्रित या शक्तिहीन महसूस करते हैं, तो वे स्वस्थ क्रोध महसूस करते हैं। बच्चे वयस्कों से कम प्रतिरोध करते हैं, कहीं अधिक ईमानदार होते हैं और अपनी भावनाओं पर ज़्यादा भरोसा करते हैं - वे प्रवाह में अधिक स्वाभाविक रूप से होते हैं - जब तक कि हम उन्हें इसके विपरीत करना नहीं सिखा देते। जब तक कि हम उन्हें साँचे में ढलना और दूसरों को ख़ुश करना नहीं सिखा देते। या उन्हें डरना या रक्षात्मक होना नहीं सिखा देते।

यदि बच्चे शर्तरहित प्रेम, ख़ुशी और स्वतंत्रता की उच्च व सामंजस्यपूर्ण तरंगों को सामान्य मानते हैं, तो वे इन तरंगों को प्रवाहित करते हुए बड़े होंगे। लेकिन यदि आप डर, दोषारोपण, अपराधबोध, शर्म, आत्म-त्याग, टालमटोल या आत्म-दमन के रोल मॉडल बन जाते हैं, तो आपके बच्चे भी ऊर्जा के यही रूप सीखेंगे। आप अपनी समस्याओं से आंतरिक शक्ति, आत्मविश्वास और प्रेम के साथ जितना ज़्यादा मुक़ाबला करते हैं - संकुचित होने, संघर्ष से बचने, झुकने, अपनी रक्षा करने या दूसरों को दोष देने के बजाय *ख़ुद को* बदलकर स्थिति को बदलते हैं - आप अपने बच्चों के लिए उतने ही अधिक सकारात्मक रोल मॉडल बनते हैं।

जब आप अपने उच्चतर स्वरूप में पहुँचते हैं, तो आपको अहसास होता है कि विषमता और विविधता ऐसी चीज़ें नहीं हैं, जिनसे बचा जाए। ये तो अंगीकार करने वाली चीज़ें हैं, ताकि ये हमें उपहार में अपने मोती दे सकें। इसीलिए एक प्रेमपूर्ण ईश्वर/**स्रोत** हमें दर्द और दुःख के अनुभव देता है। किसी प्रेमपूर्ण अभिभावक की तरह **सृष्टि** को भी यह विश्वास होता है कि हम अजेय हैं। हम साधन संपन्न हैं। हम इससे निबट सकते हैं - और पुरस्कार हासिल कर सकते हैं। आप **सृष्टि** की तरह जितना ज़्यादा सोचते हैं - जिसका मतलब है बड़ी तस्वीर देखना और अपने उच्चतर स्वरूप की ओर बढ़ना - आप किसी विषमता के प्रति उतना ही कम प्रतिरोध महसूस करते हैं। आप किसी भी अनुभव का मूल्यांकन बुरे के संदर्भ में नहीं करते हैं। हर चीज़ अपने तरीक़े से

आदर्श है। आप जीवन से शर्तरहित प्रेम करते हैं और विषमता का इस्तेमाल भावी सपनों के ईंधन के रूप में करते हैं। ('आह, मैं वर्तमान में इसे आकर्षित कर रहा हूँ - लेकिन मैं दरअसल *यह* चाहता हूँ। मैं दरअसल *यहाँ* जा रहा हूँ।' समस्याएँ सामने आने पर हम भीतर की ओर जाते हैं या रचनात्मक समाधानों की ओर बढ़ते हैं - जो हमारी चेतना का विस्तार करता है। चाहे जो भी हो, सब अच्छा होता है।

विषमता के प्रतिरोध को मुक्त करने का एक साधन ख़ुद को यह याद दिलाना है कि यह 'सिर्फ़ अभी के लिए' है। यह अस्थायी है। आपका दर्द, चोट, क्रोध, दुख या कुंठा इस वक़्त कितने ही अधिक तीव्र दिख रहे हों, यह सब गुज़र जाएगा। हर चीज़ आगे बढ़ती है। और परिवर्तन में कितना समय लगेगा, यह भाग्य, संयोग या किसी दूसरे के निर्णयों पर निर्भर नहीं है। यह इस बात पर भी निर्भर नहीं है कि आम तौर पर दुःख कितना लंबा चलता है, क़ानूनी या शासकीय तंत्र कितना दोषपूर्ण है या किसी को कब यह अहसास होता है कि वह 'बुरी तरह' व्यवहार कर रहा है! परिवर्तन में कितना समय लगेगा, यह पूरी तरह आप पर निर्भर होता है। आपके विचारों पर। आपके विश्वास पर। आपकी तरंगों पर।

यह स्थिति (या यह दर्द) सिर्फ़ अस्थायी है; यह गुज़र जाएगी।

भले ही स्थिति आपको स्थायी नज़र आती हो - जैसे किसी प्रियजन का गुज़र जाना या शारीरिक अपंगता - लेकिन इसके बावजूद आप इसकी *अनुभूति* को तो बदल ही सकते हैं। मुझे एक दृष्टिहीन बालक की माँ याद है, जिसने मुझे बताया कि मेरी पुस्तकों ने उसकी चेतना को बदल दिया था। उसका बेटा दृष्टिहीन तथा शारीरिक दोषों से युक्त था और वह उसे देखकर दुखी होती रहती थी, लेकिन मेरी पुस्तकें पढ़ने के बाद वह उसे भिन्न और अनूठा मानने लगी। उसे अहसास हुआ कि आत्मा के स्तर पर उस बच्चे ने इसे उन उपहारों के लिए चुना था, जो इसके साथ मिलेंगे। उस महिला ने शहीद की तरह महसूस करना छोड़ दिया

और उसका दुःख व निराशा धीरे-धीरे गर्व में बदल गई। यदि स्थिति को बदला नहीं जा सकता, तब भी आप हमेशा उसके बारे में सोचने के अपने तरीक़े को तो बदल ही सकते हैं। और *इससे* हर चीज़ बदल जाती है।

उजला पक्ष देखो

तो आप विषमता को सकारात्मक तरीक़ों से कैसे देख सकते हैं, जिससे इसके दुःख न्यूनतम व लाभ अधिकतम हो जाएँ? जो है और जो आप चाहते हैं, उसके बीच की खाई को आप कैसे भर सकते हैं? आप कैसे इस बात के लिए आश्वस्त रह सकते हैं कि - स्थिति चाहे कितनी भी बुरी दिख रही हो - हर चीज़ आदर्श तरीक़े से प्रकट हो रही है।

चेतन सह-सृजनकार के रूप में किसी भी चुनौती से निबटने की एक अत्यावश्यक योग्यता यह है कि आप इसे इसके उजले पहलू की तरफ़ पलट दें। हर स्थिति में हमेशा एक स्याह और एक उजला पहलू होता है। आपको तो बस उजले पहलू पर ध्यान केंद्रित करना होता है। मैं इसे *उजला पहलू देखने* की प्रक्रिया कहती हूँ। मान लें कि आपकी कार महीने में तीसरी बार ख़राब हो गई है। आप अपना ध्यान इस बात पर केंद्रित कर सकते हैं कि यह कार कितनी बेकार और अविश्वसनीय है, आप दूसरी कार ख़रीदने का ख़र्च नहीं उठा सकते, मरम्मत का ख़र्च कितना ज़्यादा आएगा, गैरेज कितना बेकार है जिसने ठीक से इसकी मरम्मत नहीं की थी या आप हमेशा घटिया कारें ही ख़रीदते हैं। विलाप, विलाप, विलाप। कराह, कराह, कराह। पीड़ित की तरह सोचना। आपको यह भी याद आ सकता है कि आप अपनी वास्तविकता का सृजन ख़ुद करते हैं, इसलिए आप इसे लेकर भी ख़ुद को कोस सकते हैं, 'मैं बड़ा मूर्ख हूँ, जो मैंने इस वास्तविकता का सृजन कर दिया! मैं कोई चीज़ सही क्यों नहीं कर सकता? मुझे क्यों संदेश नहीं मिला और मरम्मत के भारी ख़र्च से पहले मैंने यह कार बेच क्यों नहीं दी?' ख़ुद को शर्मिंदा करना। ख़ुद को अपराधबोध की लंबी यात्रा पर ले जाना। ख़ुद को बताना कि आप कितने दोषपूर्ण और अक्षम हैं। इससे बहुत मदद *नहीं* मिलती है! इससे तो आपका ध्यान स्याह पहलू पर केंद्रित रहता है - जिससे आप दलदल में फँसे रहेंगे।

यदि आप *उजले पहलू* को सामने रखकर सोचते हैं, तो आप तुरंत ही अपना ध्यान अपनी मनचाही चीज़ - और कृतज्ञता - पर केंद्रित कर लेते हैं। आप ख़राब कार का उपयोग अपनी इच्छा को स्पष्ट करने के लिए कर सकते हैं कि आप एक ऐसी कार चाहते हैं, जो भरोसेमंद हो और उसके रख-रखाव में ज़्यादा ख़र्च न आए। आप यह कल्पना कर सकते हैं कि नई कार कैसी दिखेगी और इसका मालिक बनने या इसे चलाने पर आपको कैसा महसूस होगा। आप भावनाओं के ज़रिए उस भावी स्वरूप तक रास्ता बना सकते हैं। आप अपने ध्यानकेंद्र को पैना करने के लिए अनुभव की क़द्र कर सकते हैं, क्योंकि इसने कारों, धन या अन्य मुद्‌दों के बारे में आपको नकारात्मक विचारों के प्रति जागरूक बना दिया। शायद यह आपके आस-पास के लोगों के अविश्वसनीय होने संबंधी विचारों का प्रतिबिंब दिखाती है? या शायद यह निराशा या चिढ़ (जो शक्तिहीन महसूस करने के संकेत हैं) का प्रतिबिंब हो सकता है? या आप अहसास कर सकते हैं कि कार ख़राब होने से आप कोई ऐसी चीज़ करने से बच गए, जिसे आप दरअसल करना ही नहीं चाहते थे। या क्या कार का ख़राब होना किसी दूसरे तरीक़े से आपके लिए फ़ायदेमंद रहा? इस परिस्थिति में कौन से वरदान हो सकते हैं? आप यह सराहना भी कर सकते हैं कि रिकवरी ट्रक कितनी जल्दी आया या परवाह करने वाले देवदूत ने आपको लिफ़्ट दे दी। और आप इस बात पर कृतज्ञ हो सकते हैं कि आपके पास एक कार तो है, जो ज़्यादातर समय सही चलती है! क्या बुरा या ग़लत है, इस बात पर ध्यान केंद्रित करने से कार में और ज़्यादा ख़राबी आएगी या नई कार भी उतनी ही ग़ैर-भरोसेमंद आएगी - इसलिए आप सकारात्मक पहलूओं पर ध्यान केंद्रित करें।

उजला पहलू देखो वाली प्रक्रिया का इस्तेमाल करने के लिए आपातकालीन स्थिति सामने आना ज़रूरी नहीं है। यदि आप नियमित रूप से इसका उपयोग करने की आदत डाल लेते हैं, तो आप किसी भी संकट की घड़ी में अपने आप इसका इस्तेमाल करने लगेंगे - लड़ो-या-भागो अवस्था में पहुँचने और छोटी सी परेशानी को बड़ी भयावह दुर्घटना में बदलने के बजाय। *उजला पहलू देखो* आशावादियों के लिए स्वाभाविक रूप से आसान होता है, जो हमेशा सर्वश्रेष्ठ पक्ष को देखते हैं और ख़ुद

को लगातार तसल्ली देते हैं। चेतन वास्तविकता के सृजनकार होने के नाते आपको सबसे बढ़कर अपनी तरंगों के प्रति संवेदनशील होने की ज़रूरत है। आपको तुरंत पूछना चाहिए कि आपकी भावनात्मक अवस्था में हल्की सी भी गिरावट किस कारण आई - फिर या तो कोई ऐसा विचार खोजें, जिससे राहत मिले या फिर नकारात्मक को छोड़कर सकारात्मक दृष्टिकोण पर पहुँच जाएँ। यदि आप ऐसा जल्दी कर लेते हैं, तो आप किसी आलोचनात्मक टिप्पणी, दुःखद समाचार, टूटी खिड़की या ग़ुम कॉन्टैक्ट लेंस जैसी घटनाओं पर हीन प्रतिक्रिया करने से बच जाएँगे।

आप सुरक्षित हैं। सृष्टि आपसे प्रेम करती है। सब अच्छा है।

पिछले साल मैं एक वर्कशॉप में शिरकत करने जा रही थी कि तभी मेरी कार का पेट्रोल ख़त्म हो गया। मैंने इस बात के लिए ख़ुद की आलोचना नहीं की कि मैंने ईंधन की सुई को नज़रअंदाज़ कर दिया था। मैंने यह चिंता भी नहीं की कि इस वजह से मेरी वर्कशॉप में बाधा आएगी और कितनी सारी महत्वपूर्ण चीज़ें छूट जाएँगी। मैंने यह विश्लेषण भी नहीं किया कि मैंने इसका सृजन क्यों किया था - जैसा मैं अतीत में करती। इन सारी नकारात्मक चीज़ों को करने के बजाय मैं तुरंत *उजला पहलू देखो* की ओर मुड़ गई। मैंने अपनी इच्छा पर ध्यान केन्द्रित किया। मैं घर से काफ़ी दूर थी और चूँकि मैं ख़राब कार वाली श्रेणी में नहीं आती थी, इसलिए मुझे अजनबियों की मदद की ज़रूरत थी। मुझे ईंधन की ज़रूरत थी - और वह भी जल्दी। मैंने **सृष्टि** को अपना आग्रह भेज दिया और सकारात्मक दृष्टिकोण रखा। सब कुछ आदर्श तरीक़े से हो जाएगा। पाँच मिनट के भीतर ही एक सफ़ेद वैन मेरी गाड़ी के पीछे आकर खड़ी हो गई। उसमें से चार हट्टे-कट्टे लोग उतरे। उन्होंने बताया कि वे हाईवे के गश्ती दल में काम करते हैं। मेरे देवदूत आ गए थे! उन्होंने मुझे क़रीबी सर्विस स्टेशन तक लिफ़्ट दी और फिर मेरे लिए टैंक भर दिया - और मैं वर्कशॉप में चंद मिनट ही देर से पहुँची। यदि मैं चिंता, आत्म-करुणा या शर्म में फिसल जाती, तो मुझे यक़ीन है कि मैं इतनी ताबड़तोड़ मदद को चुंबक की तरह आकर्षित नहीं कर पाती।

सृष्टि की तरह सोचना

जब आप **सृष्टि** की तरह सोचते हैं, तो इससे आपको सबसे गहरी और अंधकारमयी विषमता के पार जाने में मदद मिल सकती है। कुछ समय पहले मेरे कुछ मित्र आए थे, जिन्होंने अपना सब कुछ गँवा दिया था। पिछले वीकएंड में चूल्हे से कुछ चिंगारियाँ निकलीं और बेक़ाबू आग में बदल गईं। आग लकड़ी के केबिन में फैल गई और उनके सारे कपड़े, पुस्तकें, फ़र्नीचर और सामान जलकर खाक हो गए। उनका घर अब रहने लायक़ नहीं था। उसका कोई बीमा भी नहीं था। उनके पास सिर्फ़ एक पार्ट-टाइम आमदनी थी। बहरहाल, उन्होंने इसके सर्वश्रेष्ठ पहलू को देखने और सकारात्मकता पर ध्यान केंद्रित करने का संकल्प लिया। उनके पास अब भी उनका जीवनसाथी था। उनके पास कई एकड़ कृषि भूमि थी, जिस पर वे एक अधिक स्थायी मकान बनाने की योजना बना रहे थे। उन पर उपहारों और दयालुता की बारिश हो रही थी। मित्रों ने उन्हें कई महीनों तक अपने घर में रहने के लिए आमंत्रित किया था। इसकी बदौलत उन्हें शहर में रहने का मौक़ा मिला और नए अवसरों की तलाश करने का भी। आगजनी ने उनकी भवन निर्माण योजनाओं को तीव्र कर दिया। नुक़सान ने उन्हें नए सिरे से शुरुआत करने का अवसर दिया था और उनके अतीत की पुरानी ऊर्जा को मुक्त कर दिया था। इसने उन्हें झाड़-पोंछकर साफ़ कर दिया था और उनकी प्राथमिकताओं को स्पष्ट कर दिया था। उन्होंने यक़ीन किया कि हर चीज़ आदर्श तरीक़े से हो रही है, भले ही उसकी प्रक्रिया के कारणों को वे पूरी तरह नहीं समझ पाए हैं। वे दुःख और क्षति के अपने अहसास को नकार नहीं रहे थे - लेकिन वे *उजले पक्ष* को देखने लगे थे। उनके सामने यह स्पष्ट था कि आग से उन्हें कई बेशक़ीमती मोती मिलेंगे।

क्या वे आग को रोक सकते थे? यक़ीनन! क्या उन्हें आसन्न संकट की चेतावनी के संकेत मिले थे? पीछे पलटकर देखने पर कह सकते हैं कि हाँ। (ठीक उसी तरह, जिस तरह मैंने वर्कशॉप के लिए निकलते वक़्त ईंधन की सुई को देखा था।) लेकिन पलटकर देखना बड़ी आसानी से अपराधबोध, दोषारोपण या आरोप-प्रत्यारोप की ओर ले जा सकता है - जो आपको नकारात्मक आलोचना के संसार में फँसाए रखता

है। **सृष्टि** कभी आलोचना नहीं करती। यह कभी दोषारोपण या अपराधबोध को बढ़ावा नहीं देती। जब कोई घटना हो जाती है, तो आप उसके बाद जहाँ हैं, वहाँ से **सृष्टि** तत्काल एक नया नक्शा बना देती है। यह आपकी ज़रूरत की सारी घटनाओं और परिस्थितियों को सिलसिलेवार जमा देती है। यह सुनिश्चित करती है कि हर स्थिति में उपहार छिपे हों। आपको तो बस प्रवाह में पहुँचने की ज़रूरत है - और समय के साथ वह संकट ऐसा नज़र आने लगेगा, जैसे **सृष्टि** ने सावधानी से उसकी योजना बनाई हो, क्योंकि उससे बहुत सारी लाभप्रद परिस्थितियाँ निर्मित हुईं। शायद वाक़ई एक ज़्यादा बड़ी योजना प्रकट हो रही *थी*।

संकट हमेशा विकास का अवसर होता है।

स्वतंत्र इच्छा और आकर्षण के नियम पर आधारित **सृष्टि** में कभी भी भविष्य को पहले से नहीं बताया जा सकता। आप हमेशा यह चुनने के लिए स्वतंत्र हैं कि आप कैसे भविष्य का सृजन करेंगे; लेकिन *जब तक* आप अपनी तरंगों को न बदलें, कुछ घटनाएँ 'होनी' की श्रेणी में आ जाती हैं। एक बार जब कोई घटना अवश्यंभावी बन जाती है, तो दयालु **सृष्टि** इसका सर्वश्रेष्ठ उपयोग करने के लिए ख़ुद को सामंजस्य में ले आती है। शक्तिशाली अनुभव शक्तिशाली इच्छाओं की ओर ले जाते हैं, जो साहसिक नए भविष्य का निर्माण करती हैं। इस तरह हर संकट विकास और कायाकल्प का अवसर होता है।

मेरा एक मित्र गंभीर कार दुर्घटना का शिकार हो गया था। अस्पताल में उसे अपनी सेवा-सुश्रूषा करने वाली नर्स से प्रेम हो गया। वह कई बार मज़ाक में कहता है कि अपनी होने वाली पत्नी से मिलने के लिए उसे आधा मरना पड़ा था। बेशक, **सृष्टि** उन्हें एक साथ लाने का कोई दूसरा तरीक़ा खोज सकती थी - लेकिन उस वक़्त उसे काम से छुट्टी लेने की ज़रूरत थी, ताकि वह दोबारा मूल्यांकन कर सके और दिशा बदल सके, लेकिन उसने छुट्टी मनाने की चेतावनी देने वाले संकेतों को नज़रअंदाज़ कर दिया था। कई असंतोषजनक संबंधों के बाद,

जिन्होंने उसकी सच्ची इच्छाओं को स्पष्ट करने में मदद की थी, वह दीर्घकालीन जीवनसाथी के लिए भी तैयार था। कार दुर्घटना उसकी आवश्यकताओं के पूरी तरह सामंजस्य में थी और उस वक़्त उसकी मिश्रित तरंगों के अनुरूप थी।

यह प्रेमपूर्ण **सृष्टि** हमेशा परिस्थितियों का सर्वश्रेष्ठ उपयोग कर सकती है। एक भी पल अफ़सोस में न गँवाएँ; इससे केवल आपका प्रतिरोध बढ़ता है। बस आगे की ओर देखें कि आप कहाँ जा रहे हैं। और विश्वास करें कि चाहे जो हो जाए, हर चीज़ दरअसल सर्वश्रेष्ठ के लिए हो रही है। आख़िर, **सृष्टि** हर चीज़ *देख* सकती है और इसे सब कुछ मालूम है! यदि परिस्थितियाँ गड़बड़ प्रतीत होती हैं, तो ऐसा इसलिए है क्योंकि आप इस वक़्त बड़ी तस्वीर नहीं देख सकते। बस इंतज़ार करें - और विश्वास करें। मैंने काफ़ी समय पहले हवाई के धर्मशास्त्री सर्ज काहिली किंग के साथ प्रशिक्षण लिया था, जिन्हें **'ईवॉप'** (यानी **एव्रीथिंग वर्क्सआउट पर्फेक्टली**) कहने की आदत है।

हर चीज़ आदर्श तरीक़े से होती है।

क्या इसका अर्थ यह है कि आपको अपने भावनात्मक मार्गदर्शन का अनुसरण करने की कोई ज़रूरत नहीं है, क्योंकि जीवन खुदबखुद बड़ी सुंदरता से प्रकट हो जाएगा, चाहे आप कुछ भी करें? यह इस बात पर निर्भर करता है कि आप अपने जीवन को इसके-बाद-हमेशा-सुखी-से-रहने वाली परीकथा बनाना चाहते हैं, या दुःखद फ़िल्म या दोनों के बीच की कोई चीज़। यदि आप धरती पर स्वर्ग बनाना चाहते हैं, तो इसका सबसे आसान और सरल तरीक़ा यही है कि आप भावनाओं के माध्यम से प्रवाह तक पहुँचने के रास्ते पर चलें।

यदि आप अपने भावनात्मक मार्गदर्शन को नज़रअंदाज़ कर

continued...

देते हैं, तो आप खुद को एक पथरीले और कष्ट भरे मार्ग पर पा सकते हैं। जब आप अपनी कार को चौड़ी सड़क से नीचे उतारकर पथरीली, घुमावदार देहाती सड़क पर लाते हैं, तो हो सकता है कि आप कुछ समय के लिए रास्ता भटक जाएँ। पहिए के गहरे निशानों या भरे हुए पानी के पास से रास्ता बनाते समय आपकी रफ़्तार धीमी भी हो सकती है। लेकिन चाहे आप कहीं भी रहें, चारों तरफ़ देवदूत, मार्गदर्शक और दिशासूचक होंगे, जो आपको सही दिशा में जाने का संकेत देंगे। रास्ते में आप नई योग्यताएँ, शक्तियाँ और ज्ञान हासिल करेंगे, जो भविष्य में आपके काम आएगा। आपके संबंध बदल सकते हैं या नए लोग आपके जीवन में आ सकते हैं। आप अपने खोए हुए सपनों और संभावना को दोबारा पा सकते हैं या फिर ज़्यादा बड़े सपने भी बना सकते हैं। आप महीनों या वर्षों तक (या कई जन्मों तक भी) ढर्रे में फँसे रह सकते हैं - लेकिन आप अमर हैं। कोई बड़ी बात नहीं। आपके चुने हुए मार्ग में कई मोती बिखरे हुए होंगे। आपके चक्करदार लंबे मार्ग का मतलब है कि नई स्पष्ट इच्छाओं के फलस्वरूप आपका भविष्य और भी उजला चमकेगा।

प्रेमपूर्ण सृष्टि में कुछ भी ग़लत नहीं हो सकता।

मोती एकत्रित करना

प्रेमपूर्ण **सृष्टि** में कोई ग़लत मार्ग नहीं हैं, बस चिकने या पथरीले मार्ग हैं। चिकने मार्गों पर आप प्रवाह में होते हैं और आपका समय बेहतरीन गुज़रता है। पथरीले मार्गों पर आप सीखते और विकास करते हैं तथा नई इच्छाओं व नए भविष्य को जन्म देते हैं। इसलिए बुरा समय भी अच्छे होते हैं। हर समस्या एक अवसर है। कोई भी अनुभव व्यर्थ नहीं जाता। जीवन में जो कुछ भी होता है, वह एक उपहार है। **सृष्टि** आपको अंतरंगता से जानती है और गहराई से प्रेम करती है। **सृष्टि** पूरी तरह

रूमानी है और आपको हमेशा ख़ुश देखना चाहती है। यह परीकथाओं में यक़ीन करती है - और इसके पीछे यह ठोस कारण है कि यह उन्हें हक़ीक़त में बदल सकती है। लेकिन परीकथा के पात्र भी ज़बर्दस्त ख़ुशी पाने से पहले राह में विषमता से गुज़रते हैं और हमें भी ऐसा ही करना पड़ता है।

मैं कई बार कल्पना करती हूँ कि मेरा उच्चतर स्वरूप किसी पहाड़ी की चोटी पर बैठकर ख़ुशी से गुनगुना रहा है। वह स्वरूप जानता है कि मेरे जीवन में जो भी हो रहा है, अच्छी तरह हो रहा है। उसे मुझ पर भरोसा है कि मैं बार-बार उसकी ओर बढ़ूँगी। यदि मैं गहरी विषमता का अनुभव करती हूँ, तो इसका अर्थ सिर्फ़ यह है कि मेरे उच्चतर स्वरूप के पास अब मेरे लिए अधिक व्यापक सपने हैं - वह एक ज़्यादा बड़ी पहाड़ी पर चला जाता है - और मेरा धैर्यपूर्वक इंतज़ार करता है कि मैं उन सपनों में उसके साथ शामिल हो जाऊँ। उच्चतर स्वरूप जितनी ऊँचाई पर है, वहाँ से हर चीज़ साफ़ दिखती है। इसीलिए वह किसी समस्या, अपूर्णता या छिपे हुए खोट को नहीं देखता है। वह तो सिर्फ़ सौंदर्य और प्रकट होते उपहारों को देखता है। वह जानता है कि मैं मोती एकत्रित कर रही हूँ। और वह मुझे हौले से अपनी ओर पुकारता है।

सृष्टि पूरी तरह रूमानी है। यह परीकथाओं में यक़ीन करती है।

अपने जीवन में हम कष्ट, दुख और अंधकार के दौर का जितना ज़्यादा सम्मान करते हैं, हम उतनी ही जल्दी मोती एकत्रित करते हैं। (जैसा हम आगे वाले अध्याय में देखेंगे, यह वैश्विक समस्याओं के बारे में भी सही है।) इसका अर्थ है नकारात्मक मूल्यांकन न करना, दोषारोपण न करना, प्रतिरोध न करना - हमेशा अपनी यात्रा पर विश्वास करना, जिसकी हम प्रशंसा कर सकते हैं, उसकी प्रशंसा करना, ख़ुद से प्रेम करना और भावनाओं के माध्यम से प्रवाह तक रास्ता बनाना। जीवन अपनी अपूर्णता में आदर्श है; यह इसी तरह विकास करता है। जीवन ठीक वैसा कभी

नहीं बन पाएगा, जैसा आप इसे चाहते हैं, वरना आपका विकास ही थम जाएगा। हमेशा कुछ इच्छाएँ अधूरी ही रहेंगी, ताकि आप उनकी ओर आगे बढ़ सकें। ऊबड़-खाबड़ दौर हमेशा आएँगे। इसलिए यात्रा का आनंद लें।

आप इस वक़्त जहाँ भी हैं, बढ़िया है। कोई भी चीज़ कभी ग़लत नहीं हो सकती। आप इसे गड़बड़ नहीं कर सकते। चाहे आप जो भी चुनें, हर चीज़ आदर्श तरीक़े से प्रकट होती है - सिर्फ़ आपके लिए नहीं, बल्कि *शामिल हर व्यक्ति* के लिए। आपकी ख़ुशी किसी दूसरे की ख़ुशी में हस्तक्षेप नहीं कर सकती, क्योंकि हर व्यक्ति अपने ख़ुद के प्रवाह में होता है। **सृष्टि** हर एक के उपहार उस तक पहुँचा सकती है। क्या यह अद्भुत और सुंदर नहीं है? क्या यह आश्चर्यजनक नहीं है कि इस प्रेमपूर्ण और चेतन **सृष्टि** को किस तरह बनाया गया है? क्या इससे आप जोश और कृतज्ञता से दमकने नहीं लगते हैं?

सिर्फ़ आपके लिए

उजला पहलू देखें

अगली बार जब आपके सामने कोई ऐसी स्थिति आए, जो दर्द भरी, निराशाजनक, कुंठाजनक या चुनौतीपूर्ण दिखे, तो ख़ुद को याद दिलाएँ कि उजला पक्ष देखना है। आप जो भी इच्छा करते हैं या जिसकी भी सराहना करते हैं, उस पर ध्यान केंद्रित करें; जिसे आप बुरा या ग़लत मानते हैं, उस पर ध्यान केंद्रित न करें। यहाँ कुछ सवाल दिए जा रहे हैं, जो आपको उजला पक्ष देखने की ओर ले जा सकते हैं :

- *इससे मेरी मनचाही चीज़ को स्पष्ट करने में मदद कैसे मिल सकती है?*
- *बड़े मामले के बजाय मैं इसे एक छोटा मसला कैसे बना सकता हूँ?*
- *इस स्थिति में मैं ख़ुद की सराहना कैसे कर सकता हूँ?*
- *इस अनुभव में मैं किस चीज़ के लिए कृतज्ञ हो सकता हूँ? कौन से वरदान छिपे हैं?*
- *यहाँ कौन सा अवसर है?*

मोती एकत्रित करना

अपने जीवन के सबसे मुश्किल कालखंडों की ओर पलटकर देखें या अपने सामने आने वाली सबसे बड़ी चुनौतियों पर नज़र डालें - ऐसे दौर, जब आपकी भावनाएँ रसातल में गोते खा रही थीं। क्या आप उनसे मिले उपहारों को पहचान सकते हैं? शायद आंतरिक शक्तियाँ और संसाधन, आत्म-जागरूकता, नई योग्यताएँ व ज्ञान, संबंधों में अधिक गहराई तथा अंतरंगता या अपनी ख़ुद की आवश्यकताओं और भावनाओं का सम्मान करने की क़ाबिलियत? उस स्थिति की बदौलत आपके कौन से सपने और इच्छाएँ स्पष्ट हुए या गहन बने? उस अवधि में या उसके बाद कौन सी 'संयोगवश' मुलाक़ातें या सुखद संयोग हुए? विषमता के दौर से आपने कौन से मोती एकत्रित किए? इस बात पर भरोसा रखें कि भविष्य में जो कुछ भी आपकी राह में आएगा, उससे आप और अधिक मोती एकत्रित कर सकेंगे तथा नए स्वप्नों की ओर बढ़ सकेंगे - और **सृष्टि** *पूरे रास्ते दिशासंकेत प्रदान करेगी। यह बात जान लें कि चाहे जो हो जाए,* **सृष्टि** *आपसे गहरा प्रेम करती है।*

अध्याय आठ

आप फ़र्क़ डाल सकते हैं

जब हमारा दिल खुलता है, तो हमारे गुण और प्रतिभाएँ खिलने लगती हैं। ***मैरियन विलियमसन***

एक समय की बात है। पहाड़ों में एक समझदार महिला रहती थी। उसे नदी में एक क़ीमती पत्थर मिला। अगले दिन उसे एक भूखा यात्री दिखा, जिसे भोजन देने के लिए महिला ने अपना झोला खोला। भूखे यात्री ने जब क़ीमती पत्थर देखा, तो तपाक से बोला कि क्या महिला वह पत्थर उसे दे सकती है। महिला ने बेझिझक उसे पत्थर दे दिया। यात्री अपने सौभाग्य पर ख़ुश होकर चला गया, क्योंकि वह जानता था कि वह पत्थर नहीं, क़ीमती रत्न है, जो उसे जीवन भर के लिए आर्थिक सुरक्षा प्रदान कर देगा। लेकिन कुछ दिन बाद वह उस महिला को खोजता हुआ दोबारा लौट आया। उसने कहा, 'मैं जानता हूँ कि यह पत्थर कितना मूल्यवान है, लेकिन मैं इसे इस उम्मीद से तुम्हें लौटा रहा हूँ कि तुम बदले में मुझे इससे भी ज़्यादा क़ीमती चीज़ दो। मैं भी उसे पाना चाहता हूँ, जो तुममें है और जिसकी वजह से तुमने यह पत्थर मुझे ख़ुशी-ख़ुशी दे दिया।'

उस महिला के लिए वह क़ीमती उपहार क्या था? *यह* ***स्रोत*** *की ऊर्जा से उस महिला का जुड़ाव था।* इसी ने उसे खुलकर प्रेम करने की योग्यता दी। इसी ने उसे सशक्तिकरण का अहसास दिया। इसी ने उसे

संपन्नता में आस्था दी। **सृष्टि** की तरह ही उस समझदार महिला ने भी वह दे दिया, जो उससे माँगा गया था - लेकिन त्याग की भावना के बगैर। वह जानती थी कि आपूर्ति असीमित है। और वह पहले ही यात्री को एक बेशक़ीमती उपहार दे चुकी थी; वह उसे जाग्रत कर चुकी थी।

हमारी चेतना की अवस्था दूसरों को हमारा सबसे बड़ा उपहार है। यह चमचमाते सोने या दमकते आभूषणों से ज़्यादा क़ीमती है। इसमें कायाकल्प करने की शक्ति होती है। जब आप भावनाओं के माध्यम से प्रवाह में पहुँचने का रास्ता बनाते हैं, तो आप ख़ुद को योग्य साबित करना या दूसरों द्वारा अपने लिए तय किया गया जीवन जीना छोड़ देते हैं। आप अधिकाधिक प्रेम की अवस्था में पहुँच जाते हैं। आप जान जाते हैं कि किस चीज़ से आपका हृदय गुनगुनाने लगता है। आपकी ऊर्जा सामंजस्यपूर्ण बन जाती है। आप आनंदमय और जोशीले बन जाते हैं। आप अधिक आसानी से खुलकर साँस लेते हैं। आप प्रेरित, सृजनात्मक और स्वतंत्र महसूस करते हैं। फिर सही होने की भावना भी होती है, यह अहसास कि आप अपने सच्चे मार्ग पर हैं, कि आप वह सब कर रहे हैं, जो करने के लिए आप यहाँ आए हैं। आप अपनी आत्मा के साथ पूरे सामंजस्य में जी रहे हैं।

हमारी चेतना की अवस्था ही दूसरों को हमारा सबसे बड़ा उपहार है।

आपका उच्चतर उद्देश्य

बेशुमार लोग आह भरते हुए मुझसे कह चुके हैं, 'काश मुझे अपना उच्चतर उद्देश्य मालूम होता!' आपने निश्चित इरादों के साथ यह जीवन शुरू किया होगा - और जब आप उन इरादों के सामंजस्य में जीते हैं, तो आप बेहतरीन महसूस करेंगे और द्वार आसानी से खुलते चले जाएँगे। लेकिन आपका उद्देश्य कौन सा *रूप* लेता है, यह पूरी तरह आप पर निर्भर है और इसका सार भी बहुत ज़्यादा लचीला है। आपका उद्देश्य वही है, जो आप उसे बनाने का चयन करते हैं। यह कोई

रहस्यमय चीज़ नहीं है, जिसे खोजने की ज़रूरत हो। यह कोई ऐसा काम या मिशन नहीं है, जो ऊपर से आपको सौंपा गया हो। यह तो वह है, जो आपकी शक्तियों, गुणों और अनुभवों के अनूठे तालमेल से स्वाभाविक रूप से प्रकट होता है – और यदि आप अपने आनंद का अनुसरण करें, तो आप इसे खोज ही लेंगे।

जानवरों के प्रति आपका प्रेम आपके कंप्यूटर ज्ञान, भाषाओं और विश्व यात्रा के अनुभव के साथ किस प्रकार फ़िट हो सकता है? या बाल उत्पीड़न की पृष्ठभूमि नर्स के रूप में आपके प्रशिक्षण, गायन या सिरेमिक्स के प्रति आपके प्रेम के साथ किस प्रकार फ़िट हो सकती है? जब आप हर सुबह उम्मीद से भरे हुए जागते हैं और वही करते हैं, जो आप आमदनी की ज़रूरत न होने पर करते, तो आप जान जाते हैं कि आपने अपने जीवन के कार्य को खोज लिया है। और जब आप बदलते हैं तथा विकास करते हैं, तो यह लगातार प्रकट होता रहेगा।

आपका उद्देश्य वही है, जिसे आप बनाने का चुनाव करते हैं।

मैं अब भी हैरान और गौरवान्वित महसूस करती हूँ कि मुझे पुस्तकें लिखने, भाषण देने, ग्राहकों से मिलने और *लिविंग मैजिकली* नामक वर्कशॉप्स आयोजित करने के लिए भुगतान मिलता है – ये सभी काम मुझे बेहद पसंद हैं। 15 वर्ष पहले मैंने फ़ैसला किया था कि मैं केवल उन्हीं आमंत्रणों के लिए हाँ करूँगी, जो रोमांचक महसूस होते हों। मैंने निर्णय लिया था कि पैसे की ख़ातिर कोई चीज़ कभी नहीं करूँगी। मैं अपने जीवन को इस तरह व्यवस्थित करती हूँ, *मानो* मुझे आजीविका कमाने की ज़रूरत नहीं है। मैं अपना मनपसंद काम करती हूँ। मैं प्रेरक पुस्तकें पढ़ती हूँ, जो मैं वैसे भी पढ़ती। मैं मनमोहक विचार तलाशती हूँ, अद्‌भुत स्थानों की यात्रा करती हूँ और गहरी तथा रोचक चर्चाएँ करती हूँ – और मैं इसे काम कहती हूँ! यह सब मुझे खेल जैसा महसूस होता है। मैं यह भी जानती हूँ कि मेरा व्यक्तिगत विकास और अनुभव मेरे काम के लिए केंद्रीय महत्त्व रखते हैं, इसलिए जब जीवन चुनौतीपूर्ण

होता है, तब भी मैं यही विश्वास करती हूँ कि उपहार मेरी कल्पना से ज़्यादा बड़े होंगे और कई अन्य लोगों की परोक्ष सहायता करेंगे। कई बार मैं सोचती हूँ कि मैं बहुत धीमी विद्यार्थी हूँ, क्योंकि जो मैं सिखाती हूँ, उसे अपने जीवन में धीरे-धीरे शामिल करती हूँ - लेकिन हम वही तो सिखाते हैं, जो हमें सीखने की ज़रूरत होती है! हज़ारों लोग मुझे धन्यवाद दे चुके हैं कि मैंने उनका जीवन बदल दिया या उन्हें प्रेरित कर दिया, लेकिन कृतज्ञता का कार्ड या ईमेल पढ़ते समय आज भी मुझे हर बार रोमांच महसूस होता है। यह जानना बहुत पुरस्कारदायक होता है कि मेरा कार्य इतने सारे लोगों पर असर डालता है और उनके जीवन का कायाकल्प करता है।

हममें से प्रत्येक संसार की इस विशाल जिग्सॉ पहेली का अनूठा हिस्सा है - और संपूर्ण को बनाने के लिए हर हिस्से की ज़रूरत होती है। यदि आप इसे पढ़ रहे हैं, तो आपका उच्चतर उद्देश्य शायद मानवीय चेतना के वर्तमान विकास से संबद्ध होगा। संभवतः आप शिक्षक-उपचारक बन सकते हैं, चाहे इसका रूप कोई भी हो - यानी, ऐसा व्यक्ति जो प्रतिरोध को मुक्त करने और जागरूकता का विस्तार करने में दूसरों की मदद करे। शायद आप स्वास्थ्य, मनोविज्ञान, शिक्षा, विज्ञान, धर्म या आध्यात्मिकता, अंतरराष्ट्रीय संबंधों, व्यवसाय, क़ानून, राजनीति, पर्यावरण, मीडिया या सृजनात्मक या प्रदर्शनकारी कलाओं में संलग्न हैं - और आपका उद्देश्य उस क्षेत्र में प्रेम, उच्चतर जागरूकता, नए दृष्टिकोण या उत्कृष्टता के पैमाने लाना हो। शायद आपका काम छोटा दिखता हो, जैसे फ़र्नीचर बनाना - लेकिन आप उसमें जो ख़ुशी और रचनात्मकता उड़ेलते हैं, वह *आपकी* अलमारियों और कुर्सियों को प्रेरक ऊर्जा से दमका देती है। शायद आप सेल्स असिस्टेंट, रिसेप्शनिस्ट या अकाउंटेंट हैं, लेकिन आप जिससे भी मिलते हैं, प्रत्येक व्यक्ति पर पूरा ध्यान देते हैं - या उत्साह, आंतरिक शांति या प्रेम झलकाते हैं - ताकि आप उसकी चेतना को बारीक़ी से बदल सकें।

आप किसी भी तरह के काम से अपने उच्चतर उद्देश्य को पूरा कर सकते हैं। जब भी आप जागरूकता की उच्चतर अवस्था क़ायम रखते हैं, तो आप किसी वाद्ययंत्र की तरह एक उच्च आवृत्ति का सुर निकालते हैं, जो दूसरों के सुर को बदल दे। आप परिवर्तन के उत्प्रेरक

बन जाते हैं। फिर आप *चाहे जो* करने का चुनाव करें, दूसरों पर आपका प्रभाव प्रेरक, सहायक और सृजनात्मक होगा। क़ीमती पत्थर वाली समझदार महिला की तरह *आपके कार्य* भी *आपके वास्तविक स्वरूप* - आपके अस्तित्व की अवस्था - से कम महत्त्वपूर्ण होते हैं।

जब आपके रेडियो संकेत भावनात्मक सीढ़ी (देखें अध्याय 3) पर ऊपर चढ़ते हैं, तो आपका दिल खुल जाता है, आप अधिक उत्साही व जोशीले महसूस करते हैं, आपकी भविष्यदृष्टि का विस्तार होता है तथा आप अधिकाधिक सशक्त महसूस करते हैं - और सहज बोध तथा आनंद आपके कार्यों को अधिक से अधिक मार्गदर्शन देते हैं। आप अपने उच्चतर स्वरूप की ओर पहुँचते हैं। बिलों का भुगतान करने के लिए या दूसरों की इच्छा या अपेक्षा के अनुसार काम करने के बजाय अपना प्रिय कार्य करने का चुनाव करके आप फ़र्क़ डाल सकते हैं - बस, अपने हृदय की बात का चुनाव करके। ख़ुद का सम्मान करके। भीतर से मार्गदर्शन पाकर। अँग्रेज़ी शब्द एंथुजियाज़्म (उत्साह) शब्द *'एन थियॉस'* नामक ग्रीक शब्दों से बना है, जिनका अर्थ है 'भीतर समाया ईश्वर'। आप जिस काम से प्रेम करते हैं, उसे करते वक़्त आप **स्रोत** की ऊर्जा के सामंजस्य में आ जाते हैं - और आपकी सृजनात्मकता फूट पड़ती है।

आप जिस काम से प्रेम करते हैं, उसे करते वक़्त आप स्रोत की ऊर्जा के सामंजस्य में आ जाते हैं।

कई लोग अपना उच्चतर उद्देश्य इसलिए जानना चाहते हैं, क्योंकि वे संसार की सेवा करना चाहते हैं। रचनात्मक प्रोजेक्ट्स में शामिल होना, मदद का हाथ बढ़ाना, दूसरों को प्रेरित करना, अपनी प्रतिभाओं और गुणों का उपयोग करना, सृजनात्मक विचार और नए स्वप्न प्रदान करना व ख़राब तंत्रों तथा धारणाओं को चुनौती देना भी बहुत अद्भुत होता है। हमारे लिए यह स्वाभाविक है कि हम फ़र्क़ डालने की इच्छा रखें और सरोकार तथा सहभागिता का अहसास रखें। बहरहाल, मैं 'विश्व सेवा' की अवधारणा के प्रति सावधान रहती हूँ - न्यू एज दर्शन में इसकी

लोकप्रियता के बावजूद। इसे भयभीत अहं की आवश्यकताओं से भी बल मिल सकता है, जैसे अच्छा, योग्य और दूसरों से अधिक सदाचारी महसूस करने की आवश्यकता या अपने अस्तित्व को तर्कसंगत साबित करने की आवश्यकता। कई लोगों का तो यह भी मानना है कि ऐसे काम के लिए आपको भुगतान नहीं मिलना चाहिए - वे मानते हैं कि अमुक कार्य इतना ख़ास और ऊँचा है कि आपको अपने समय, ऊर्जा और गुणों के बदले में धन जैसी 'नश्वर' चीज़ की उम्मीद नहीं करनी चाहिए। (इसमें दंभ और श्रेष्ठता के भाव को पहचानें!) इससे यह चिंता भी बढ़ सकती है कि यदि आपने 'अपना मिशन' पूरा नहीं किया, तो आपको मृत्यु के बाद कम अंक मिलेंगे - यानी आप यह भूल सकते हैं कि *जीवन का उद्देश्य ख़ुशी है।* यदि आप अपने आनंद का अनुसरण करते हैं, तो इससे यह सुनिश्चित होगा कि आपका स्वस्थ अहं आपके उच्चतर स्वरूप के सामंजस्य में रहे। फिर आप संसार पर सकारात्मक असर डालेंगे।

सही और ग़लत से परे

विश्व को बदलने वाले समूह में शामिल होने से पहले अपने उद्देश्यों पर सवाल उठाना सार्थक होता है। मिसाल के तौर पर, विश्व के बहुत सारे सदाशयी लेकिन विनाशकारी कार्य छद्म-सदाचारी क्रोध से उत्पन्न होते हैं। दूसरों से अधिक सदाचारी होने की भावना डर पर आधारित अहं के लिए काफ़ी ऊँचा रेडियो संकेत होती है, इसलिए यह वहाँ रहना पसंद करती है! जब आपके रेडियो संकेत बहुत हीन होते हैं - शायद शर्मिंदगी, असुरक्षा, डर, चिंता, अपराधबोध या निराशा के - तो क्रोध आपको सुलगा सकता है। जब आप शक्तिहीन महसूस करते हैं या असहाय महसूस करने वाले लोगों के सामंजस्य में होते हैं, तो क्रोध, दूसरों से अधिक सदाचारी होने का भाव और दोषारोपण राहत जैसे महसूस होते हैं। क्रोध की एक सकारात्मक भूमिका होती है। यह उस ओर ध्यान खींच सकता है, जिसे बदलने की ज़रूरत है। यह आत्मसम्मान, सशक्तिकरण और चीज़ों को कराने की दिशा में एक पायदान बन सकता है - लेकिन यह कोई ऐसी जगह नहीं है, जहाँ ज़्यादा देर तक रुका जाए।

ख़ुद को दूसरों से अधिक सदाचारी समझने के साथ एक समस्या

यह है कि आप दूसरों से इसे *आपके* ही तरीक़े से देखने की अपेक्षा करते हैं – जिसका अर्थ है कि आप खुले दिल से नहीं सुन सकते। आप बस यह चाहते हैं कि दूसरे आपसे सहमत हो जाएँ। जब मैं जुझारू शाकाहारी थी, तो मुझे यक़ीन था कि किसी को भी मांस नहीं खाना चाहिए – और मैं सारे स्वास्थ्य संबंधी, पर्यावरण संबंधी, आर्थिक और नैतिक कारण गिना सकती थी कि क्यों! 30 साल बाद मैं आज भी शाकाहारी हूँ, लेकिन मैं अपनी टाँग दूसरों के मामले में फँसाने या संसार को नियंत्रित करने की कोशिश को लेकर बहुत अनिच्छुक रहती हूँ। मेरे चुनाव मेरे अपने हैं और कोई दूसरा जो करता है, वह मेरा मामला नहीं है। कोई भी नहीं जान सकता कि किसी दूसरे के लिए क्या सही है या उसका मार्ग क्या है – और मुझे ख़ुशी है कि हम एक ऐसे ग्रह पर रहते हैं, जहाँ हममें से अधिकांश लोग चुनने के लिए स्वतंत्र हैं और जीवनशैलियों, जीवनमूल्यों तथा दृष्टिकोणों की इतनी रोचक विविधता मौजूद है। अब मुझे इस बात की कोई ज़रूरत महसूस नहीं होती कि दूसरे मेरी बात से सहमत हों। दरअसल, मुझे ज़्यादा अच्छा तब लगता है, जब दूसरों की राय मुझसे अलग हो। यदि हर व्यक्ति की राय और धारणा समान हो, तो संसार कितना बोझिल हो जाएगा!

हमारा उच्चतर स्वरूप विविधता का जश्न मनाता है और उसमें आनंदित होता है, जबकि भयभीत अहं भिन्नता को समस्या या जोखिम के रूप में देखता है। यदि किसी का दृष्टिकोण अलग है और हम डर की अवस्था में जकड़े हुए हैं, तो हममें यह पूछने की प्रवृत्ति होती है कि कौन सही है और कौन ग़लत; कौन अच्छा है और कौन बुरा; या कौन बेहतर है और कौन बदतर। और हम वह बनना चाहते हैं, जो सही, अच्छा तथा बेहतर हो। जो दोषारोपण से परे हो। इससे कोई फ़र्क़ नहीं पड़ता कि विचार-विमर्श किस विषय पर हो रहा है। चाहे बच्चों की परवरिश का मामला हो या बेकार पदार्थों को रिसाइकल करने का या आपके काम करने के तौर-तरीक़ों का, डर पर आधारित अहं में एक-ऊपर या एक-नीचे महसूस करने की प्रवृत्ति होती है – आप या तो अच्छा और योग्य महसूस करने के लिए दूसरों को नीचा दिखाते हैं या फिर दूसरों की तुलना में अक्षम महसूस करते हैं। अगर आप ख़ुद को अच्छा और आदर्श देखना चाहते हैं, तो आपको लगता है कि इसके लिए

किसी दूसरे को बुरा, ग़लत या अक्षम साबित करना चाहिए - बजाय सिर्फ़ *अलग* होने के। भिन्न आवश्यकताएँ, जीवनमूल्य, प्राथमिकताएँ, विश्वास और राय। सच तो यह है कि हर व्यक्ति अपने दृष्टिकोण से अच्छा और सही है, बशर्ते आप सिर्फ़ खुले और करुण हृदय से सुनें। बशर्ते आप **सृष्टि** की तरह सोचें।

आपके उच्चतर स्वरूप के लिए हर व्यक्ति अच्छा और सही है।

विरोध में दबाव डालना या आगे की ओर बढ़ना

जब आपकी तरंगें आत्म-सदाचार के चारों ओर मँडराती हैं, तो आप डर की अवस्था में होते हैं, इसलिए आप सकारात्मकता की *ओर बढ़ने* के बजाय नकारात्मकता के ख़िलाफ़ *ज़ोर लगाते* हैं। आप आलोचना करते हैं, शिकायत करते हैं और दोष खोजते हैं। आप प्रेम, ख़ुशी और प्रेरणा के बजाय डर, कर्तव्य या अपराधबोध के ज़रिए दूसरों को बदलने के लिए प्रेरित करते हैं। आप जिसे बुरा या जोखिम भरा मानते हैं, उसे नियंत्रित करने या परे रखने की कोशिश करते हैं। जिन लोगों की आप आलोचना करते हैं, उन्हीं की तरह आप भी जोर देकर वही बात कहते हैं, 'मैं सही हूँ और आप ग़लत।' दूसरों को नुक़सान पहुँचाने को भी आप इस आधार पर तर्कसंगत ठहरा सकते हैं कि आप *जानते* हैं कि आप सही हैं! यह सशर्त प्रेम है। आपको लगता है कि किसी दूसरे व्यक्ति या संसार के बदलने के बाद आपको ख़ुशी और संतुष्टि मिलेगी। आप यह समझ ही नहीं पाते हैं कि पहले आपको ख़ुश और संतुष्ट बनना होगा, तभी वास्तविकता को बदलना संभव होगा। आप संसार को बाहर से भीतर की ओर बदलने की कोशिश कर रहे होते हैं। इससे आप उन्हीं चीज़ों को अधिक आकर्षित करते हैं। जब आप किसी चीज़ के ख़िलाफ़ चीख़ते-चिल्लाते हैं, तो आप उसकी तरंगों के सामंजस्य में आ जाते हैं। फिर आप समाधान नहीं, समस्या का हिस्सा बन जाते हैं।

व्यक्तिगत रूप से मुझे मैकरोनी चीज़ पसंद नहीं है, लेकिन मैं यह

नहीं चाहती कि बाक़ी हर व्यक्ति मुझसे सहमत हो, न ही मैं इस बात पर ज़ोर देती हूँ कि रेस्तरां में इस पर प्रतिबंध लगाया जाए। मैं तो बस इसे नहीं खाती हूँ। दूसरों के चुनावों या प्राथमिकताओं की आलोचना किए बिना हम अपने ख़ुद के चुनावों को लेकर विवेकशील हो सकते हैं। आप कह सकते हैं, 'ओह, लेकिन मैकरोनी चीज़ एक छोटा उदाहरण है। युद्ध के बारे में क्या ख़्याल हूँ? निश्चित रूप से *हर व्यक्ति* इस बात पर सहमत है कि युद्ध एक बुरी चीज़ है?' या, शायद नहीं – वरना सारे देश शांति से रहते। 'इसीलिए तो हमें लोगों को यह *अहसास कराना* है कि युद्ध कितना बुरा और ग़लत होता है!' लेकिन किसी चीज़ के बुरे या ग़लत होने संबंधी मूल्यांकन करने से हम कीचड़ में और अधिक धँस जाते हैं। यह **सृष्टि** के अनुरूप सोच नहीं है – जो कोई नकारात्मक मूल्यांकन नहीं करती, जो हमेशा समझती है और करुणा रखती है। युद्ध कुछ लोगों की ज़रूरतें पूरी कर रहा होगा वरना यह तत्काल थम जाता; और आकर्षण के नियम पर आधारित **सृष्टि** में कोई शिकार नहीं होता है। निश्चित रूप से, **स्रोत** के साथ पूरी तरह जुड़ा कोई भी व्यक्ति बम नहीं गिरा सकता – लेकिन युद्ध में शामिल लोग ख़ुद को हमेशा 'सही' मानते हैं। और उनके 'बुरे' व्यवहार को लेकर हमारे सदाचारी क्रोध से स्थिति के सुधरने में कोई मदद नहीं मिलेगी! यह चेतना के समान स्तर से होता है। यह नकारात्मक मूल्यांकन से नहीं, द्वैतवाद से उत्पन्न होता है। युद्ध के ख़िलाफ़ ज़ोर लगाने से हम कभी शांति तक नहीं पहुँच सकते।

जब आप किसी चीज़ के ख़िलाफ़ ज़ोर लगाते हैं, तो आप इसकी शक्ति बढ़ा देते हैं।

हाल ही में मैंने एक स्थानीय एंग्लिकन चर्च में शाश्वत आध्यात्मिकता लाने के एक प्रोजेक्ट की स्थापना में सहभागिता की। हमारा एक समूह साप्ताहिक बैठकें करता है, जो सृजन-केंद्रित, आनंदपूर्ण, प्रेरक और उल्लासमय होती हैं – शर्तरहित प्रेम की आध्यात्मिकता, जो धार्मिक पंथों की सीमाओं के पार जाती है। (हम जिसे ईसाई धर्म कहते हैं, उसके मुक़ाबले यह शायद उस संदेश के ज़्यादा क़रीब है, जो ईसा मसीह ने हमें

सचमुच सिखाया था या संभवतः आज सिखाते।) जैसे केल्टिक आशीष, सूफ़ी कविता, मूल अमेरिकी भजन, यहूदी या अरेमैक प्रार्थना, सर्कल डांस, उपचारक कर्मकांड या मानसिक चित्रण, ताइज़ कीर्तन, प्रेरित विचार और गहन चिंतन, मौन और मोमबत्ती प्रज्वलन। इन नई बैठकों के साथ ही रविवार सुबह की सामान्य आराधना भी उन लोगों के लिए आयोजित होती है, जो पुराने धर्मशास्त्र के साथ आरामदेह हैं। हम चर्च पर बुरे या ग़लत होने का ठप्पा नहीं लगाते। इसके बजाय हम तो बस यह पहचानते हैं कि यह कुछ लोगों की आवश्यकताएँ पूरी कर रहा है और इसकी अपनी शक्तियाँ हैं। (जब आपकी तरंगें शर्मिंदगी, अपराधबोध या असुरक्षा के चारों ओर मँडराती हैं, तो अच्छा होने की कोशिश से आप हमेशा बेहतर महसूस *करते* हैं।) किसी भी अन्य धर्म की तरह यह कई लोगों के लिए सही मार्ग है। हमारा लक्ष्य एकीकरण और हर एक की आवश्यकताओं का सम्मान करता है। हम जागरूक हैं कि डर, अपराधबोध, नियंत्रण तथा नकारात्मक आलोचना पर आधारित धार्मिक सिद्धांत हमें किस प्रकार सीमित और विकृत करता है, लेकिन हमें उसके ख़िलाफ़ ज़ोर लगाने की ज़रूरत नहीं है - इससे तो परिवर्तन का प्रतिरोध ही बढ़ेगा। जो भी वर्तमान में है, हम उसे स्वीकार करते हैं। साथ ही हम उस प्रेमपूर्ण व सशक्तिकारक स्वप्न की ओर बढ़ते हैं, जो भविष्य में साकार हो सकता है।

यह मेरी अपनी चेतना में एक बड़ा परिवर्तन है। कई वर्षों तक मैंने स्वास्थ्य, मनोविज्ञान, धर्म और शिक्षा में पुराने पैरेडाइम के *ख़िलाफ़* संघर्ष किया था। मैंने यह खोज लिया था कि पुरानी नीतियों - एलोपैथिक चिकित्सा व मनोचिकित्सा, मनोविज्ञान की मुख्यधारा, पुरुष-प्रधान धर्म और बाएँ मस्तिष्क की तर्कवादी दृष्टिकोण वाली शिक्षा - के साथ क्या *ग़लत* था और मैंने उनकी काफ़ी विस्तृत आलोचना की थी। किसी भी अन्य धर्मयोद्धा की तरह ही मुझे भी अपने सही होने पर पूरा भरोसा था! फिर धीरे-धीरे मैं यह बात समझ गई कि वे मेरे ही हिस्सों के प्रतीक थे, जो फँसे हुए थे और प्रेम की ओर बढ़ रहे थे। मेरे हिस्से, जो डर और नकारात्मक आलोचना में ग़ुम थे। और किसी भी छाया स्वरूप की तरह, शायद उनमें मेरे लिए बुद्धिमत्ता और अन्य उपहार थे। लेकिन मैंने जितनी ज़्यादा आलोचना की, ये हिस्से उतने ही ज़्यादा तीव्र हुए और

उन्होंने मेरी ओर शत्रुता के उतने ही अधिक गोले बरसाए।

धीरे-धीरे मैं शिक्षकों, डॉक्टरों व पादरियों को जानने लगी, मित्रों के रूप में उनसे स्नेह करने लगी, उनकी परवाह करने लगी तथा उनके काम का सम्मान करने लगी - और मुझे अहसास हुआ कि हमारे मॉडल्स आख़िर इतने जुदा भी नहीं थे। अगर वे भिन्न हैं तब भी हर किसी के पास देने के लिए कुछ न कुछ सकारात्मक होता है। मेरे पुराने रक्षातंत्र और सीमाएँ पिघलने लगीं। मैं अब भी संसार में बदलाव देखना चाहती हूँ, लेकिन अब मैं दूसरों को नियंत्रित नहीं करना चाहती, उनकी आलोचना नहीं करना चाहती। कई बार मैं पुरानी आदतों में फिसल जाती हूँ, लेकिन जब मैं ख़ुद को समस्या या दोष खोजते देखती हूँ, तो अब मैं प्रेम और समझ के साथ आगे बढ़ने का लक्ष्य बनाती हूँ। मैं सेतु बनाने का लक्ष्य रखती हूँ। या कई बार मैं बस ख़ुद से पीछे हटने, अपने काम पर ध्यान देने और दूसरों को उनके वर्तमान स्वरूप में स्वीकार करने को कहती हूँ!

यदि आप किसी समस्या में निहित कारणों को खोजना चाहते हैं, तो इसमें क्या 'ग़लत' है का विश्लेषण करने की भूमिका बहुत सीमित होती है - लेकिन हमें प्रेम की नज़रों से देखना होता है। पहले हमें अपनी ख़ुद की चेतना को बदलने की ज़रूरत है। जैसा गाँधीजी ने कहा था, हमें वह परिवर्तन बनना चाहिए, जो हम संसार में देखना चाहते हैं। दूसरों में दोष खोजने (या इससे भी बुरी बात, ख़ुद में खोजने) से हमारी आंतरिक शांति नष्ट हो जाती है - और आंतरिक शांति से ही विश्व शांति संभव होगी। शर्तरहित प्रेम ही परिवर्तन को बढ़ावा देने का एकमात्र तरीक़ा है। ऐसा प्रेम, जो छोड़ने या नकारने के बजाय स्वीकार और अंगीकार करे। ऐसा प्रेम, जो ज़ख़्मों और विछोह का उपचार करे। ऐसा प्रेम, जो खुले दिल से सुने। ऐसा प्रेम, जो सम्मानजनक और जोड़ने वाला हो। ऐसा प्रेम, जो वर्तमान स्वरूप का सम्मान करे और भावी स्वरूप के स्वप्न को देखे।

continued...

जब तक आप प्रेम और करुणा के साथ उन लोगों की ओर नहीं बढ़ेंगे, जो उलझे हुए हैं, नकारात्मक या विनाशकारी तरीक़ों से कार्य कर रहे हैं या जिनका दृष्टिकोण आपसे भिन्न है, तब तक आप हमारा-और-उनका वही पुराना खेल खेल रहे हैं। युद्ध का खेल। शत्रु की सोच। आप पुराने पौराणिक धारणा के हिसाब से जी रहे हैं, जो प्रेम और जुड़ाव के बजाय डर और अलगाव को बढ़ावा देता है। जब आप स्रोत से जुड़े होते हैं, तो आप सुरक्षित, अच्छा और प्रेमपूर्ण महसूस करते हैं - और आप दूसरों के प्रति प्रेमपूर्ण तथा सम्मानजनक रहते हैं। तब आपमें सामाजिक परिवर्तन की अविश्वसनीय शक्ति आ जाती है। विरोध करने के बजाय आप स्वप्नदृष्टा और भविष्यदृष्टा बन जाते हैं।

दुनिया में दोष ढूँढ़ने से आपकी आंतरिक शांति नष्ट हो जाती है

ज़िम्मेदारी लेना

विश्व के बारे में आपकी चिंताएँ जो भी हों, यह पूछना श्रेयस्कर है कि क्या ये आपके अपने मुद्दों का प्रतिबिंबन करती हैं। यदि आप विश्व शांति की चिंता करते हैं, तो क्या आपको स्वयं आंतरिक शांति खोजने पर ध्यान केंद्रित करने की ज़रूरत है? यदि आप बाल उत्पीड़न की चिंता करते हैं, तो क्या आप अपने भीतर के बच्चे को पीड़ित करते हैं - शायद अपनी भावनाओं को नज़रअंदाज़ करके या ज़रूरत से ज़्यादा कड़ी मेहनत करके? यदि आप संसार की भुखमरी की चिंता करते हैं, तो आप कैसे ख़ुद को भूखा या वंचित रख रहे हैं? यदि आप शक्तिहीन और कमज़ोर लोगों का पक्ष लेते हैं, तो आप अपनी ख़ुद की शक्ति कैसे क्षीण कर रहे हैं? यदि आप प्रदूषण के बारे में चिंता करते हैं, तो क्या आप नकारात्मक विचारों से अपनी चेतना को प्रदूषित कर रहे हैं? आपको कौन सी चीज़ साफ़ करने की ज़रूरत है? क्या समस्या सचमुच

आपके बाहर है – या फिर यह आपके भीतर ही है?

यह वैश्विक मुद्दों पर कार्य करने का *विकल्प* नहीं है, लेकिन यह सोचने वाली बात है। एक बार जब आपके मुद्दे सुलझ जाते हैं – या आप उनके बारे में बस ज़्यादा जागरूक बन जाते हैं – तो आप संसार की समस्याओं से कम *विचलित* होते हैं। आपके दर्दनाक द्वैतवाद में फँसने की संभावना कम होती है और आप चेतना के ज़्यादा ऊँचे स्तर से संसार को बेहतर बनाने के कार्य कर सकते हैं।

क्या समस्या सचमुच आपके बाहर है – या फिर यह आपके भीतर ही है?

मदद करना या उबारना?

जो लोग दूसरों की मदद करना चाहते हैं या संसार को बदलना चाहते हैं, वे आम तौर पर बड़े होते वक़्त दूसरों की ख़ुशी और कल्याण के लिए ख़ुद को ज़िम्मेदार मानते हैं। यह करुणा और मदद का भाव लग सकता है, लेकिन इसमें कई ख़तरे छिपे होते हैं। इसका अक्सर अर्थ है दूसरों की परवाह करके अपने महत्व का अहसास खोजना। मदद करने और उबारने के बीच एक महीन रेखा होती है। जब भी हम लोगों के *लिए* चीज़ें करने की कोशिश करते हैं, तो हम उन्हें आत्मनिर्भर बनने में मदद करने के बजाय 'उबार रहे' हैं। यही तब भी सही है, जब हम दूसरों की ख़ातिर अपनी आवश्यकताओं का त्याग करते हैं या उनकी रक्षा करने की कोशिश करते हैं या यह विश्वास करते हैं कि हम जानते हैं कि बाक़ी सबके लिए क्या सबसे अच्छा है। किसी को मछली पकड़ना सिखाने के बजाय हम हर दिन उसके घर जाकर एक मछली दे सकते हैं (और इतने उदार तथा परोपकारी होने के लिए ख़ुद की पीठ ठोंक सकते हैं)। किसी को सिर दर्द क्यों है, यह पता करने के बजाय हम उसे एक दर्दनिवारक गोली थमा सकते हैं – और इस तरह कारण को किसी बाहरी समाधान से ढँक सकते हैं। किसी से अपने डर या असुरक्षा से निबटने की अपेक्षा

करने के बजाय हम 'बड़े, बुरे भेड़ियों' से उन्हें संरक्षण दे सकते हैं - या *उसके लिए* बाहरी परिस्थितियों को बदलने की कोशिश करते हैं - जिससे न सिर्फ़ कारण बना रहता है, बल्कि यह विचार भी सशक्त होता है कि सामने वाला कमज़ोर, शक्तिहीन या जोखिम में है। हम समस्या को उनके बाहर देखने के जाल में उलझ जाते हैं।

हर व्यक्ति में अपने सपने साकार करने की शक्ति होती है। आप किसी दूसरे की तरंगों को नियंत्रित नहीं कर सकते, इसलिए आप उसकी ख़ुशी या कल्याण के लिए ज़िम्मेदार नहीं बन सकते। यदि आप बाहर से किसी दूसरे के जीवन को बदलने की कोशिश करते हैं, तो आप धारा के ख़िलाफ़ तैर रहे होते हैं।

आम तौर पर किसी को उपहार देना या उसकी ओर मदद का हाथ बढ़ाना या प्रेम व करुणा देना अद्‌भुत महसूस होता है। यदि मामला यह है, तो उसने इसके लिए आपको साधन के रूप में आकर्षित किया है। आप उसकी तरंगों पर प्रतिक्रिया कर रहे हैं और इससे हर व्यक्ति को ख़ुशी का अहसास होगा। लेकिन यदि इससे आपको भारीपन, कुंठा, संकुचन, बाधा, मजबूरी, ज़बर्दस्ती, थकान या दूसरों-से-ज़्यादा-सदाचारी होने का अहसास होता है - या यदि वह आपकी 'मदद' का प्रतिरोध करता नज़र आता है या स्वयं को बस इसका हक़दार समझता है - तो फिर आप ज़रूरत से ज़्यादा ज़िम्मेदार बन रहे हैं। आप मदद करने के बजाय उबार रहे हैं।

उबारने का अर्थ है कि संभवतः आप *ख़ुद को* ज़्यादा अच्छा महसूस कराने की कोशिश कर रहे हैं या फिर प्रशंसा या अनुमोदन की ताक में हैं। इसका अर्थ है कि हो सकता है, आप पूरी तस्वीर के बजाय किसी नाटक के एक ही पहलू को देख रहे हैं और किसी को असहाय या शिकार मान रहे हैं। हो सकता है कि आप अपने काम से काम रखने के बजाय दूसरों पर अपने नैतिक उद्‌देश्य थोप रहे हों। हो सकता है कि आप ख़ुद को अधिक सशक्त, बुद्धिमान या साधन संपन्न मान रहे हों - जिससे सामने वाला शक्तिहीन महसूस करता है। सत्य तो यह है कि हर एक का **स्रोत** से अपना व्यक्तिगत संबंध है और उसे अपने मार्गदर्शन का अनुसरण करने तथा ख़ुद मज़बूत बनने की ज़रूरत होती है। उबारने

का अर्थ यह है कि आप विकास तथा परिवर्तन में सामने वाले की मदद करने के बजाय उसे वहीं पर रोके हुए हैं।

चूँकि आप दूसरों की तरंगों को नियंत्रित नहीं कर सकते, इसलिए आप उनके सृजन को भी नियंत्रित नहीं कर सकते।

जब मैं यह अध्याय लिख रही हूँ, उसी समय इंग्लैंड में कैथोलिक चर्च के मुखिया लोगों से कम खाने का आग्रह कर रहे हैं, ताकि संसार के ग़रीबों के साथ एकजुटता की भावना जाग्रत हो। मैं हैरानी से अपना सिर खुजा रही हूँ! उनका सुझाव अपराधबोध, त्याग और मुक्ति के पुराने धर्मशास्त्र में अच्छी तरह फ़िट होता है – लेकिन कोई यह कल्पना कैसे कर सकता है कि *ज़्यादा* लोगों के भूखे या वंचित रहने से संसार बेहतर स्थान बन जाएगा। क्या इसमें समझदारी है कि बीमारों के प्रति एकजुटता दिखाने के लिए हम ख़ुद को बीमार कर लें? या एकाकी लोगों के प्रति एकजुटता दिखाने के लिए अपने प्रियजनों से नाता तोड़ लें? क्या दुखी और नकारात्मक लोगों के प्रति सहानुभूति दिखाने के लिए हमें अपनी ख़ुशी और आशावाद का त्याग कर देना चाहिए? क्या इससे वाक़ई किसी को मदद मिलेगी? यह पागलपन भरी सोच है। इसका अर्थ सिर्फ़ यह है कि अधिक लोग **सृष्टि** की असीमित समृद्धि और प्रेम से जुदा हैं – दोबारा जुड़ने की कोशिश करना और अच्छे बनकर ख़ुद को मुक्ति दिलाना। यह हमें नीचे घसीटता है। यह विश्व की तरंगों को नीचे करता है। इसके पीछे यह सीमित करने वाला विश्वास भी होता है कि संसार एक ठोस वास्तविकता है, जिसमें सीमित संसाधन हैं – इसलिए यदि आपके पास अधिक है, तो दूसरों के पास कम है – जो अपराधबोध का बेहतरीन नुस्ख़ा है। क्यों न अपने जीवन के उपहारों और संपन्नता के लिए सिर्फ़ *कृतज्ञता* महसूस करें? इस तरह हम पूरी मानव जाति की कृतज्ञता और ख़ुशी में वृद्धि करते हैं।

रहस्यवादी मीस्टेर एकहार्ट ने कहा था, 'यदि जीवन में आपने सिर्फ़

एक ही प्रार्थना की है 'आपको धन्यवाद', तो यह काफ़ी है।' कृतज्ञता और सराहना बहुत ऊँची तरंगें हैं, जो आपको अपने उच्चतर स्वरूप के सामंजस्य में लाती हैं; वे आपको उपहार प्राप्त करने के लिए खोल देती हैं। आत्म-त्याग हमेशा आपकी ऊर्जा को विभक्त कर देता है; यह आपके उपहारों को दूर कर देता है। यदि आप अभाव व कमी की मान्यताओं का समर्थन करते हैं और आत्म-वंचना तथा शहादत की आदत डाल लेते हैं, तो आप संसार में इसी के सृजन में मदद करेंगे। यदि आप समृद्धि, स्वास्थ्य और प्रेमपूर्ण संबंधों की तरंगों को क़ायम रखते हैं, तो आप संसार में इसी के सृजन में मदद करेंगे।

यदि मैं अपने जीवन में अधिक सुख को प्रवाहित होने देती हूँ, तो मैं दूसरों के सुख के द्वार खोलने में मदद करती हूँ।

खुद को पोषण देना

आप ख़ाली गिलास से दूसरों को कुछ नहीं दे सकते। यदि आप प्रतिरोध के ख़िलाफ़ ज़ोर लगाकर क़दम उठाने की कोशिश करते हैं, तो इससे हमेशा नुक़सान ही होता है। आप द्वेषपूर्ण, फँसे हुए और थके हुए महसूस करने लगते हैं। ट्रेडमिल पर चलते चूहे की तरह आप अपनी कोशिश तो बढ़ाते जाते हैं, लेकिन बहुत कम प्रगति कर पाते हैं। आप अत्यावश्यकता, यहाँ तक कि निराशा, का अहसास भी विकसित कर लेते हैं। यह आदत बन जाती है और इसे रोकना मुश्किल हो जाता है। (मैं जानती हूँ - मैं भी कभी वहीं पर थी!) आप सदाचारी महसूस कर सकते हैं, लेकिन इससे आप शायद ही कभी भावनात्मक सीढ़ी के उच्चतर पायदानों पर पहुँच पाएँगे। यदि आप अपने काम को सौंपे हुए कर्तव्य या मिशन के रूप में देखते हैं या यह सार्थकता अथवा मुक्ति का झूठा **स्रोत** बन जाता है, तो आप बड़ी आसानी से यह सोच सकते हैं कि आपने कभी पर्याप्त नहीं किया या नहीं दिया - जो काम के नशे और

थकान की फिसलन भरी ढलान है। आप जीवन को उपहार नहीं, मिशन की तरह देख रहे हैं।

मुझे याद है कि कुछ साल पहले एक आंतरिक आवाज़ ने मुझसे कड़क लहज़े में कहा था, 'तुम यहाँ अपना जीवन जीने नहीं आई हो। तुम तो यहाँ संसार की सेवा करने के लिए आई हो!' यह सुनकर मैं सदमे में आ गई, लेकिन फिर मैंने पहचान लिया कि सिल पर नाक घिसने वाली यह आवाज़ जीवन-एक-परीक्षा-है के विश्व-दर्शन की है, जो लंबे समय तक मेरे जीवन का प्रभारी था और हालाँकि उसके इरादे नेक थे, लेकिन वह मेरा नकारात्मक मूल्यांकन करने वाला हिस्सा था। मैं जानती थी कि यह केवल मदद करने की कोशिश कर रहा है - लेकिन इसकी कठोर माँगों के सामने झुकने और कई-कई घंटों तक काम करने के बजाय मैंने अपनी ऊर्जा को स्थानांतरित करने का संकल्प लिया।

मैं अब भी जोश के साथ संसार को बदलना चाहती हूँ - शर्तरहित प्रेम, ख़ुशी, स्वतंत्रता और आध्यात्मिक जागरूकता से भरा संसार देखना चाहती हूँ, लेकिन अब मैं जान गई हूँ कि प्रेम का प्रसार आत्म-प्रेम से शुरू होता है। संसार में स्वतंत्रता को बढ़ावा देने की शुरुआत ख़ुद को स्वतंत्र करने से होती है। बहुत हो गया - अब मैं आत्म-त्याग करके असंख्य दोयम दर्जे की पुस्तकें नहीं लिखना चाहती, बल्कि जीवन का भरपूर आनंद लेते हुए कुछ प्रेरक पुस्तकें लिखना चाहती हूँ। यही नहीं, इसके अन्य लाभ भी मिलेंगे। मैं लेखक के रूप में कहीं अधिक प्रभावी रहूँगी, मेरे आस-पास रहना ज़्यादा मज़ेदार होगा और मैं ज़्यादा लंबा जीवन जिऊँगी! जब तक हम **स्रोत** से जुड़े न हों, तब तक किसी को प्रेरित नहीं कर सकते। *हर चीज़* हमारी तरंगों पर निर्भर होती है। आप भावनात्मक सीढ़ी पर जितना ऊपर चढ़ते हैं, आप उतना ही ज़्यादा दे सकते हैं।

अच्छी ख़बर यह है कि - यदि आप संसार पर फ़र्क़ डालना चाहते हैं - तो आपको अपने आनंद का अनुसरण करने, ख़ुद को पोषण देने और अपने जीवन को संतुलित रखने के लिए समर्पित रहना चाहिए। हर दिन छुट्टी जैसा लगना चाहिए, चाहे यह 'कामकाजी' दिन ही क्यों न हो। इन दिनों मैं केवल उसी आग्रह पर हाँ कहती हूँ, जो अच्छा महसूस होता है। यदि कोई आग्रह करता है और मैं प्रतिरोध महसूस करती हूँ,

तो मैं जान जाती हूँ कि यह प्रवाह में नहीं है। उनकी तरंगें उसके सामंजस्य में नहीं हैं, जो मैं दे सकती हूँ या वे शिकार होने, डर या क्रोध की मानसिकता में अटके हुए हैं और मैं मदद करने के बजाय उबारने लग जाऊँगी। या शायद यह सही वक़्त नहीं है। किसी की मदद करना या हाँ कहना हमेशा आनंददायी महसूस होता है, जब यह प्रवाह में होता है – और उस कार्य से आप दोनों को ही लाभ होता है। यदि यह अच्छा महसूस नहीं होता है, तो नियम यह है कि इससे आपमें से किसी को भी लाभ नहीं हो रहा है। आप नदी के बहाव के ख़िलाफ़ तैर रहे हैं। हमेशा की तरह, *आप जैसा महसूस करते हैं, उससे ज़्यादा महत्वपूर्ण कुछ भी नहीं है।* आपकी प्राथमिक ज़िम्मेदारी स्वयं की ओर है – **स्रोत** से जुड़े रहने की ओर है।

आप ख़ुद को जितना अधिक प्रेम व पोषण देते हैं, आपके पास देने के लिए उतना ही अधिक होता है।

हाल-फ़िलहाल मैं इस अध्याय को पूरा कर सकती हूँ – लेकिन इसके बजाय मैं एक कॉफ़ी हाउस में एक सहेली से मिलने जा रही हूँ। कॉफ़ी पीने, चीज़-केक खाने और एक-दो घंटे की अच्छी बातचीत की ख़ुराक के बाद शायद मुझे अधिक प्रेरक शब्द मिलेंगे। यदि मैं कर्त्तव्य से बँधकर अपने कंप्यूटर पर ही बैठी रहूँगी, तो शायद मेरी बात में उतना वज़न नहीं आएगा। या आ भी सकता है! वैसे अब मैं यह महसूस नहीं करती कि मुझे घूमने जाने, मसाज कराने, चीनी उपचार कला क्यूई गॉग क्लास जाने या सामाजिक मेल-मिलाप को तर्कसंगत साबित करने की ज़रूरत है। मुझे काम करने, बच्चों की देखभाल करने या दूसरों को देने के ज़रिए अपने अस्तित्व को तर्कसंगत साबित करने की ज़रूरत नहीं है। मेरा जीवन आख़िर मेरा है। अपने कामकाज निबटाना पहाड़ों में टहलने या अपने बच्चे के साथ पतंग उड़ाने से कम महत्वपूर्ण है। लेखनी कल तक इंतज़ार कर सकती है। या परसों तक। या जब भी लिखना आनंददायक महसूस हो, तब तक। और कई बार तो मैं देर रात तक भी लिखती रहती हूँ – विचारों और रचनात्मकता में मैं इतने सुखद रूप से खो जाती

हूँ कि समय गुज़रने का अहसास ही नहीं होता।

स्वर्णिम भविष्य का स्वप्न देखना

जब आप ख़ुश, प्रेमपूर्ण और कृतज्ञ महसूस करते हैं, तो आप सकारात्मक फ़र्क़ डाल रहे होते हैं - गाँव में अकेले टहलते समय भी, कॉफ़ी हाउस में बैठते समय भी या अपनी बिल्ली को थपथपाते समय भी - क्योंकि आपकी ऊर्जा बाक़ी **सृष्टि** से विभक्त नहीं है। आप जीवन के आपस में गुँथे जाल का हिस्सा हैं। यदि आप आनंदपूर्ण महसूस करते हैं, तो आप ऊर्जावान जाल में ख़ुशी बढ़ा रहे हैं। यदि आप प्रेमपूर्ण महसूस करते हैं, तो आप संसार में प्रेम बढ़ा रहे होते हैं। आप इससे बेहतर योगदान भला क्या दे सकते हैं ? हर सकारात्मक विचार पूरे संसार की तरंगों को ऊपर उठा देता है - शायद ज़रा सा, लेकिन उससे भी फ़र्क़ पड़ता है। हर बार जब आप सुकून में रहकर प्रवाह के साथ जाते हैं, तो आप दूसरों के इसी काम को थोड़ा ज़्यादा आसान बना देते हैं। और हर बार जब आप प्रेम व कृतज्ञता से आगे बढ़ते हैं, तो देवदूत गाने लगते हैं - क्योंकि तब आप धरती पर स्वर्ग के सृजन में मदद कर रहे हैं।

इसके विपरीत, जब भी आप अपना, दूसरों का या संसार का नकारात्मक मूल्यांकन करते हैं, तो आप हर बार संसार में नकारात्मकता को बढ़ा रहे हैं। जब भी आप पर्यावरण की समस्याओं, वैश्विक संघर्ष या मानवता के भविष्य - या अपनी व्यक्तिगत सुरक्षा - के बारे में डर महसूस करते हैं, तो हर बार आप संसार में डर और चिंता को बढ़ा देते हैं। जब भी आप टी.वी. के समाचार सुनते हैं और ख़ुद से कहते हैं कि संसार अधिक निष्ठुर, हिंसक, रुग्ण या भयंकर होता जा रहा है, तो हर बार आप नकारात्मक विचारों के तालाब को गहरा कर लेते हैं। जब भी आप अभाव, कमी या प्रतिस्पर्धा में यक़ीन करते हैं - या दूसरों की ख़ातिर ख़ुद त्याग करते हैं - तो हर बार आप भूल रहे होते हैं कि यह **सृष्टि** असीमित है। जब भी आप किसी दूसरे के बारे में चिंता करते हैं और ग़लती से इसे प्रेम कह देते हैं, तो आप प्रेम का संबंध डर से जोड़ रहे होते हैं। आप शर्तरहित प्रेम से ख़ुद को काट रहे होते हैं। आप ऐसे स्वरूप को बढ़ावा दे रहे होते हैं, जो हमें डर के संसार में क़ैद रखता

है। और आप जानते हैं कि आप ऐसा इसलिए कर रहे हैं, *क्योंकि आप बुरा महसूस करते* हैं। आप कह सकते हैं, 'ओह, लेकिन मैं बुरा सिर्फ़ इसलिए महसूस करता हूँ, क्योंकि मैं उन लोगों के लिए बहुत दुःखी हूँ या संसार की दशा के बारे में चिंतित हूँ या मैं बहुत परवाह करता हूँ।' नहीं, ऐसी बात नहीं है। आप बुरा इसलिए महसूस करते हैं, क्योंकि आप अपने उच्चतर स्वरूप से विभक्त हैं। और यदि ऐसा करने के लिए आप ख़ुद को कोसते हैं, तो आप इसे और भी बुरा बना रहे होते हैं! हम सभी इंसान हैं। हम सभी विचार की आदतों में फिसल जाते हैं – इसलिए जाग जाएँ, मंद-मंद हँसें और ख़ुद को याद दिलाएँ कि हर चीज़ आदर्श ढंग से प्रकट हो रही है।

पृथ्वी के लिए स्वप्नदर्शी और भविष्यदृष्टा बनें।

जैसा एलीनोर रूज़वेल्ट ने कहा था, 'भविष्य उन्हीं लोगों का है, जिन्हें अपने सपनों की सुंदरता पर यक़ीन है।' यह एक बड़े ही नाज़ुक संतुलन वाला कार्य हो सकता है कि आप वैश्विक समस्याओं के बारे में जागरूक बनें और संसार को बेहतर स्थान बनाने में मदद तो करना चाहें, लेकिन नकारात्मक चीज़ों पर ध्यान केंद्रित न करें। अपने व्यक्तिगत स्वप्नों को हक़ीक़त बनाने की तरह ही यहाँ भी उपाय यही है कि आप अपना ध्यान बुरी या दोषपूर्ण परिस्थितियों पर केंद्रित न करें, बल्कि ध्यान को उस ओर मोड़ें, जिसका आप सृजन करना चाहते हैं या जिसका सपना आप संसार के लिए साकार करना चाहते हैं।

कुछ भी बुरा नहीं है। किसी भी चीज़ को ठीक करने की ज़रूरत नहीं है। हर चीज़ बस प्रकटीकरण, विकास और परिवर्तन की अवस्था में है। और हमेशा ऐसा ही रहने वाला है – इसलिए बेहतर यही है कि आप इसके आदी हो जाएँ। जब आप प्रेम की आँखों से देखते हैं, तो आपको कोई अंधकार नज़र नहीं आता। आप सिर्फ़ अधिक प्रकाश की संभावना को देखते हैं। फिर उस भावी संभावना पर आप लेज़र बीम की तरह ध्यान केंद्रित करते हैं – और इस तरह इसे हक़ीक़त में बदलने में

मदद करते हैं। आपका उच्चतर स्वरूप कभी भी समस्याओं पर ध्यान केंद्रित नहीं करता, सिर्फ़ समाधानों पर करता है।

वैश्विक स्तर पर, क्या आप यह कल्पना नहीं कर सकते कि जिसने भी यह संसार बनाया है और पृथ्वी को चमत्कारिक रूप से अपनी कक्षा में घूमने के लिए निर्धारित किया है, वह इस ग्रह के तापमान को भी नियंत्रित कर सकता है और रेडियोएक्टिव कचरे, परमाणु हथियारों और भू-क्षरण से निबटने के तरीक़े खोजने में हमारी मदद कर सकता है? **सृष्टि** की सृजनात्मक शक्तियाँ असीमित हैं। ऊर्जा बेहद लचीली और परिवर्तनशील है – लेकिन यह चेतना के साथ अभिन्न रूप से जुड़ी हुई है। यह मनोऊर्जा की वास्तविकता है। यदि आप ग्लोबल वार्मिंग और पर्यावरण संबंधी अन्य मुद्दों – या युद्ध, ग़रीबी, कैंसर या आतंकवाद – के बारे में चिंता करते हैं, तो आप उनके अधिक प्रमाणों का ही सृजन कर रहे हैं। चिंता प्रार्थना जैसी होती है, जो उसी चीज़ की अधिकता को आकर्षित करती है।

जब हम माँगते हैं और सुकून से रहते हैं, तो समाधानों की ओर हमेशा मार्गदर्शन दिया जाता है। हम ईश्वर की सक्रिय चिंगारियाँ हैं। वास्तव में, शायद हमने वैश्विक समस्याओं का सृजन इसलिए किया है, ताकि हम उच्चतर जागरूकता में विस्तार करने के लिए ख़ुद को *विवश* कर सकें – बड़ी तस्वीर देखने के लिए, विचार की सृजनात्मक शक्ति खोजने के लिए, अपनी पुरानी सीमाओं के पार जाने के लिए, प्रेम, आस्था व विश्वास के साथ दोबारा जुड़ने के लिए – क्योंकि समस्याएँ चेतना के उसी स्तर पर नहीं सुलझाई जा सकतीं, जिस स्तर पर उन्हें निर्मित किया गया था।

हम प्रशिक्षु देवी/देवता हैं – जो ऐसी इच्छाओं और स्वप्नों को जन्म दे सकते हैं, जिन्हें हम साकार *कर सकते* हैं, फिर चाहे यह व्यक्तिगत स्तर पर हो या वैश्विक स्तर पर। यदि आप इसकी कल्पना कर सकते हैं और इसमें विश्वास कर सकते हैं, तो फिर यह संभव है। कोई भी चीज़ तब तक अस्तित्व में नहीं आ सकती, जब तक कि यह पहले किसी की कल्पना में प्रकट न हो जाए, इसलिए दिवास्वप्न देखने में समय लगाएँ। संसार को चिंता करने वालों, डर फैलाने वालों या आलोचना

करने वालों की ज़रूरत नहीं है - इसे तो सिर्फ़ स्वप्नदर्शियों की ज़रूरत है। इसलिए संसार के लिए एक प्रेमपूर्ण स्वप्नदृष्टा बनें। धरती पर अपना ख़ुद का स्वर्ग बनाने की ज़िम्मेदारी लेकर शुरू करें - अपने ख़ुद के जीवन को उतना स्वर्गिक बनाकर, जितना इसके होने की आप कल्पना कर सकते हैं।

सिर्फ़ आपके लिए

अपना उच्चतर उद्देश्य खोजना

किस चीज़ से आपका दिल गुनगुनाने लगता है? आपको क्या करना बहुत पसंद है? आपको किस चीज़ से सबसे ज़्यादा ख़ुशी मिलती है? आपकी शक्तियाँ और योग्यताएँ क्या हैं? कौन सी चीज़ आपके जोश और उत्साह को भड़का देती है? आप संसार को किस प्रकार विकसित होते देखना चाहते हैं? यह सुनिश्चित करें कि आप अच्छे, सार्थक या दूसरों-से-अधिक-सदाचारी बनने, या किसी में दोष खोजने, या दूसरों को उबारने या संरक्षण देने की कोशिश न कर रहे हों। इसके बजाय आपको तो बस ख़ुद को प्रेम और पोषण देने की कोशिश करनी है।

जब आप अपने आनंद का अनुसरण करते हैं और अपने व्यक्तिगत तथा वैश्विक स्वप्नों पर ध्यान केंद्रित करते हैं, तो आप अपने अधिक ऊँचे उद्देश्य की ओर क़दम-दर-क़दम बढ़ते हैं - अक्सर योग्यताओं, ज्ञान और अनुभव के अपने अनूठे तालमेल को खोजकर। हम वही सिखाते हैं, जो सीखने की हमें सबसे ज़्यादा ज़रूरत होती है, इसलिए ख़ुद से यह न कहें कि आप अपने जीवन को व्यवस्थित करने के बाद ही अपने उच्चतर उद्देश्य की ओर बढ़ सकते हैं। हमारी सबसे बड़ी 'कमियाँ' प्रायः हमारी सबसे बड़ी योग्यताओं का **स्रोत** *होती हैं। जीवन कभी आदर्श नहीं होता! यह हमेशा प्रकट होता रहता है। आपके मन में जो भी करने की इच्छा हो, उसे अभी शुरू कर दें।*

ऊर्जा को आकार में जन्म देना

ख़ुद को सहज कर लें और गहरी शिथिल अवस्था में पहुँच जाएँ। कोई

ऐसा सपना चुनें, जिसे आप वास्तविकता में साकार देखना चाहते हों। यह कोई वैश्विक स्वप्न हो सकता है, जैसे संघर्षरत देशों के बीच शांति या जंगलों को बचाना या पशुओं के प्रति दयालुता। या यह कोई व्यक्तिगत स्वप्न हो सकता है, जैसे अपने सपनों का पद पाना, स्व-रोज़गार का कैरियर बनाना, कोई पुस्तक लिखना या कोई कलाकृति रचना। इस इच्छा की कल्पना इस तरह करें, जैसे यह सिर्फ़ ऊर्जा हो - जो कि यह सचमुच है - और उस ऊर्जा का मानसिक चित्र देखें। यह प्रकाश की लकीरों, रंगों के खिलौनों, चमकते सितारों, एक-दूसरे में घुलने-मिलने वाले धब्बों या धूसर व निराकार ऊर्जा के घेरों जैसी दिख सकती है। अब अपने स्वप्न के बारे में यह सोचें कि आप इसे कितना ज़्यादा चाहते हैं - और उस ऊर्जा को अधिक सुंदर, अधिक रंगीन, अधिक एकीकृत या सावधानी से साकार करें, अधिक उजली या अधिक भव्य बनाएँ। उस ऊर्जा को ज़्यादा बेहतर और उजले रूप में बदलने के लिए अपनी कल्पनाशक्ति का इस्तेमाल करें।

इस काम में हर दिन कुछ मिनट लगाएँ - या जितना ज़्यादा आपको सही महसूस हो - जब तक कि ऊर्जा स्थिर, उजली और उर्वर महसूस न होने लगे। उस वक़्त आप जब भी अपनी इच्छा के बारे में सोचेंगे, आप आनंददायी आशा से रोमांचित हो जाएँगे। फिर क़दम उठाने के लिए सहज बोध के किसी भी आवेग का अनुसरण करें। याद रखें, आप एक नए भविष्य के साकार होने में मदद कर रहे हैं।

अध्याय नौ

जीने का साहस, सपने देखने का साहस

चुनौती भ्रम के बीचोबीच अपने सपनों पर विश्वास करने का साहस है। ***इमैनुअल***

यदि आप धरती पर अपना ख़ुद का स्वर्ग रचना चाहते हैं, तो इसी वक़्त शुरुआत कर दें। वर्तमान में जो है, उससे प्रेम करें, साथ ही संभावित भविष्य की ओर आगे बढ़ें। हर दिन को भरपूर जिएँ - इसे शैंपेन के गिलास की तरह पिएँ और हर चुस्की की क़द्र करें। ख़ुशी, प्रेम या स्वतंत्रता को किसी भावी तिथि तक न टालें - यानी जब जीवन आगे बढ़ जाएगा, कोई समस्या सुलझ जाएगी, आपके पास अधिक ख़ाली समय होगा, आपको अपना जीवनसाथी मिल जाएगा, बच्चे ज़्यादा बड़े हो जाएँगे या वह प्रोजेक्ट पूरा हो जाएगा या आपकी इन-ट्रे ख़ाली हो जाएगी। सही समय कभी नहीं आता। इन-ट्रे कभी ख़ाली नहीं होती। जब आप इंतज़ार करते रहते हैं, तो जीवन फिसलता जाता है - और जीवन के अलग हो जाने का इंतज़ार करने की आदत पड़ जाती है। किसी चीज़ के बदलने का इंतज़ार करने की आदत पड़ जाती है। स्वतंत्र होने के लिए किसी दूसरे की अनुमति का इंतज़ार करने की आदत पड़

जाती है। फिर आप अपने उच्चतर स्वरूप और इसके सपनों की तरंगों को दूरी पर रख देते हैं। बस सामने वाले मोड़ पर।

मैरी ओलिवर ने पूछा है, 'मुझे बताएँ, वह क्या है, जो आप अपने इस बेशक़ीमती जीवन के साथ करने की योजना बनाते हैं?' आपका जीवन इसी वक़्त घटित हो रहा है। यह यहीं है! यह चेतना की *आपकी* रोमांचक यात्रा है। यह आपको मिला दैवीय उपहार है। तो आप आज इसके साथ क्या करना चाहते हैं? और कल? और इस साल? कौन सी चीज़ आपको ख़ुशी और आनंद से भर देती है? आपको कौन सा काम करना बेहद पसंद है? आपको किसके साथ समय बिताना बहुत प्रिय है? आपको कहाँ रहना बहुत प्रिय है? आप कौन से ज़ायक़ेदार अनुभव चाहते हैं? आपकी पवित्र आकांक्षा क्या है? आपके सबसे ऊँचे सपने क्या हैं? आप जो भी करने की तमन्ना रखते हों, उसे अभी शुरू कर दें। या अपनी मनचाही चीज़ की कल्पना करते रहें और अपेक्षा करते रहें, जब तक कि आप पर आशावाद का रोमांच हावी न हो जाए और आप उसे अपनी वास्तविकता में न खींच लें।

आप संसार में कहाँ जाना चाहते हैं? यूनानी टापुओं पर? ताजमहल? सैन फ्रांसिस्को? ग्रांड कैनयन? चीन की महान दीवार? ईस्टर आईलैंड? सेशल्स? बैंकॉक के मंदिर? माचू पिचू? आप क्या करने के सपने देखते हैं? कोरल रीफ़ में गोता लगाना? हिमालय में ट्रेकिंग करना? ऊँट पर बैठकर सहारा मरुस्थल पार करना? अफ़्रीकी शिकार यात्रा पर जाना? कोलोरैडो में नदी में रैफ़्टिंग करना? लैपलैंड में रेनडियर देखना? लाल सागर में तैरना? मराकेश में ख़रीदारी करना? या शायद आपके मन में सैक्सोफ़ोन बजाने, लकड़ी तराशने या अंगारों पर चलने की तमन्ना है? या अपना ख़ुद का घर बनाने की? या दक्षिणी सागर के किसी टापू पर रहने की? या ऑर्गैनिक फ़ार्म बनाने की? यह संसार अद्भुत संभावनाओं से समृद्ध है। क्यों न अपनी अगली रोमांचक यात्रा, रसीले अनुभव या सृजनात्मक अभिव्यक्ति की योजना आज ही बनाना शुरू करें? (या फिर आप पहले ही यह कारण सोचने लगे हैं कि आप ऐसा क्यों नहीं कर सकते? *आप इसका ख़र्च नहीं उठा सकते। समय नहीं निकाल सकते। बहुत ज़्यादा ज़िम्मेदारियाँ हैं। आपकी फ़िटनेस उतनी नहीं है। बहुत डर लगता है! शायद अगले साल। यह*

अच्छा दिखता है, लेकिन...) यदि आप परिवर्तन से कतराते हैं और अपनी सामान्य दिनचर्या में उलझे रहते हैं, तो आप सामान्य विचारों से ही चिपके रहेंगे। आपकी इच्छाएँ मुरझा जाती हैं और आप नींद में पहुँच जाते हैं। यात्रा, विविधता और ताज़गी आपकी पुरानी आदतों को झकझोरकर आपको जगा सकती हैं।

आप जो चाहें, कर सकते हैं, बन सकते हैं या पा सकते हैं। जीवन कभी भी आदर्श नहीं होगा, क्योंकि यह हमेशा प्रकटीकरण की अवस्था में रहता है। यह हमेशा आगे बढ़ रहा होता है, बदल रहा होता है, विस्तृत हो रहा होता है – जैसे-जैसे आप अपनी इच्छाओं से वास्तविकता तक और फिर नई इच्छाओं की ओर बढ़ते हैं। आप हमेशा अधिक के लिए आगे बढ़ते रहेंगे। **सृष्टि** इसी तरह विकसित होती है। कोई चीज़ ग़लत नहीं है और हमारा प्रदर्शन अच्छा है। आप कभी अपनी मंज़िल तक नहीं पहुँच पाएँगे, इसलिए आपको यात्रा का आनंद लेने की ज़रूरत है। हर क़दम का आनंद लें। जीवन के साथ शिद्दत से प्रेम करें। आज के लिए जिएँ और अधिक अद्भुत कल की ओर पहुँचें।

जो है, उससे प्रेम करें और जो हो सकता है, उसकी ओर बढ़ें।

जो भी इस वक़्त हो रहा है, आप उसके बारे में अच्छा महसूस कर सकते हैं – बस इसके लिए आपको अधिक सकारात्मक विचार खोजने हैं और प्रवाह के साथ जाना है। जब आप अपने जीवन को अंदर से बाहर की ओर बदलते हैं – अपने आंतरिक संसार का कायाकल्प कर लेते हैं – तो आप सच्चा और शर्तरहित प्रेम पा लेते हैं। एक बार जब आप बिना शर्त के ख़ुश हो जाते हैं, तो आप सचमुच स्वतंत्र हो जाते हैं। फिर आप दूसरों को भी स्वतंत्र कर देते हैं और अपने आस-पास के लोगों के लिए ख़ुशी व प्रेरणा के **स्रोत** बन जाते हैं। आप धरती पर स्वर्ग के सह-सृजन में मदद कर रहे होते हैं।

संसार कोई ठोस और नीरस स्थान नहीं है। यह तो एक जादुई वास्तविकता है, जो आपके विचारों, इच्छाओं और कल्पना पर ऊर्जावान

तरीक़े से प्रतिक्रिया करती है। आप स्वप्न बुनने वाले हैं, जो अपने हर विचार से अपने भविष्य को आकार दे रहे हैं - इसलिए अपने विचार समझदारी से चुनें। आपका यक़ीन जो भी होगा, वास्तविकता में बदल जाएगा। डर और शंका की आवाज़ें सुनेंगे, तो आप एक प्रकार की क़ैद में रहेंगे और अच्छे बनने, साँचे में ढलने या सुरक्षित होने की ज़रूरत महसूस करेंगे। प्रेम की आवाज़ सुनेंगे, तो आप हमेशा-ख़ुश-रहे की परीकथाओं में यक़ीन करेंगे। प्रेम की आवाज़ सुनेंगे, तो आप अपने हर सपने को साकार कर सकते हैं। आप एक तितली की तरह बाग़ में मँडरा सकते हैं।

सृष्टि आपको गहराई से प्रेम करती है - और यह हमेशा आपके पक्ष में रहती है। प्रेम जीवन का स्वयं में विश्वास है। इसलिए ख़ुद पर विश्वास करें; इससे आप ख़ुद को स्वतंत्र कर देते हैं। स्वीकार करें कि जीवन एक उपहार है और भावनाओं के माध्यम से प्रवाह तक पहुँचने का रास्ता बनाएँ। अच्छा महसूस करने की आदत डालें। नियमों को तोड़ने का साहस करें। अपना ख़ुद का जीवन जीने का साहस करें। दूसरों से अलग बनने का साहस करें। अपने आनंद का अनुसरण करने का साहस करें। सृजनात्मक तरीक़े से जीने का साहस करें। जोश के साथ प्रेम करने का साहस करें। आगे बढ़ने और जुड़ने का साहस करें। विश्वास करने का साहस करें। नृत्य करने और सपने देखने का साहस करें। स्वप्नदर्शी बनने का साहस करें। और चमत्कारों को अपने सामने प्रकट होते देखें।

जीने का साहस करें।
प्रेम करने का साहस करें।
सपने देखने का साहस करें।

धरती पर अपने स्वर्ग का सृजन करने के बारह मार्गदर्शक सिद्धांत

21 दिनों तक इन मार्गदर्शक सिद्धांतों का अनुसरण करें – और अपने जीवन को बदलता हुआ देखें :

1. **जीवन को उपहार के रूप में स्वीकार करें।** आपको प्रेम (या ख़ुशी, सफलता, धन या कोई दूसरी चीज़) अर्जित करने या उसके योग्य बनने की ज़रूरत नहीं है। आप यहाँ किसी दूसरे व्यक्ति को ख़ुश करने नहीं आए हैं। **सृष्टि** चाहती है कि आप – हाँ, व्यक्तिगत रूप से आप! – बेहद ख़ुश रहें। आप जो भी माँगते हैं, **सृष्टि** तुरंत हाँ कह देती है। आपको तो बस अपनी राह से दूर हट जाना है।
2. **अपनी इच्छाओं को स्पष्ट करें।** कोई भी स्वप्न असंभव नहीं है। यदि आपकी कोई दिली इच्छा है – और आप इस पर विश्वास कर सकते हैं तथा इसकी अपेक्षा रख सकते हैं – तो आप स्वप्न देखकर इसे अस्तित्व में ला सकते हैं। आपके सपने क्या हैं? आप क्या चाहते हैं और क्यों चाहते हैं? (यदि आपका अपने सपनों से संपर्क टूट गया हो, तो यहाँ दिए कुछ अन्य मार्गदर्शक सिद्धांतों का अनुसरण करें, जब तक कि आपकी तरंगें ऊँची न हो जाएँ और आपकी भविष्य-दृष्टि का विस्तार न हो जाए।)
3. **भावनाओं के माध्यम से प्रवाह में पहुँचने का रास्ता महसूस करें।** अच्छा महसूस करने से अधिक महत्वपूर्ण कुछ भी नहीं है, क्योंकि यह **स्रोत** से आपके जुड़ाव का व्यक्तिगत संकेत है। अपने भावनात्मक मार्गदर्शन पर विश्वास करें। ऐसे विचार और कार्य चुनें, जो आनंददायक, शांतिपूर्ण,

continued...

प्रेमपूर्ण और मुक्तिदायक महसूस हों। ख़ुद के प्रति सच्चे बनें। अच्छे या आदर्श बनने की कोशिश न करें। अपनी ख़ुद की आवश्यकताओं और इच्छाओं की क़ीमत पर दूसरों को ख़ुश करने के चक्कर में न पड़ें। ख़ुद बेहतर महसूस करने के लिए दूसरों को नियंत्रित, सीमित या शोषित करने की कोशिश न करें; इससे हमेशा नुक़सान होता है। याद रखें कि जब आप अशक्त महसूस करते हैं, तो क्रोध एक सकारात्मक पायदान बन सकता है - लेकिन यह बस एक पायदान है। प्रेम की आंतरिक आवाज़ को सुनें। अपनी भावनात्मक सीढ़ी पर चढ़ें। अपने संसार को बाहर से अंदर की ओर नहीं, बल्कि अंदर से बाहर की ओर बदलें।

4. **एक लेज़र बीम बनें।** आपको वही मिलता है, जिस पर आप ध्यान केंद्रित करते हैं, इसलिए आप जो चाहते हों, उसी के बारे में सोचें। इस बारे में न सोचें कि क्या बुरा, ग़लत या कम है, इसके होने की संभावना कम क्यों है, आपके अवरोध और समस्याएँ क्या हैं, दूसरे इसे किस तरह रोक रहे हैं, आप दुखी महसूस क्यों करते हैं, आपको किन बातों का अफ़सोस है, आपके अतीत ने आपको किस झमेले में ला खड़ा किया है या फिर स्वयं में, दूसरों में या संसार में कौन से दोष हैं। किसी भी प्रकार के नकारात्मक विचारों को झपटकर पकड़ें और उन्हें उलट दें। अपनी इच्छा का समर्थन करने वाली यादों, विचारों, बातचीतों, विचारों और प्रसंगों की सूची बनाएँ - जो सकारात्मक तरीक़े से सोचने और उसकी अपेक्षा करने में आपकी मदद करती हों।

अपनी सूची को हर दिन पढ़ें - या अपनी कल्पना में इस पर प्रसन्नतापूर्वक विचार करें - और ख़ुद को याद दिलाते रहें। अपनी इच्छा के बारे में कोई डर, संशय या

continued...

अनिश्चितता न रखें। अपने सपनों में यक़ीन रखें। (काम की बात : जब आप अपनी इच्छा पर पूरा ध्यान केंद्रित करते हैं, तो इससे हमेशा अच्छा महसूस होता है।)

5. **अपने आनंद का अनुसरण करें।** अपने दिनों को ऐसी गतिविधियों, स्थानों और प्रोजेक्ट्स से भर लें, जिनसे आप प्रेम करते हैं, जिनसे आपको अच्छा महसूस होता हो, जो आपके भीतर के सर्वश्रेष्ठ स्वरूप को बाहर निकालते हों। अपने जीवन को अधिकाधिक ऐसे जिएँ – जैसे आप छुट्टियाँ मना रहे हों। कभी भी अपने सपनों को जीना मुल्तवी न करें, वरना आपको हमेशा के लिए इंतज़ार करना पड़ सकता है। इसे अभी कर दें! संघर्ष, जीतोड़ कोशिश और कर्त्तव्य को छोड़ दें – या किसी दूसरे की ख़ुशी के लिए ज़िम्मेदार महसूस करना भी छोड़ दें। अधिक सुकून से रहें। अधिक हँसें। अधिक खेलें। अधिक आनंद लें। ख़ुशी से ख़ुद को पोषण दें। अपनी ऊर्जा का अनुसरण करें। जो भी इस पल अच्छा महसूस होता है, उसे करें। ख़ुद से प्रेम करें!

6. **हर चीज़ और हर व्यक्ति की क़द्र करें।** अपनी नियामतें गिनें। आपके जीवन में जो भी अद्‌भुत है, उसके लिए कृतज्ञ हों। हर पल की ख़ुशी और सौंदर्य के लिए कृतज्ञ हों। गुलाब की ख़ुशबू लेने का समय निकालें। दूसरों के प्रति अपनी कृतज्ञता और क़द्र व्यक्त करें। यह मान लें कि हर व्यक्ति अच्छा और प्रेमपूर्ण है। लोगों में जो सर्वश्रेष्ठ है, उस पर ध्यान केंद्रित करें। और ख़ुद की क़द्र करने का ख़्याल रखें। यह पहचान लें कि आप कितना अच्छा प्रदर्शन कर रहे हैं। अपनी शक्तियों को स्वीकार करें। कभी भी ख़ुद को न कोसें। अपने साथ शर्तरहित प्रेम, करुणा और सम्मान का व्यवहार करें, जैसा **सृष्टि** आपके साथ करती है।

continued...

7. **जो है, उसे स्वीकार करें।** आपका जीवन जैसा भी है, उससे प्रेम करें, भले ही यह इस वक़्त आदर्श न हो (क्योंकि यह कभी होगा भी नहीं!)। आपके जीवन में जो भी अच्छा है, उस पर ध्यान केंद्रित करें। भले ही आप संकटपूर्ण स्थिति में हों या मुश्किल समय से गुज़र रहे हों, एक गहरी साँस खींचें और सुकून की अवस्था में आ जाएँ। यदि संभव हो, तो समस्या को लेकर हँसें। इसके ख़िलाफ़ – या किसी भी नकारात्मक भाव के ख़िलाफ़ – न जूझें। जो है, उससे शांति स्थापित करें। प्रेमपूर्ण **सृष्टि** में कोई अनुभव कभी व्यर्थ नहीं जाता। मुश्किल समय में वरदान छिपे होते हैं। आप क़ीमती मोती एकत्रित कर रहे हैं। हम जिसका भी विरोध करते हैं, वह जारी रहता है – इसलिए आप जितनी गहराई से इसे स्वीकार करते हैं, यह उतनी ही जल्दी गुज़र सकता है। *और यह गुज़र जाएगा।*

8. **सुखद दिवास्वप्नों को समय दें।** ख़ुद को ख़ुशगवार मनोदशा में ले आएँ, फिर हर दिन लगभग 15 मिनट तक अपनी मनचाही चीज़ का मानसिक चित्र देखें। दिन में कल्पना करते रहें कि आपके पास वह आदर्श पद या मकान पहले से ही है, आपका प्रेमी अगले कमरे में है, आप बेहद स्वस्थ हैं या आपका बैंक अकाउंट लबालब भरा है। ख़ुशी महसूस करें। अपनी वर्तमान वास्तविकता के बजाय अपने सुखद भावी स्वरूप के साथ अधिकाधिक रहना शुरू करें।

9. **हर दिन ध्यान करें।** या ध्यान के किसी सक्रिय रूप का उपयोग करें, जैसे ताई ची, नृत्य, जॉगिंग या योग – कोई भी चीज़ जो आपके दिमाग़ को शांत और ख़ाली करती हो या आपके श्वास या गतिविधि पर ध्यान केंद्रित करने में मदद करती हो। (और जब आप भूल जाएँ या समय न निकाल पाएँ, तो ख़ुद को न कोसें! कोई बड़ी बात नहीं है।)

continued...

10. **खुद को समर्थकों से घेर लें।** किसी भी ऐसे व्यक्ति से बचें, जो आपको डर, अपराधबोध, क्रोध या आत्म-शंका की खाई में फेंकता हो या आपकी ऊर्जा को चूसता हो - कम से कम हाल-फ़िलहाल। ऐसा तब तक करें, जब तक कि आपको यह पूरा विश्वास न हो जाए कि उसके बावजूद आप अपनी तरंगों को ऊपर उठा सकते हैं और रक्षात्मकता के परे आगे बढ़ सकते हैं। (या कम से कम इस बात के लिए उसे दोष देना छोड़ दें कि वह आपको प्रवाह से बाहर रख रहा है! यह काम सिर्फ़ आप कर सकते हैं।) ख़ुद को नए संबंधों के प्रति खोल लें। दूसरों की ओर बढ़ें। उन लोगों के साथ समय बिताएँ, जो आपसे प्रेम करते हों, जो आपको जाग्रत और प्रेरित करते हों, जो आपको अपने सपनों का अनुसरण करने के लिए प्रोत्साहित करते हों। बदले में उन्हें प्रेम करें। पोषक और स्वादिष्ट भोजन से अपने शरीर को पोषण दें। अपने घर को सुंदर और आरामदेह जगह बनाएँ - शांति और प्रेम से भरी पवित्र जगह। किसी भी प्रकार के अटाले को साफ़ कर दें। प्रेरक पुस्तकें पढ़ें। सकारात्मक कार्ड्स का उपयोग करें। अपने सपनों की याद दिलाने के लिए हर दिन एक मोमबत्ती जलाएँ।

11. **भविष्य-दृष्टि, खुशी और प्रेरणा से कार्य करें।** एक बार जब आप ख़ुश महसूस करने लगते हैं, तो कर्म करने के लिए सहज बोध की किसी भी प्रेरणा का अनुसरण करें। यदि आप आशावादी से कमतर महसूस कर रहे हों, तो कोई भी कार्य करने या निर्णय लेने से पहले अपनी ऊर्जा को बदल लें और यह सुनिश्चित करें कि आप प्रेम की अवस्था में हों। यदि आप संसार में फ़र्क़ लाना चाहते हों, तो दूसरों को नियंत्रित करने या बदलने की कोशिश करने

continued...

के बजाय अपनी ख़ुद की तरंगों को ऊपर उठाने पर - अच्छा महसूस करने पर - ध्यान केंद्रित करें। फिर वह करें, जिससे आपका दिल गीत गुनगुनाने लगे।

12. **इस तरह काम करें, जैसे यह वाक़ई होने वाला हो।** भविष्य के लिए इस तरह योजनाएँ बनाएँ, जैसे यह पहले से तय बात हो कि आपके सपने सच होंगे। हो सकता है कि वे उस रूप में न हों, जिसकी आपको उम्मीद हो या जब आपको उम्मीद हो - हो सकता है कि **सृष्टि** के पास उससे भी बेहतर योजनाएँ हों - लेकिन आप गारंटी दे सकते हैं कि अगर आप माँगते हैं, तो वह आपको दिया जाता है।

एक बार जब आप प्रवाह में होते हैं, तो आप ख़ुद को सही समय पर सही जगह पाएँगे, आप सही चीज़ कहेंगे या करेंगे - और **सृष्टि** आप पर उपहारों की बारिश कर देगी।

उपसंहार

यह पुस्तक पूरी करने के बाद मैं अकेली मिस्र और जॉर्डन की यात्रा पर गई – वहाँ मैंने पिरामिड्स और स्फ़िंक्स देखे, पेट्रा के 'खोए शहर' में टहली, लाल सागर में तैरने का आनंद लिया और डेज़र्ट कैनयन्स में क्वाड बाइकिंग की। हर दिन मैंने ख़ुद को गहन आनंद, आंतरिक शांति और कृतज्ञता की अवस्था में पाया – जीवन के साथ मैं भरपूर प्रेम में थी। यह पृथ्वी पर स्वर्ग जैसा महसूस हुआ।

घर जाने से एक दिन पहले मैंने सिनाई रेगिस्तान में सेंट कैथरीन्स मोनास्ट्री की यात्रा की। कहा जाता है कि मोज़ेस को टेन कमांडमेंट्स यहीं मिले थे। मैं काफ़ी समय से टेन कमांडमेंट्स के बारे में असहज महसूस करती थी, क्योंकि उनमें बहुत सारी नकारात्मकता तथा आलोचना भरी हुई है और उनका अंदाज़ अभिभावक जैसा तथा बंधनकारी है। 'तुम... *नहीं* करोगे' यह कहना बहुत बुरा मनोविज्ञान है – यह बात तय है कि इससे लोग शर्मिंदगी, संघर्ष या विद्रोह की स्थिति में पहुँच जाएँगे। (यदि आप उनसे कहें, 'तुम सफ़ेद हाथी के बारे में *नहीं* सोचना,' तो वे तुरंत सोचने लगेंगे।) निश्चित रूप से हम अपने जीवन के लिए अधिक मुक्तिदायक, सशक्तिकारक और प्रेरक मार्गदर्शक सिद्धांत खोज सकते हैं।

मैं पूर्वी ईसाई संप्रदाय के छोटे गिरजे में गई। वहाँ मैं उसकी दीवारों से ठीक बाहर लगे एक सुनहरे बलुआ पत्थर पर बैठ गई। ऊपर माउंट सिनाई था – और वहीं पर मैं ध्यान करने लगी। लगभग उसी क्षण मैं आनंद और ख़ुशी (**स्रोत** की ऊर्जा) से सराबोर हो गई। सहज बोध से मैंने क़लम और नोटबुक उठा ली। फिर मैंने एक आंतरिक आवाज़ सुनी : 'दो हज़ार साल पहले, ईसा मसीह शर्तरहित प्रेम का संदेश देने के लिए इस धरती पर आए थे – लेकिन बहुत कम लोग उस संदेश को सुनने के लिए तैयार थे। मानवता अब वह संदेश सुनने के लिए तैयार है। कमांडमेंट्स को पत्थर में खोदने का वक़्त चला गया है। आमंत्रण देने का समय आ चुका है। इस नए युग के कई पथप्रदर्शकों में से एक होने के नाते तुम्हें मानव जाति के लिए दस आमंत्रण दिए जाएँगे। तुम इन

आमंत्रणों को टेन कमांडमेंट्स के विकल्प के रूप में मानवता को प्रदान करोगी - शर्तरहित प्रेम की आध्यात्मिकता पर आधारित आमंत्रण, जो दैवी नारीत्व को पुनः स्थापित करते हैं। यह युग एक नए स्वर्ग और एक नई पृथ्वी का उदयकाल है।'

कई घंटों बाद तक मैं अवाक थी और बोलना असंभव सा लग रहा था। मैं इतने आनंद में थी कि ख़ुद को देवदूत महसूस कर रही थी और हैरान हो रही थी कि कहीं मैं प्रकाश से दमकने तो नहीं लगी। लोग मुड़कर मेरी ओर देखने व मुस्कुराने लगे। बच्चे मेरे पीछे दौड़ने लगे। जब मैं लेक डिस्ट्रिक्ट स्थित अपने घर लौटी, तो वह असाधारण ख़ुशी क़ायम रही। भावी प्रत्याशा के उस रोमांचकारी अहसास के साथ, जो मेरे लिए, आपके लिए और हमारे संसार के लिए आगे है।

यहाँ वे दस आमंत्रण हैं, जो मुझे मिले :

दस आमंत्रण

1. **आपको ख़ुद से, दूसरों से और जीवन से शर्तरहित प्रेम करने के लिए आमंत्रित किया जाता है - विकासशील सृष्टि में विश्वास करें, जहाँ हर चीज़ आदर्श ढंग से प्रकट हो रही है।**
2. **आपको वह करने के लिए आमंत्रित किया जाता है, जो भी आपके दिल को गुनगुनाने और आपकी आत्मा को नृत्य करने के लिए प्रेरित करे। बस वही।**
3. **आपको साहस और जोश के साथ जीने के लिए आमंत्रित किया जाता है - अपने देवत्व में क़दम रखें; साथ ही अपनी मानवता को अंगीकार करें।**
4. **आपको स्वयं तथा दूसरों के साथ असाधारण सम्मान और दयालुता का व्यवहार करने के लिए आमंत्रित किया जाता**

continued...

है - सभी जीवों के प्रति प्रेम से आगे बढ़ें और हर एक के भीतर प्रकाश देखें।

5. आपको हर एक के विश्वासों, भावनाओं, जीवनमूल्यों और चयनों का सम्मान करने के लिए आमंत्रित किया जाता है - उनके अनूठेपन को मूल्यवान मानें और यह याद रखें कि आप उनकी राह या मार्गदर्शन को नहीं जान सकते।

6. आपको पृथ्वी, अपने शरीर और सारे सृजन को पवित्र व दैवीय मानकर उनका सम्मान करने - और जीवन की समृद्धि में जश्न मनाने के लिए आमंत्रित किया जाता है।

7. आपको अपना उद्देश्य चुनने, अपने रचनात्मक उपहारों, योग्यताओं और स्वप्नों को सबसे आनंददायक महसूस होने वाले तरीक़े से व्यक्त करने के लिए आमंत्रित किया जाता है।

8. आपको प्रेम की आंतरिक आवाज़ सुनने के लिए आमंत्रित किया जाता है, जो हमेशा आपको स्वतंत्र कर देती है - यह जानते हुए कि आपकी अच्छाई तथा सार्थकता कभी संदिग्ध नहीं हैं और आपसे कभी कोई ग़लती नहीं हो सकती।

9. आपको एक प्रेमपूर्ण और समृद्ध संसार में विश्वास करने के लिए आमंत्रित किया जाता है। *माँगो और यह दिया जाएगा। खोजो और तुम पा लोगे। दस्तक दो और द्वार खोल दिया जाएगा।*

10. आपको अपने सपनों और इच्छाओं का अनुसरण करने के लिए आमंत्रित किया जाता है - धरती पर अपना खुद का स्वर्ग बनाने के लिए अपनी भावनाओं पर विश्वास करें और अपनी कल्पनाशक्ति का इस्तेमाल करें।